Sendas literarias

Aída Walqui-van Lier
Alisal High School
Salinas, California
Stanford University

Ruth A. Barraza
Alisal High School
Salinas, California
San Diego County Office of Education

Heinle & Heinle Publishers
An International Thomson
Publishing Company
Boston, Massachusetts 02116 U.S.A.

The publication of *Sendas literarias* was directed by the members of the Heinle & Heinle School Publishing Team:

Editorial Director: Beth Kramer
Market Development Director: Pamela Warren
Production Editor: Mary McKeon
Developmental Editor: Regina McCarthy
Publisher/Team Leader: Stanley J. Galek
Director of Production/Team Leader: Elizabeth Holthaus

Also participating in the publication of this text were:

Manufacturing Coordinator: Barbara Stephan
Project Manager: Kristin Swanson
Interior Design: Martucci Studio, Susan Gerould/Perspectives
Interior Layout and Composition: NovoMac Enterprises
Cover Art: "Baile en Tehuantepec," Diego Rivera
Cover Design: Alan Bortman
Fine Art Research: José Carlos Fajardo, Ann Barnard
Photo/Video Specialist: Jonathan Stark

Barraza, Ruth A.
    Sendas literarias. Level 2 / Ruth A. Barraza, Aída Walqui-van Lier.
       p. cm.
    Includes index.
    ISBN 0-8384-5135-7
    1. Spanish language—Readers. I. Walqui-van Lier, Aída.
    II. Title.
    PC4117.B33   1995
    468.6—dc20   95-15063
                                         CIP

Manufactured in the United States of America

ISBN 0-8384-5135-7 Student

10 9 8 7 6 5

A los estudiantes

*E*n este segundo libro de *Sendas literarias* hemos continuado el recorrido por los caminos literarios que iniciamos en el primer volumen. Las obras utilizadas fueron cuidadosamente seleccionadas para permitirte apreciar una multiplicidad de perspectivas personales y sociales, así como para llevarte a conocer mundos diferentes y a cuestionarte y reafirmar el tuyo propio.

Igualmente, queremos hacerte notar que las ilustraciones incluidas en este volumen son, no sólo una manifestación artística, sino también testimonio y comentario surgidos de diversos contextos sociales. Hemos querido mantener un equilibrio en la representación del arte para mostrar la inmensa riqueza de la producción artística que existe en el mundo hispánico.

Las destrezas que desarrollarás a través de este texto serán herramientas muy útiles que te llevarán a ser un(a) estudiante autónomo(a) y responsable de tu propio aprendizaje. Con este objeto incluimos el glosario de estrategias al final del libro, para que las repases y las apliques en todas las áreas académicas.

Esperamos que desarrolles el gusto por la literatura y llegues a apreciarla como vehículo de entendimiento de lo que somos como individuos y como grupo social. ¡Qué éste sea sólo el comienzo de un largo recorrido que seguirás durante toda tu vida por las *Sendas literarias!*

Agradecimiento

$\mathcal{M}$uchas personas contribuyeron de distintas formas a la creación de este texto. A todos ellos les expresamos nuestro profundo agradecimiento:

- a los estudiantes que nos inspiraron;
- a los colegas que nos dieron ideas y voces de aliento:

John Arias
    Port Richmond High School
    Staten Island, NY

Jorge DeLeón
    Hialeah-Miami Lakes Senior High School
    Hialeah, FL

Mary Ann Dellinger
    Pueblo Magnet High School
    Tucson, AZ

Frances Gabor
    Walnut Hill Center
    Falls Church, VA

Rosario Díaz-Greenberg
    Western High School
    Ft. Lauderdale, FL

Dr. Naomi Estrada Weber
    Pueblo Magnet High School
    Tucson, AZ

Faye González
    Springwood Senior High School
    Springbranch Independent School District
    Houston, TX

Melvy Jensen
    Luther Jackson Middle School
    Falls Church, VA

Karen Leavitt
    Northbrook High School
    Springbranch Independent School District
    Houston, TX

Manuel Menéndez
Staff Development Specialist
New York City Public Schools

Lucy Montero McCullough
Andrew Hill High School
San José, CA

Susan Mosse
James Madison High School
Vienna, VA

Rodolfo Orihuela
C. K. McClatchy High School
Sacramento City Unified School District
Sacramento, CA

Cecilia Rodríguez Pino
New Mexico State University
Las Cruces, NM

María Treviño
Northside Independent School District
San Antonio, TX

■ al personal de Heinle & Heinle que nos guió y apoyó a través de todo el proceso, especialmente a Beth Kramer, Pam Warren, Regina McCarthy y Mary McKeon, y a las personas que ayudaron en la producción del libro: Kris Swanson, Mary Lemire, Sol Calderón, Camilla Ayers, Grisel Lozano-Garcini y Vivian Novo-MacDonald;

■ a José Carlos Fajardo, quien con paciencia y dedicación, realizó una cuidadosa tarea de investigación para la selección de las ilustraciones del texto y para la elaboración del glosario de regionalismos;

■ a Rebecca Smith, entrañable amiga y solidaria compañera, por sus contribuciones sobre Rigoberta Menchú;

■ a nuestros hijos Leslie, Eric, Jan y Marcus, y a Leo van-Lier por su cariño y apoyo incondicional.

Finalmente, quisiéramos aprovechar la oportunidad para hacer un reconocimiento muy especial a nuestros padres, Ligia, Néstor y Aída. De ellos aprendimos a gozar de la belleza del lenguaje y han sido fuente constante de estímulo e inspiración.

Tabla de contenido

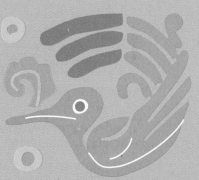

Segunda unidad
La justicia social

Tercera unidad
Imaginación y fantasía

Cuarta unidad

Las mujeres en primer plano

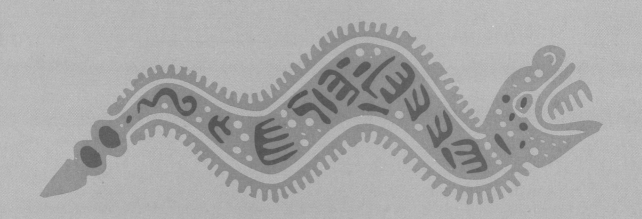

Quinta unidad
La casa de Bernarda Alba

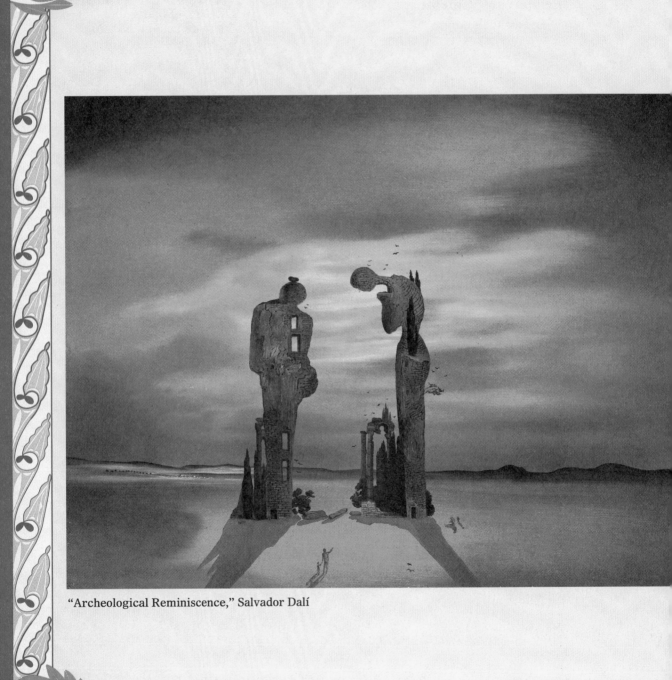

"Archeological Reminiscence," Salvador Dalí

Primera unidad

Por los caminos del recuerdo

En esta tarde de mi vida
todas las imágenes
de los días se perciben
lejanas de memorias
vagabundas:

Marejadas de nostalgias
provocan recuerdos
que sin descuido
penetran rompiendo
la monotonía
de esta tarde mía.

María R. González

Por los caminos del recuerdo revivimos memorias de tiempos pasados. Algunas de estas memorias hacen florecer sonrisas en nuestros labios, otras en cambio nos ponen melancólicos. Las selecciones de esta unidad nos presentan memorias que han servido de inspiración a diversos autores.

Alistémonos para leer

En el siguiente cuento el escritor mexico-americano Sabine Ulibarrí nos describe el ambiente en que transcurrieron sus años de adolescencia, en Tierra Amarilla, Nuevo México, rodeado de una realidad muy diferente de la actual.

Escritura rápida.   De vez en cuando a las personas les gusta recordar sus experiencias amorosas. Unos cuentan sobre el gran amor de sus vidas, otros relatan su primer amor, otros hablan sobre un amor fracasado. Recuerda una de estas historias, o una tuya propia, y escribe en tu cuaderno por cinco minutos, relatando sus aspectos más importantes.

Ramillete de ideas.   El cuento que vas a leer se titula «Un oso y un amor». Copia el siguiente diagrama en tu cuaderno y, trabajando con un(a) compañero(a), escriban las ideas de lo que se imaginan que va a tratar este cuento.

Ramillete de ideas

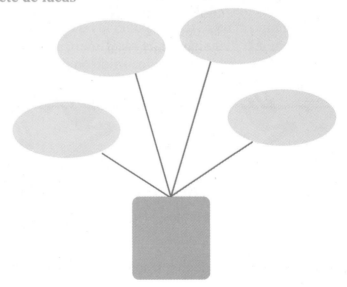

Leamos activamente

Preguntas de enfoque

A medida que leas el cuento, piensa en las siguientes preguntas:

1. ¿En qué lugar se desarrolla la acción?

2. ¿Cuándo, aproximadamente, toman lugar los hechos?

Lectura.   Lee el cuento combinando la lectura en voz alta con la lectura silenciosa.

«Las ovejas», Salvador Dalí

Un oso y un amor

Sabine Ulibarrí

Era ya fines de junio. Ya había terminado el ahijadero y la trasquila. El ganado iba ya subiendo la sierra. Abrán apuntando, dirigiendo. Yo, adelante con seis burros cargados. De aquí en adelante la vida sería lenta y tranquila.

Hallé un sitio adecuado. Descargué los burros. Puse la carpa. Corté ramas para las camas. Me puse a hacer de comer para cuando llegara Abrán. Ya las primeras ovejas estaban llegando. De vez en cuando salía a detenerlas, a remolinarlas, para que fueran conociendo su primer rodeo.

El pasto alto, fresco y lozano. Los templetes altos y blancos, sus hojas agitadas temblando una canción de vida y alegría. Los olores y las flores. El agua helada y cristalina del arroyo. Todo era paz y armonía. Por eso los dioses viven en la sierra. La sierra es una fiesta eterna.

Las ollitas hervían. Las ovejas pacían o dormían. Yo contemplaba la belleza y la grandeza de la naturaleza.

De pronto oí voces y risas conocidas. Lancé un alarido. Eran mis amigos de Tierra Amarilla. Abelito Sánchez, acompañado de Clorinda Chávez y Shirley Cantel. Los cuatro estábamos en tercer año de secundaria. Teníamos quince años.

Desensillamos y persogamos sus caballos. Y nos pusimos a gozar el momento. Había tanto que decir. Preguntas. Bromas. Tanta risa que reanudar. Ahora al recordarlo me estremezco. ¡Qué hermoso era aquello! Éramos jóvenes. Sabíamos querer y cantar. Sin licor, sin drogas, sin atrevimientos soeces.

Cuando llegó Abrán comimos. Yo tenía un sabroso y oloroso costillar de corderito asado sobre las brasas. Ellos habían traído golosinas que no se acostumbran en la sierra. La alegría y la buena comida, la amistad y el sitio idílico convirtieron aquello en un festín para recordar siempre.

Shirley Cantel y yo crecimos juntos. Desde niños fuimos a la escuela juntos. Yo cargaba con sus libros. Más tarde íbamos a traer las vacas todas

"The Beautiful Bird Revealing the Unknown to a Couple in Love," Joan Miró, 1941
Gouache and oil wash on paper, 18″ x 15″
The Museum of Modern Art, New York. Acquired through the Lillie P. Bliss Bequest.
Photograph © 1996 The Museum of Modern Art, New York.

las tardes. Jugábamos en las caballerizas o en las pilas de heno. Teníamos carreras de caballo. En las representaciones dramáticas en la escuela ella y yo hacíamos los papeles importantes. Siempre competimos a ver quién sacaba las mejores notas. Nunca se nos ocurrió que estuviéramos enamorados. Este año pasado, por primera vez, lo descubrimos, no sé cómo. Ahora la cosa andaba en serio. Verla hoy fue como una ilusión de gloria.

Shirley tenía una paloma blanca que llamaba mucho la atención. Siempre la sacaba cuando montaba a caballo. La paloma se le posaba en un hombro, o se posaba en la crin o las ancas del caballo. Llegó a conocerme y a quererme a mí también. A veces la paloma andaba conmigo. Volaba y volvía. La paloma era otro puente sentimental entre nosotros dos. Hoy me conoció. De inmediato se posó en mi hombro. Su cucurucú sensual en mi oído era un mensaje de amor de su dueña.

Era gringa Shirley pero hablaba el español igual que yo. Esto era lo ordinario en Tierra Amarilla. Casi todos los gringos de entonces hablaban español. Éramos una sola sociedad. Nos llevábamos muy bien.

Chistes y bromas. Risas y más risas. Coqueteos fugaces. Preguntas intencionadas. Contestaciones inesperadas. La fiesta en su apogeo.

De pronto el ganado se asusta. Se azota de un lado a otro. Se viene sobre nosotros como en olas. Balidos de terror. Algo está espantando al ganado.

Cojo el rifle. Le digo a Shirley —Ven conmigo. Vamos de la mano. Al doblar un arbusto nos encontramos con un oso. Ha derribado una oveja. Le ha abierto las entrañas. Tiene el hocico ensangrentado. Estamos muy cerca.

Ordinariamente el oso huye cuando se encuentra con el hombre. Hay excepciones: cuando hay cachorros, cuando está herido, cuando ha probado sangre. Entonces se pone bravo. Hasta un perro se pone bravo cuando está comiendo.

Éste era un oso joven. Tendría dos o tres años. Éstos son más atrevidos y más peligrosos. Le interrumpimos la comida. Se enfureció. Se nos vino encima.

Los demás se habían acercado. Estaban contemplando el drama. El oso se nos acercaba lentamente. Se paraba, sacudía la cabeza y gruñía. Nosotros reculábamos poco a poco. Hasta que topamos con un árbol caído. No había remedio. Tendríamos que confrontarnos con el bicho.

Nadie hizo por ayudarme. Nadie dijo nada. Las muchachas calladas. Nada de histeria. Quizás si hubiera estado solo habría estado muerto de miedo. Pero allí estaba mi novia a mi lado. Su vida dependía de mí. Los otros me estaban mirando.

Nunca me he sentido tan dueño de mí mismo. Nunca tan hombre, nunca tan macho. Me sentí primitivo, defendiendo a mi mujer. Ella y los demás tenían confianza en mí.

Alcé el rifle. Apunté. Firme, seguro. Disparé. El balazo entró por la boca abierta y salió por la nuca. El balazo retumbó por la sierra. El oso cayó muerto a nuestros pies. Shirley me abrazó. Quise morirme de felicidad.

Desollé al animal yo mismo. Sentí su sangre caliente en mis manos, y en mis brazos. Me sentí conquistador.

En una ocasión le había regalado a Shirley un anillo que mi madre me había dado a mí. En otra una caja de bombones. En esta ocasión le regalé la piel de un oso que ella conoció en un momento espantoso. Cuando se fue se llevó la piel bien atada en los tientos de la silla.

Pasaron los años. Yo me fui a una universidad, ella a otra. Eso nos separó. Después vino una guerra que nos separó más. Cuando un río se bifurca en dos, no hay manera que esos dos ríos se vuelvan a juntar.

No la he vuelto a ver desde esos días. De vez en vez alguien me dice algo de ella. Sé que se casó, que tiene familia y que vive muy lejos de aquí. Yo me acuerdo con todo cariño de vez en vez de la hermosa juventud que compartí con ella.

Recientemente un viejo amigo me dijo que la vio allá donde vive y conoció a su familia. Me dijo que en el suelo, delante de la chimenea, tiene ella una piel de oso. También ella se acuerda.

Apuntes literarios

El ambiente.   Cuando nos referimos al ambiente de una novela, cuento, poema u obra de teatro, consideramos dos aspectos:

1. el lugar geográfico en que la obra se desarrolla y las características del paisaje.

2. el tiempo transcurrido, las características de la época en que la acción se desarrolla y el orden de presentación utilizado por el (la) autor(a). A diferencia de las obras narrativas tradicionales en que el tiempo era lineal y sucesivo, a partir de este siglo se comenzaron a utilizar diversas maneras de manejar el tiempo.

Análisis del ambiente.   Trabajando con un(a) compañero(a), relean las preguntas de enfoque y contéstenlas oralmente, tratando de describir el ambiente del cuento lo más detallado posible.

Retablo.   El (La) maestro(a) te entregará una hoja en blanco. Dóblala de tal manera que quede como si dos puertas del mismo tamaño se pudieran abrir y cerrar para revelar media página. Cierra las dos puertas y decora la parte exterior. En ellas deberás indicar el nombre del cuento y del autor. Abre la puerta izquierda, y en ella, en cualquier dirección que te parezca, escribe de título *Palabras que describen el ambiente*. En la parte interior de la puerta derecha, y nuevamente donde lo consideres más apropiado, escribe el siguiente título: *Frases que me gustaron*. Relee el cuento, y selecciona expresiones para llenar la parte interior de las dos puertas. Finalmente, en el espacio del centro, ilustra una escena del cuento. Sigue el modelo que aparece a continuación.

Retablo abierto

Palabras que describen el ambiente:

Frases que me gustaron:

Retablo cerrado

Un oso y un amor

Sabine Ulibarrí

Cuadro de comparación y contraste.   Trabajando con un equipo de cuatro compañeros, copien el siguiente cuadro en su cuaderno y completen la información apropiada.

	Tiempo al que se refiere el cuento	Actualmente
¿Cómo son las relaciones entre los jóvenes?		
¿Cómo se divierten los jóvenes?		
¿Quiénes hablan español?		

Ensayo de comparación y contraste.   Compara las condiciones de vida que se presentan en el cuento con tus propias circunstancias. Además de hacer generalizaciones, provee ejemplos específicos que apoyen tus ideas. Utiliza el cuadro anterior como un punto de partida, al cual le puedes agregar otros datos relevantes.

Alistémonos para leer

Piensa, anota y comparte.   A medida que crecemos pasamos por una serie de experiencias que dejan una huella profunda en nuestras vidas.

1. Anota tres experiencias que hayas tenido y que conservas muy vívidas en tu memoria.

2. Escoge una de las tres y escribe sobre ella durante cinco minutos.

3. Al terminar comparte tus anotaciones con un(a) compañero(a).

Apuntes literarios

Poesía lírica.   La poesía lírica es la expresión de los sentimientos más íntimos del poeta. Algunos elementos básicos de la poesía son: rima, ritmo, imágenes, figuras literarias y tono.

Tono.   Cuando se habla del tono de una poesía nos referimos a la impresión general o sentimiento que ésta produce en los lectores. Algunos poemas pueden hacerte sentir alegre, otros pueden producir un sentimiento de tristeza o nostalgia y así por el estilo.

Rima.   La rima es la repetición de los mismos sonidos al final de dos o más versos, después de la última vocal acentuada. Por ejemplo: en el poema «Así fue» de Luis G. Urbina las palabras *oscura, locura* y *desventura* riman. Esta rima se conoce con el nombre de rima **consonante o perfecta.** Existe también la rima **asonante** en que sólo son iguales las vocales. En el poema «Es una tarde clara» de Antonio Machado encontramos este tipo de rima en las palabras *sueñan, primavera* y *lleva.* ¿Puedes encontrar otros ejemplos en los poemas de esta unidad? Anótalos en tu cuaderno.

Leamos activamente

Uno de los géneros que presenta más retos a los lectores es la poesía. Un poema no comunica exactamente lo mismo a todos los lectores, ni debe hacerlo. Esperamos que a través de las siguientes actividades logres sentirte más cómodo(a) cuando leas poesía. Al leer en voz alta los poemas de esta unidad, trata de expresar los sentimientos que te comunica cada uno de ellos.

Lectura del (de la) maestro(a).   Tu maestro(a) leerá el poema en voz alta. Escucha atentamente y trata de apreciar la cadencia, es decir, la musicalidad del poema.

Lectura silenciosa.   Lee silenciosamente el poema.

Cuadro de tres columnas.   Copia el siguiente cuadro en tu cuaderno. Al terminar la lectura, completa la primera columna anotando las ideas que el poema te sugiere y dos preguntas que te podrían ayudar a entender mejor el poema.

Mi interpretación	Interpretación del grupo	Reflexión
Preguntas:	**Respuestas:**	

Lectura a tres voces.   En grupos preparen la lectura dramatizada a tres voces. Los versos están subrayados en distintos colores para indicar lo que debe leer cada voz. El leer el poema de esta forma te ayudará a comprenderlo mejor.

"Country Idyll," Pedro Figari

Yo voy soñando caminos...

Antonio Machado

Yo voy soñando caminos
de la tarde. ¡Las colinas
doradas, los verdes pinos,
las polvorientas encinas!...
¿A dónde el camino irá?
Yo voy cantando, viajero
a lo largo del sendero...
—La tarde cayendo está—.
«En el corazón tenía
la espina de una pasión;
logré arrancármela un día;
ya no siento el corazón»
Y todo el campo un momento
se queda, mudo y sombrío,
meditando. Suena el viento
en los álamos del río.
La tarde más se oscurece;
y el camino que serpea
y débilmente blanquea,
se enturbia y desaparece.
Mi cantar vuelve a plañir
«Aguda espina dorada,
quién te pudiera sentir
en el corazón clavada».

Ampliemos nuestra comprensión

Cuadro de tres columnas. En sus grupos lean lo que escribió cada uno y traten de contestar las preguntas. Discutan el significado del poema y lleguen a un acuerdo. Anoten sus conclusiones en la columna del centro. Luego, trabajando individualmente, llenen la tercera columna. Debes anotar en qué forma cambió tu interpretación y por qué cambió.

Piensa, dibuja y comparte. Un símbolo es una persona, lugar, objeto, color u otra cosa que representa algo. En este poema el poeta ha utilizado un símbolo para representar su vida. La ha representado como un camino. Piensa en un símbolo que represente tu vida y dibújalo. Al terminar, comparte tu dibujo con un(a) compañero(a) explicándole lo que representa.

Apuntes literarios

Para transmitirnos sus experiencias y emociones personales, los poetas se valen de recursos o figuras literarias como la metáfora y el símil.

Metáfora. Una metáfora identifica dos objetos diferentes que guardan alguna semejanza entre sí. Por ejemplo, Verlaine nos habla de «la cabellera de oro» de su amada para indicar que sus cabellos y el oro son del mismo color. Una metáfora consta de dos términos: un término **real** (el objeto que se compara) y un término **evocado o metafórico** (aquél con el que se compara). En este caso, el término real es «la cabellera» y el evocado «el oro». En algunas metáforas se suprime el término real, que va sobrentendido: «el oro que adorna tu cabeza».

Símil. Un símil es una comparación en que se emplean las palabras **como, cual** o **semejante a.** Por ejemplo, hay un símil en la expresión: «Vagaba solitario **como** una nube».

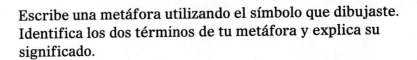

Escribe una metáfora utilizando el símbolo que dibujaste. Identifica los dos términos de tu metáfora y explica su significado.

Taller de composición

Poema.   Ahora vas a escribir un poema sobre tu vida. Debes usar la metáfora que anotaste arriba.

Ensayo de comparación y contraste.   Trabajando con tus compañeros de equipo llenen el cuadro siguiente sobre los jóvenes y los adultos. Deben contestar las siguientes preguntas y otras que se les ocurran.

1. ¿Cómo se divierten los jóvenes? ¿Y los mayores?
2. ¿Qué problemas tienen los jóvenes? ¿Y los adultos?
3. ¿Qué ventajas e inconvenientes tiene cada etapa de la vida?

Los jóvenes	Los adultos

Escribe tu ensayo usando las notas del grupo. Recuerda usar ejemplos concretos de la vida o citas del poema. ¿Qué crees tú que será mejor: la juventud o la madurez? ¿Por qué?

3

Alistémonos para leer

Los poetas de las siguientes selecciones miran hacia el pasado y plasman sus recuerdos en sus poesías. Además del amor, las rememoraciones incluyen la nostalgia por la patria de la cual se vive ausente y por seres queridos lejanos.

Escucha, anota y comparte.   Escucha la canción de Victor Jara «Te recuerdo Amanda». El poema fue escrito durante un gobierno represivo en Chile y narra la lucha política y la tragedia personal de una joven pareja. A medida que la escuches, anota en tu cuaderno dos o tres preguntas cuyas respuestas te gustaría conocer. Luego comparte tus preguntas con un(a) compañero(a) y especulen cuáles podrían ser algunas posibles respuestas.

Te recuerdo Amanda

Victor Jara

Te recuerdo Amanda
la calle mojada
corriendo a la fábrica
donde trabajaba Manuel,
la sonrisa ancha,
la lluvia en el pelo
no importaba nada
ibas a encontrarte
con él, con él,
con él, con él, con él.

Son cinco minutos
la vida es eterna
son cinco minutos
suena la sirena
de vuelta al trabajo
y tú caminando
lo iluminas todo,
los cinco minutos
te hacen florecer.

Te recuerdo Amanda
la calle mojada

corriendo a la fábrica
donde trabajaba Manuel,
la sonrisa ancha,
la lluvia en el pelo
no importaba nada
ibas a encontrarte
con él, con él,
con él, con él, con él.
Que partió a la sierra
que nunca hizo daño,
que partió a la sierra
y en cinco minutos
quedó destrozado,
muchos no volvieron
de vuelta al trabajo
tampoco Manuel.

Te recuerdo Amanda
la calle mojada
corriendo a la fábrica
donde trabajaba Manuel.

Leamos activamente

Apuntes literarios

Imágenes. Para comunicarnos sus sentimientos y compartir sus experiencias del mundo con nosotros, los poetas crean imágenes. Las imágenes son palabras o expresiones que apelan a los sentidos —la vista, el oído, el olfato, el tacto, el gusto— y nos hacen imaginar algo de una manera muy vívida. Machado, por ejemplo, nos habla de «las colinas doradas». Paul Verlaine nos dice que «la fugaz llovizna de otoño sollozaba».

A medida que leas los siguientes poemas, señala aquellas imágenes que te llamen particularmente la atención.

Trabajo de equipo. El (La) maestro(a) asignará a cada equipo uno de los siguientes poemas. Sigan el procedimiento indicado:

1. Lean el poema silenciosamente y, trabajando individualmente, anoten en sus cuadernos lo que éste les comunica. Igualmente anoten dos preguntas cuyas respuestas les gustaría conocer.

2. Lean el poema en voz alta. Deben turnarse para que todos lean una parte.

Poema XX

Pablo Neruda

Puedo escribir los versos más tristes esta noche.

Escribir, por ejemplo: «La noche está estrellada,
y tiritan, azules, los astros, a lo lejos».

El viento de la noche gira en el cielo y canta.

Puedo escribir los versos más tristes esta noche.
Yo la quise, y a veces ella también me quiso.

En las noches como ésta la tuve entre mis brazos.
La besé tantas veces bajo el cielo infinito.

Ella me quiso, a veces yo también la quería.
Cómo no haber amado sus grandes ojos fijos.

Puedo escribir los versos más tristes esta noche.
Pensar que no la tengo. Sentir que la he perdido.

Oír la noche inmensa, más inmensa sin ella.
Y el verso cae al alma como al pasto el rocío.

Qué importa que mi amor no pudiera guardarla.
La noche está estrellada y ella no está conmigo.

Eso es todo. A lo lejos alguien canta. A lo lejos.
Mi alma no se contenta con haberla perdido.

Como para acercarla, mi mirada la busca.
Mi corazón la busca, y ella no está conmigo.

La misma noche que hace blanquear los mismos árboles.
Nosotros, los de entonces, ya no somos los mismos.

Ya no la quiero, es cierto, pero cuánto la quise.
Mi voz buscaba el viento para tocar su oído.

«Bogotá», Gonzalo Ariza, 1941
Oil on canvas, 31-5/8" x 39-1/2"
The Museum of Modern Art, New York. Inter-American Fund.
Photograph © 1996 The Museum of Modern Art, New York.

De otro. Será de otro. Como antes de mis besos,
su voz, su cuerpo claro. Sus ojos infinitos.

Ya no la quiero, es cierto, pero tal vez la quiero.
Es tan corto el amor, y es tan largo el olvido.

Porque en noches como ésta la tuve entre mis brazos,
mi alma no se contenta con haberla perdido.

Aunque éste sea el último dolor que ella me causa,
y éstos sean los últimos versos que yo le escribo.

Never More

Paul Verlaine

¡Oh, recuerdos, recuerdos! ¿qué me queréis? Volaba
un turbión de hojas secas, ponía el sol un brillo
de oro viejo en el bosque húmedo y amarillo,
y la fugaz llovizna de otoño sollozaba.

Íbamos los dos solos: su cabellera de oro
volaba loca al viento, cual nuestra fantasía.
—¿Cuál fue el día más bello de tu vida?
decía junto a mí, con su acento angélico y sonoro.

Respondió a su pregunta mi sonrisa discreta;
después, devotamente, con gesto de poeta,
besé su mano blanca de dedos afilados.

¡Ah, qué fragancia tienen nuestras primeras rosas
y qué bien suena, como músicas deliciosas,
el primer sí que brota de unos labios amados!

Así fue

Luis G. Urbina

Lo sentí: no fue una
separación, sino un desgarramiento;
quedó atónita el alma, y, sin ninguna
luz, se durmió en la sombra el pensamiento.
Así fue; como un gran soplo de viento
en la serenidad del aire. Ufano,
en la noche tremenda,
llevaba yo en la mano
una antorcha con qué alumbrar la senda,
y que de pronto se apagó; la oscura
asechanza del mal y del destino,
extinguió así la llama y mi locura.
Vi un árbol a la orilla del camino
y me senté a llorar mi desventura.
Así fue, caminante
que me contemplas con mirada absorta
y curioso semblante.
Yo estoy cansado, sigue tú adelante;
mi pena es muy vulgar y no te importa.
Amé, sufrí, gocé, sentí el divino
soplo de la ilusión y la locura;
tuve una antorcha, la apagó el destino,
y me senté a llorar mi desventura
a la sombra de un árbol del camino.

Es una tarde clara

Antonio Machado

El limonero lánguido suspende
una pálida rama polvorienta,
sobre el encanto de la fuente limpia,
y allá en el fondo sueñan
los frutos de oro…
    Es una tarde clara,
casi de primavera,
tibia tarde de marzo,
que el hálito de abril cercano lleva;
y estoy solo, en el patio silencioso,
buscando una ilusión cándida y vieja;
alguna sombra sobre el blanco muro,
algún recuerdo, en el pretil de piedra
de la fuente dormido, o, en el aire,
algún vagar de túnica ligera.

    En el ambiente de la tarde flota
ese aroma de ausencia
que dice al alma luminosa: nunca,
y al corazón: espera.

    Ese aroma que evoca los fantasmas
de las fragancias vírgenes y muertas.

    Sí, te recuerdo, tarde alegre y clara,
casi de primavera,
tarde sin flores, cuando me traías
el buen perfume de la hierbabuena
y de la buena albahaca
que tenía mi madre en sus macetas.

Que tú me viste hundir mis manos puras
en el agua serena,
para alcanzar los frutos encantados
que hoy en el fondo de la fuente sueñan…

Sí, te conozco, tarde alegre y clara,
casi de primavera.

Ampliemos nuestra comprensión

Afiche colaborativo.   Comparte con tus compañeros las anotaciones que hiciste en tu cuaderno acerca del poema. De mutuo acuerdo, preparen un afiche en el cual incluyan:

1. las vivencias que el poeta está recordando.

2. las imágenes más vívidas y algunas figuras literarias que les hayan gustado.

3. cuál es el tono o sentimiento que predomina en el poema.

Utilicen algunos dibujos que les parezcan apropiados para expresar sus ideas.

Presentación grupal.   Preparen una presentación grupal para la clase que consistirá en la lectura dramatizada o recitación del poema, compartida por los miembros del equipo; y una explicación, también compartida, de los diversos componentes del afiche.

Trabajo individual.   Después de haber prestado atención a las presentaciones de tus compañeros de clase decide:

1. ¿Qué poema te gustó más y por qué?

2. ¿Cuál afiche y presentación te parecieron los más efectivos y por qué?

Escribe un párrafo en respuesta a cada pregunta.

Escucha y anota.   Lee el siguiente poema de César Miró. A medida que le escuches piensa en la siguiente pregunta:

¿Qué se está rememorando en esta canción? Anota la respuesta en tu cuaderno.

Recuerda y comparte.   Piensa en otra canción que tú consideras especialmente poética y conversa con tu compañero(a) acerca de ella.

Todos vuelven

César Miró

Todos vuelven a la tierra en que nacieron,
al embrujo incomparable de su sol.
Todos vuelven al rincón de donde salieron,
donde acaso floreció más de un amor.
Bajo el árbol solitario del pasado
cuántas veces nos ponemos a soñar.
Todos vuelven por la ruta del recuerdo,
pero el tiempo del amor no vuelve más.
El aire que trae en sus sombras
la flor del pasado, su aroma de ayer,
nos dice muy quedo al oído
su canto aprendido del atardecer.
Nos dice con voz misteriosa,
de nardo y de rosa, de luna y de miel,
que es santo el amor de la tierra,
que es triste la ausencia
que deja el ayer.
Todos vuelven por la senda del recuerdo,
todos vuelven, cuando el sol baja cansado
todos vuelven, el recuerdo vive libre,
todos vuelven, mariposa del pasado.
Cuando el alma se estremece
son las voces del ayer:
la memoria de un amigo, un perfume de mujer...

4

Las siguientes selecciones provienen de la novela *Mi planta de naranja-lima* del autor brasileño José Mauro de Vasconcelos. En las palabras del mismo autor, el libro «es la historia de un niño que un día descubre el dolor y se hace adulto precozmente». En páginas impregnadas de una gran ternura, conocemos la vida de Zezé, sus ilusiones, sueños, aventuras y tristezas.

Entrevista en tres etapas.   (Consulta el apéndice para familiarizarte con el procedimiento utilizado en esta actividad.) Cuando uno es niño muchas veces comete travesuras sin pensar en las consecuencias de sus acciones. Piensa en una travesura de la cual hayas sido testigo en tu infancia y, siguiendo los procedimientos que te explicará el (la) maestro(a), conversa con tus compañeros acerca de las siguientes preguntas:

1. ¿Qué travesura infantil recuerdas más vívidamente? Cuéntala.

2. ¿Qué consecuencias tuvo esta aventura?

Leamos activamente

Primera parte

Lectura en grupos de cuatro.   El primer fragmento (p. 33) puede ser leído a cuatro voces. Tres personajes intervienen en el diálogo: Zezé, don Arístides y Minguito. Tres estudiantes se dividirán los roles y la cuarta persona leerá la parte narrativa, que es relatada por el propio Zezé. Recuerda que en español se utiliza una raya para indicar el inicio de las palabras de los interlocutores.

Red de personajes. En esta selección de la novela de José Mauro de Vasconcelos empezamos a conocer a tres personajes importantes del libro: el protagonista, su mamá y la profesora, Cecilia Paim. Copia o calca el cuadro siguiente en tu cuaderno y a medida que leas los diversos fragmentos, anota las características principales de estos personajes. Ya puedes comenzar anotando un par de datos acerca de Zezé.

	Apariencia física	Características personales	Acciones
Zezé			
La mamá			
La maestra			

Segunda parte

Lectura silenciosa. Lee individualmente el fragmento que narra la travesura de Zezé (p. 35).

Piensa, anota y comparte. Tómate un par de minutos para anotar en tu cuaderno una idea o reacción que te ocasionó la lectura de la aventura de Zezé. Por ejemplo, podrías reaccionar acerca de la similitud o diferencia entre la anécdota del libro y las que escuchaste en tu grupo al comienzo de la lección, las consecuencias imprevistas que pueden tener estas travesuras, la manera en que reaccionan las diversas personas involucradas, etc. Luego comparte tus reacciones, breve y oralmente, con un(a) compañero(a).

Escritura de un diálogo. Trabajando con un(a) compañero(a), y siguiendo las pautas que te indique el (la) maestro(a), escriban un pequeño diálogo en el que presenten una situación de la infancia de uno de ustedes.

Cuadro de dos columnas. Remóntate en la memoria hacia el primer día que asististe a la escuela. Anota en el siguiente cuadro tus vivencias más claras.

Mi primer día en la escuela	
Memorias agradables	**Memorias tristes**

Tercera, cuarta y quinta partes

Lectura en voz alta. Lee los tres últimos fragmentos (p. 38–44) de la novela *Mi planta de naranja-lima*, compartiendo la lectura en voz alta con tu maestro(a) y compañeros.

Mi planta de naranja-lima

José Mauro de Vasconcelos

Primera parte

Casa nueva. Vida nueva y esperanzas simples, simples esperanzas. Allá iba yo entre don Arístides y el ayudante, en lo alto del carro, alegre como el día caliente.

Cuando el carro salió de la calle empedrada y entró en el Río San Pablo fue una maravilla; ahora se deslizaba suave y agradablemente.

Pasó un coche de lujo a nuestro lado.

—Allá va el automóvil del portugués Manuel Valadares.

Cuando íbamos atravesando la esquina de la Calle de las Represas, un pito desde lejos llenó la mañana.

—Mire, don Arístides. Allá va el Mangarativa.

—Lo sabes todo ¿no?

—Conozco el sonido.

Sólo se escuchaba el «toc-toc» de las patas de los caballos en el camino. Observé que el carro no era muy nuevo. Al contrario. Pero era firme, económico. Con otros dos viajes traeríamos todos nuestros cachivaches. El burro no parecía muy firme. Pero resolví ser agradable.

—Su carro es muy lindo, don Arístides.

—Sirve para lo que es.

—Y también el burro es lindo. ¿Cómo se llama?

—«Gitano».

Parecía no querer conversar.

—Hoy es un día muy feliz para mí. La primera vez que ando en carro. Encontré el automóvil del Portugués y escuché al Mangarativa.

Silencio. Nada.

—Don Arístides, ¿el Mangarativa es el tren más importante del Brasil?

—No. Pero es el más importante de esta línea.

Realmente no valía la pena. ¡Qué difícil era a veces entender a la gente grande!

«Morro», Candido Portinari, 1933
Oil on canvas, 44-7/8" x 57-3/8"
The Museum of Modern Art, New York. Abby Aldrich Rockefeller Fund.
Photograph © 1996 The Museum of Modern Art, New York.

Cuando llegamos frente a la casa, le entregué la llave e intenté ser cordial…

—¿Quiere que le ayude en alguna cosa?

—Ayudarás si no andas encima de la gente, molestando. Anda a jugar, que cuando sea la hora de volver te llamaré.

Di un salto y me fui.

—Minguito, ahora vamos a vivir siempre uno cerca del otro. Voy a ponerte tan lindo que ningún árbol podrá llegarte a los pies. Sabes, Minguito, acabo de viajar en un carro tan grande y suave que parecía una diligencia de aquellas de las películas de cine. Mira, todas las cosas de las que me entere te las vendré a contar, ¿de acuerdo?

Me acerqué al pasto de la valla y miré el agua sucia, que corría.

—¿Cómo fue que dijimos el otro día que íbamos a llamar a este río?

—Amazonas.

—Eso mismo, Amazonas. Allá abajo, debe estar lleno de canoas de indios salvajes, ¿no es cierto, Minguito?

—Ni me lo digas. Solamente puede estar así, lleno de canoas e indios.

No bien comenzaba la conversación, y ya estaba don Arístides cerrando la casa y llamándome.

—¿Te quedas o vienes con nosotros?

—Voy a quedarme. Mamá y mis hermanas ya deben venir por la calle.

Y me quedé mirando cada cosa de cada rincón.

Segunda parte

Al comienzo, por etiqueta, o porque quería impresionar a los vecinos, me portaba bien. Pero una tarde rellené una media negra de mujer. La envolví en un hilo y corté la punta del pie. Después, donde había estado el pie puse un hilo bien largo de barrilete y lo até. De lejos, empujando despacito, parecía una cobra y en la oscuridad iba a tener gran éxito.

De noche, cada uno cuidaba de su vida. Parecía que la casa nueva hubiera cambiado el espíritu de todos. En la familia reinaba una alegría como desde hacía mucho tiempo no la había.

Me quedé quietecito en el portal, esperando. La calle vivía de la poca iluminación de los postes, y las cercas de altos «crótons» sombreaban los rincones. Seguramente que algunos estarían haciendo guardia en la Fábrica, y eso que no eran más de las ocho. Difícilmente eran las nueve. Pensé un momento en la Fábrica. No me gustaba. Su sirena triste en las mañanas se hacía más desagradable a las cinco de la tarde. La Fábrica era un dragón que devoraba gente todo el día y vomitaba a su personal de noche, muy cansado. Y menos me gustaba porque mister Scottfield se había portado mal con papá...

¡Listo! Por allá venía una mujer. Traía una sombrilla debajo del brazo y una cartera colgando de la mano. Se alcanzaba a escuchar el ruido de los zuecos golpeando la calle con sus tacones.

Corrí a esconderme en el portal y probé el hilo que arrastraba la cobra. Ella obedeció. Estaba perfecta. Entonces me escondí bien escondidito detrás de la sombra de la cerca y me quedé con el hilo entre los dedos. Los zuecos venían acercándose, más cerca, más cerca todavía, y ¡zas! Comencé a tirar de la cobra que se deslizó despacio en medio de la calle.

¡Sólo que yo no esperaba aquello! La mujer dio un grito tan grande que despertó a toda la calle. Largó la bolsa y la sombrilla para arriba y se apretó la barriga sin dejar de gritar:

—¡Socorro! ¡Socorro!... Una cobra, amigos. ¡Ayúdenme!

Las puertas se abrieron y solté todo, corrí hacia la casa, entré en la cocina. Destapé rápidamente el cesto de la ropa sucia y me metí dentro, cubriendo de nuevo el cesto con la tapa. Mi corazón latía, asustado, y continuaba escuchando los gritos de la mujer:

—¡Ay! ¡Dios mío, voy a perder a mi hijo de seis meses!

En ese momento no solamente estaba asustado, sino que comencé a temblar.

Los vecinos la llevaron para adentro y los sollozos y las quejas continuaban.

—¡No puedo más, no puedo más! ¡Y una cobra, con el miedo que les tengo!

—Tome un poco de agua de flor de naranjo. Cálmese. Quédese tranquila, que los hombres fueron detrás de la cobra armados con palos, machetes y un farol para alumbrarse.

¡Qué lío de los mil diablos por causa de una cobrita sin importancia! Pero lo peor de todo es que la gente de casa también había ido a mirar. Jandira, mamá y Lalá.

"Haitian Landscape," Joseph Jean-Giles

—¡Pero si no es una cobra, amigos! Apenas es una media vieja de mujer.

En mi miedo había olvidado tirar de la «cobra». Estaba frito.

Atrás de la cobra venía el hilo y el hilo entraba en nuestra casa.

Tres voces conocidas hablaron al mismo tiempo:

—¡Fue él!

Ya no se trataba de la caza de una cobra. Miraron debajo de las camas. Nada. Pasaron cerca de mí, y yo ni respiré. Fueron del lado de afuera para mirar la casa. Jandira tuvo una idea:

—¡Me parece que ya sé dónde está!

Levantó la tapa del cesto y fui levantado por las orejas y llevado hasta el comedor.

Mamá me pegó duro esa vez. El zapato cantó y tuve que gritar para disminuir el dolor y que ella dejara de castigarme.

—¡Pestecita! Tú no sabes qué duro es cargar un hijo de seis meses en la barriga.

Lalá comentó, irónica:

—¡Ya estaba demorando mucho en estrenar la calle!

—Y ahora a la cama, sinvergüenza.

Salí frotándome el traste y me acosté de bruces. Fue una suerte que papá hubiese ido a jugar a las cartas. Me quedé en la oscuridad tragándome el resto del llanto y pensando que la cama era la mejor cosa del mundo para curarse de una zurra.

Tercera parte

Gloria me había llamado muy temprano.

—Déjame ver las uñas.

Le mostré las manos y ella aprobó.

—Ahora las orejas.

—¡Uyuyuy, Zezé!

Me llevó hasta la pileta, mojó un trapo con jabón y fue restregando mi suciedad.

—¡Nunca vi a una persona decir que es un guerrero Pinagé y vivir siempre sucio! Anda calzándote mientras busco una ropita decente para ti.

Fue a mi cajón y revolvió. Revolvió más. Y cuanto más revolvía menos encontraba. Todos mis pantaloncitos estaban rotos, agujereados, remendados o zurcidos.

—No se necesitaba ni contarlo a nadie. Solamente viendo este cajón la gente descubriría en seguida el niño terrible que eres. Ponte éste, que es el menos malo.

Y nos dirigimos hacia el descubrimiento «maravilloso» que yo iba a hacer.

Llegamos cerca de la Escuela, adonde un montón de personas habían llevado a sus niños para inscribirlos.

—No vayas a hacer un papel triste ni a olvidarte de nada, Zezé.

Nos sentamos en una sala llena de chicos, y todos se miraban unos a otros. Hasta que llegó nuestro turno y entramos en el escritorio de la directora.

—¿Es su hermanito?

—Sí, señora. Mamá no pudo venir porque trabaja en la ciudad.

Ella me miró bastante y sus ojos parecían grandes y negros porque los anteojos eran muy gruesos. Lo gracioso es que tenía bigotes de hombre. Por eso seguramente era la directora.

—¿No es muy pequeño el niño?

—Es muy delgadito para la edad. Pero ya sabe leer.

—¿Qué edad tienes, niño?

—El día 26 de febrero cumplí seis años, sí, señora.

—Muy bien. Vamos a hacer la ficha. Primero los datos familiares.

Gloria dio el nombre de papá. Cuando tuvo que dar el de mamá, ella dijo solamente: Estefanía de Vasconcelos. Yo no aguanté y solté mi corrección.

—Estefanía Pinagé de Vasconcelos.

—¿Cómo?

Gloria se puso un poco colorada.

—Es Pinagé. Mamá es hija de indios.

Me puse todo orgulloso porque yo debía ser el único que tenía nombre de indio en esa escuela.

Después Gloria firmó un papel y quedó de pie, indecisa.

—Alguna otra cosa, muchacha.

—Quisiera saber sobre los uniformes... Usted sabe... Papá está sin empleo y somos bastante pobres.

Y eso quedó comprobado cuando me mandó que diese una vuelta para ver mi tamaño y número, y acabó viendo mis remiendos.

Escribió un número en un papel y nos mandó adentro a buscar a doña Eulalia.

También doña Eulalia se admiró por mi tamaño, y aun el uniforme más pequeño que tenía me hacía parecer un pollito emplumado.

—El único es éste, pero es grande. ¡Qué niño menudito!…

—Lo llevo y lo acorto.

Salí todo contento con mis dos uniformes de regalo. ¡Imagínense la cara de Minguito cuando me viese con ropa nueva y de alumno!

Con el pasar de los días yo le contaba todo. Cómo era, cómo no era…

—Tocan una campana grande. Pero no tanto como la de la iglesia. ¿Sabes, no? Todo el mundo entra en el patio grande y busca el lugar que tiene su maestra. Entonces ella viene y hace que formemos una fila de cuatro, y vamos todos, como si fuésemos carneritos, adentro de la clase. Uno se sienta en un banco que tiene una tapa que abre y cierra, y allí lo guarda todo. Voy a tener que aprender un montón de himnos porque la profesora dijo que, para ser un buen brasileño y «patriota», uno tiene que saber el himno de nuestra tierra. Cuando lo aprenda te lo canto, ¿sabes, Minguito?…

Y vinieron las novedades. Y las peleas. Los descubrimientos de un mundo donde todo era nuevo.

—Nenita, ¿adónde llevas esa flor?

Ella era limpita y traía en la mano el libro y el cuaderno forrados. Usaba dos trencitas.

—Se la llevo a mi maestra.

—¿Por qué?

—Porque a ella le gustan las flores. Y toda alumna aplicada le lleva una flor a su maestra.

—¿Los niños también pueden llevarle?

—Si a su profesora le gusta, sí.

—¿De veras?

—Sí.

Nadie le había llevado ni siquiera una flor a mi maestra, Cecilia Paim. Debía ser porque ella era fea. Si no hubiese tenido esa mancha en el ojo, no habría sido tan fea. Pero era la única que me daba una moneda para comprar una galleta rellena al dulcero, de vez en cuando, cuando llegaba el recreo.

Comencé a reparar en las otras clases: todos los floreros, sobre la mesa, tenían flores. Sólo el florero de la mía continuaba vacío.

Cuarta parte

Y los días fueron pasando en toda esa alegría. Una mañana aparecí con una flor para mi maestra. Ella se puso muy emocionada y dijo que yo era un caballero.

—¿Sabes lo que es eso, Minguito?

—Caballero es una persona muy bien educada, que se parece a un príncipe.

Y todos los días fui tomando gusto por las clases y aplicándome cada vez más. Nunca vino una queja contra mí. Gloria decía que dejaba mi diablito guardado en el cajón y me volvía otro chico.

—¿Crees eso, Minguito?

—Me parece que sí.

—Entonces yo, que te iba a contar un secreto, ¡ahora no te lo cuento!

Me fui enojado con él. Pero no le dio demasiada importancia a eso, porque sabía que mis enojos no duraban mucho.

El secreto tendría lugar a la noche, y mi corazón casi escapaba del pecho, de tanta ansiedad. Demoraba la Fábrica en hacer sonar su sirena, y la gente en pasar. Los días de verano tardaba en llegar la noche. Hasta la hora de la comida no llegaba. Me quedé en el portal viéndolo todo, sin acordarme de la cobra ni pensar en nada. Estaba sentado, esperando a mamá. Hasta Jandira se extrañó y me preguntó si estaba con dolor de barriga por haber comido fruta verde.

En la esquina apareció el bulto de mamá. Era ella. Nadie en el mundo se le parecía. Me levanté de un salto y corrí a su encuentro.

—La bendición, mamá —y besé su mano.

Hasta en la calle mal iluminada veía su rostro muy cansado.

—¿Trabajaste mucho hoy, mamá?

—Mucho, hijito. Hacía tanto calor dentro del telar que nadie aguantaba.

—Dame la bolsa; estás muy cansada.

Comencé a llevar la bolsa con la marmita vacía adentro.

—¿Muchas picardías, hoy?

—Poquito, mamá.

—¿Por qué viniste a esperarme?

Ella había comenzado a adivinar.

—Mamá, ¿me quieres por lo menos un poquito?

—Te quiero como a los otros. ¿Por qué?

—Mamá, ¿conoces a Nardito? El que es sobrino de «Pata Chueca».

Se rió.

—Ya lo recuerdo.

—¿Sabes una cosa, mamá? La mamá de él le hizo un traje muy lindo. Es verde con unas listitas blancas. Tiene un chaleco que se abotona en el cuello. Pero le quedó chico. Y él no tiene ningún hermano pequeño para que lo aproveche. Y dice que lo quería vender… ¿Me lo compras?

—¡Ay, hijo! ¡Las cosas están tan difíciles!

—Pero lo vende a pagar en dos veces. Y no es caro. No se paga ni la hechura.

Estaba repitiendo las frases de Jacob, el prestamista. Ella guardaba silencio, haciendo cuentas.

—Mamá, soy el alumno más estudioso de mi clase. La profesora dice que voy a ganar un premio… ¡Cómpramelo, mamá! Desde hace mucho tiempo no tengo ninguna ropa nueva…

Pero el silencio de ella llegaba a angustiar.

—Mira, mamá, si no es ése nunca voy a tener mi traje de poeta. Lalá me haría una corbata así, de moño grande, con un pedazo de seda que ella tiene…

—Está bien, hijo. Voy a hacer una semana de horas extra y te compraré tu trajecito.

Le besé la mano y fui caminando con el rostro apoyado en su mano hasta entrar en casa.

Así fue como tuve mi traje de poeta. Y quedé tan lindo que tío Edmundo me llevó a sacarme un retrato.

Quinta parte

La escuela. La flor. La flor. La escuela…

Todo iba muy bien hasta que Godofredo entró en mi clase. Pidió permiso y fue a hablar con Cecilia Paim. Sólo sé que señaló la flor en el florero. Después salió. Ella me miró con tristeza.

Cuando terminó la clase me llamó.

—Quiero hablar algo contigo, Zezé. Espera un poco. —Se puso a acomodar su cartera y parecía que no iba a terminar nunca. Veía que no tenía ningún deseo de hablarme y buscaba coraje en sus cosas. Al final se decidió.

—Godofredo me contó algo muy feo de ti, Zezé. ¿Es verdad?

Moví la cabeza, afirmativamente.

—¿De la flor? Sí, es cierto, señorita.

—¿Cómo lo haces?

—Me levanto más temprano y paso por el jardín de la casa de Sergio. Cuando el portón está apenas entornado, entro rápido y robo una flor. Hay tantas allá que no hacen falta…

—Sí, pero eso no está bien. No debes volver a hacer eso nunca más. No es un robo, pero es un hurto.

—No lo es, señorita. ¿Acaso el mundo no es de Dios? ¿Y todo lo que hay en el mundo no es de Dios, acaso? Entonces también las flores son de Él…

Quedó espantada con mi lógica.

—Únicamente así podría traerle una flor, señorita. En casa no hay jardín. Una flor cuesta dinero… Y yo no quería que su escritorio estuviese siempre con el florero vacío.

Ella tragó en seco.

—¿Acaso de vez en cuando usted no me regala un dinerito para comprarme una galleta rellena?…

—Te lo daría todos los días. Pero desapareces…

—No podría aceptar ese dinero todos los días…

—¿Por qué?

—Porque hay otros niños pobres que tampoco traen merienda.

Sacó el pañuelo de la cartera y se lo pasó disimuladamente por los ojos.

—Señorita, ¿usted no ve a «Lechuzita»?

—¿Quién es?

—Esa negrita de mi tamaño, ésa a la que la madre le sujeta el cabello en rulitos, y se los ata con piolín.

—Ya sé. Dorotilia.

—Ella misma, señorita. Dorotilia es más pobre que yo. Y las otras chicas no quieren jugar con ella porque es negrita y muy pobre. Por eso ella se queda siempre en un rincón. Yo divido con ella mi masita, ésa que usted me regala.

Entonces se quedó con el pañuelo en la nariz durante mucho tiempo.

—De vez en cuando usted podría darle ese dinero a ella en vez de dármelo a mí. La mamá lava ropa y tiene once hijos. Todos chiquitos todavía. Dindinha, mi abuela, todos los sábados le da un poco de «feijao» y de arroz, para ayudarlos. Y yo divido mi masita con ella porque mamá me enseñó que uno debe dividir la pobreza propia con quien todavía es más pobre.

Sus lágrimas estaban bajando.

—Yo no quería que usted llorara, señorita. Le prometo no robar más flores y voy a ser cada día más aplicado.

—No se trata de eso, Zezé. Ven aquí.

Tomó mis manos entre las suyas.

—Vas a prometerme una cosa, porque tienes un corazón maravilloso, Zezé.

—Se lo prometo, pero no quiero engañarla, señorita. No tengo un corazón maravilloso. Usted dice eso porque no sabe cómo soy en casa.

—No tiene importancia. Para mí tienes un corazón maravilloso. De ahora en adelante no quiero que me traigas más flores. Solamente si te regalan alguna. ¿Me lo prometes?

—Lo prometo, sí, señorita. Pero ¿y el florero? ¿Va a quedar siempre vacío?

—Nunca más estará vacío. Cada vez que lo mire veré en él, siempre, la flor más linda del mundo. Y voy a pensar: el que me regaló esa flor fue mi mejor alumno. ¿Está bien?

Ahora se reía. Soltó mis manos y habló con dulzura:

—Ahora te puedes ir, corazón de oro…

«Naturaleza muerta», Héctor Basaldua

Ampliemos nuestra comprensión

Red de personajes. Una vez que hayas completado el cuadro de red de personajes, comparte tus respuestas con un(a) compañero(a) y discutan sus puntos de vista.

Apuntes literarios

Punto de vista. Toda obra literaria está narrada desde una perspectiva específica, que se conoce como el punto de vista. Por ejemplo, la novela *Mi planta de naranja-lima* está narrada desde el punto de vista de Zezé, es decir, nosotros vemos los acontecimientos a través de sus ojos. Esto logra que la narración sea más íntima, y nos haga sentir como si nosotros estuviéramos participando en los acontecimientos. Este tipo de narración se llama **primera persona** y se reconoce fácilmente por la presencia de palabras tales como **yo, mi, me**. Otro punto de vista utilizado en la narrativa es la **tercera persona.** En algunos casos, el narrador cuenta la historia como si fuera un observador. En otros, el narrador es **omnisciente,** es decir, es como un dios que lo ve todo y está en todas partes. Por esta misma razón puede narrarnos aun lo que ocurre en la mente de sus personajes.

Taller de composición

Incidente autobiográfico

1. Revisa todas las anotaciones que has hecho en tu cuaderno a través de la lectura de las selecciones de *Mi planta de*

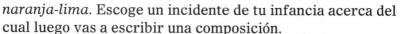

naranja-lima. Escoge un incidente de tu infancia acerca del cual luego vas a escribir una composición.

2. Coloca el nombre del incidente dentro de un círculo, y utilízalo como el centro de un ejercicio de asociación de ideas. Anota a su alrededor los puntos importantes relacionados con el incidente a medida que los recuerdes (dónde sucedió, personas involucradas, reacciones de los presentes, época del año, etc.).

3. Desarrolla el primer borrador de tu composición en clase.

4. Como tarea para el día siguiente, lee tu composición en casa y determina si has usado suficientes elementos descriptivos como para que los lectores puedan hacerse una idea clara de los acontecimientos. ¿Describes con detalle la reacción de las personas presentes? ¿Explicas bien cuáles fueron tus sentimientos durante y después del incidente? Realiza los cambios que creas apropiados de acuerdo con estos criterios.

5. Grupo de respuesta: Al día siguiente, en grupos de cuatro, cada estudiante lee en voz alta su composición, y los compañeros, después de haber escuchado cuidadosamente, ofrecerán sus sugerencias para mejorar la composición. La evaluación de cada alumno(a) se guiará por las siguientes preguntas:

   ■ ¿qué fue lo que más te gustó de la composición? Menciona elementos específicos.

   ■ ¿qué detalles podrían ser añadidos para hacer la composición más interesante o clara?

6. Escribe la versión final de tu composición, integrando aquellos aspectos mencionados por tus compañeros que consideras apropiados.

Tarjeta postal.   El (La) maestro(a) te entregará una tarjeta para que elabores una postal que supuestamente le enviarás a Zezé. En el lado en blanco dibuja una de las atracciones del lugar donde vives. Divide el reverso por la mitad. En la mitad de la izquierda le escribirás tu nota al niño brasileño, comentándole acerca de un aspecto de su vida, y lo que te hizo sentir. En la mitad de la derecha dibuja una estampilla postal e incluye tu dirección y la dirección (imaginaria) de Zezé.

5

Alistémonos para leer

La niña del cuento de Rivera-Valdés rememora lugares e instantes de su niñez transcurridos en un pequeño pueblo de pescadores a la orilla del mar en Cuba.

Rompecabezas de predicción.   El (La) maestro(a) le entregará a cada grupo un sobre con cuatro tiras de papel, cada una de las cuales contiene un pasaje del cuento de Sonia Rivera-Valdés. Luego de distribuir las tiras, cada estudiante leerá la suya silenciosamente e imaginará de qué podrá tratar el cuento. Turnándose, lean y compartan sus especulaciones y textos. Después que se haya completado el círculo, revisen en conjunto las especulaciones que hicieron.

Anticipación en base al título.   En tu cuaderno escribe el título del cuento y anota tres ideas que se te ocurran que puedan ser parte de su temática.

El beso de la patria
Yo creo que este cuento se puede tratar de:
1.
2.
3.

Leamos activamente

Escucha y dibuja. El (La) maestro(a) leerá en voz alta los tres primeros párrafos del cuento. Mientras escuchas, dibuja el paisaje que ella describe incluyendo todos los detalles que te sea posible. Luego, con un(a) compañero(a) comparen las imágenes que les suscitó la narración a cada uno de ustedes.

Lectura y discusión. La maestra dirigirá la lectura en voz alta del resto del cuento, deteniéndose a discutir, anticipar y expandir conceptos.

«Caminando con su paraguas azul», Víctor Lewis Ferrer

El beso de la patria

Sonia Rivera-Valdés

Nos mudamos para Santa Fe cuando yo tenía ocho años. Aunque estábamos muy cerca de La Habana, era otro mundo. El cambio representó un poco de calma porque mi papá y mi mamá no peleaban tanto allí. Era un pueblecito de fuertes contrastes, verde y arenoso, con el mar de la costa norte de La Habana de un lado y las montañas de Tahoro del otro. De los manantiales que hay en esas montañas venía el agua que tomábamos, a tres centavos la lata; después subió a cinco. La lata de agua era inmensa; no sé cuántos litros tenía, pero llenaba una tinaja grande.

Como playa, Santa Fe no valía mucho, demasiadas rocas y poca arena, pero el agua era tan cristalina que yo nadaba despacito por la superficie y veía los peces negros, amarillos, plateados, de todos los colores, paseando por debajo de mí. Uno de mis entretenimientos favoritos era sacar erizos de las rocas del fondo del mar con un palo largo, que generalmente venía de una escoba vieja, al que le ponía un clavo grande en la punta para enganchar los erizos. Me metía en el agua y con la mano derecha sujetaba el palo mientras con la izquierda me apoyaba en un cubilete de madera que tenía el fondo de cristal, para ver adentro del mar, y servía de flotador. Pasaba largas horas en la playa con Rita, la hija de Goyo el pescador, a quien conocí recién mudada al pueblo y nos hicimos grandes amigas. Cuando no estábamos jugando o hablando, me sentaba sobre las rocas a la orilla de la playa, sola, a soñar con el día en que se me rizara el pelo, o en cuando me sacara la lotería para pagar las deudas que mi papá había contraído jugando al póker. El sueño del pelo era el mejor; un día iba a aparecer un hada que me daría una loción mágica, un champú milagroso que me rizaría el pelo para siempre. No me gustaba mi pelo, lacio y fino; quería uno de aquéllos con muchos bucles que veía en el cine de Hollywood; mi preferido era el de Viveca Lindfors en una película en que hacía de gitana.

En invierno el mar rompía con tanta fuerza contra las rocas, que una señora que estaba de visita un fin de semana preguntó si había alguna fábrica cerca, cuyas maquinarias producía la gente que venía de vacaciones,

"Andean Family," Héctor Poleo

como una gran bandada de pájaros que se iba al llegar septiembre. Para julio o agosto armaban el parque de diversiones; venían unos hombres, desyerbaban un terreno grande en alguno de los lugares más céntricos, generalmente un solar vacío de los que bordeaban la carretera de Santa Fe a Punta Brava, e instalaban los caballitos, la estrella, las sillas voladoras, el kiosco del algodón de azúcar, los puestos de frituras y refrescos, los de vender cerveza y los de juegos de azar, en los que se podía ganar un muñeco de peluche, una taza con su plato, o una polvera de cristal que tenía en la tapa una gallina echada… ésas eran lindas. Instalaban centenares de bombillos; el día de la inauguración, para los que vivíamos permanentemente en la playa, acostumbrados a largos meses de calles silenciosas y semiapagadas, era el deslumbramiento; el movimiento y la iluminación nos maravillaban; recibíamos el parque con tanto entusiasmo que se llenaba todas las noches durante el tiempo que permanecía. Después, cuando comenzaba a oscurecer más temprano y a amanecer más tarde, y el mar empezaba a oírse desde la casa por las noches, un día veíamos con melancolía cómo los hombres que desyerbaron el terreno desarmaban los aparatos y desmontaban el parque. Al poco tiempo sobre la tierra apisonada por los pies de la gente volvía a crecer la yerba.

Rita y yo íbamos juntas a la escuela pública. Su mamá, Julia, era la conserje y como ella era quien preparaba y repartía la merienda, siempre me daba mucha. Daban leche condensada con gofio en la sesión de la tarde a la que asistíamos porque los varones iban por la mañana. Aunque se suponía que la merienda fuera sólo para las niñas más necesitadas y yo no lo era, porque las había que no comían en su casa, mi amistad con Rita garantizaba mi parte, lo que me ponía muy contenta.

Yo estaba en cuarto grado. Fue el primero que hice completo en una misma escuela ya que anteriormente debido a las mudadas constantes y a que a mi mamá no le gustaba levantarse temprano para mandarme a las clases, cambiaba tres o cuatro veces de escuela durante un curso escolar, y a veces faltaba meses completos. Ésa fue, también, la primera vez que tomé exámenes para pasar de grado. Por las mañanas, sentada en el piso de mosaicos rojos y blancos del portal de la casita de madera en que vivíamos, que se mantenían fríos aunque hubiera un sol que rajaba las piedras, memorizaba cuanto había escrito en los cuadernos el día anterior. Era la experiencia más grata que había tenido en mi vida. Leyendo sobre las guerras de independencia de Cuba en el siglo XIX, o aprendiendo cuáles eran los ríos más caudalosos de Europa, o qué animales tenían sangre caliente y cuáles la tenían fría, o cuántos huesos tenía el cuerpo humano, olvidaba un rato los llantos de mi mamá encerrada en el baño, por razones que yo sólo medio entendía, y la falta de dinero de la que mi papá hablaba constantemente. Mientras leía, sentía el fresco del piso en mis muslos y piernas, oía cantar los pájaros y miraba, cada vez que interrumpía la lectura, las vicarias blancas y rojas y las madamas sembradas en el jardincito frente al portal, del cual mi papá y todos nosotros habíamos sacado las piedras y latas vacías que tenía cuando nos mudamos allí y habíamos sembrado flores. Pensaba en lo maravillosas que eran las flores de la vicaria blanca, capaces de curar enfermedades de los ojos, y en lo curiosas que eran las vainitas en que se formaban las semillas de la madama.

Nunca tuve espíritu de competencia porque no tenía por qué desarrollarlo. Mi mamá no me exigía nada en ese sentido, y con tantos cambios ni siquiera sabía que existían premios si se tenían buenas notas. Aquel año gané el Beso de la Patria, premio que daban al mejor alumno de cada grado. Me sorprendí muchísimo cuando lo recibí porque no lo esperaba, pero me dio una gran alegría. Debido a este pemio fui elegida para llevar el estandarte de la escuela en el natalicio de Martí del próximo año. Era un reconocimiento a mi excelente trabajo académico. Para conmemorar el veintiocho de enero se organizaban enormes paradas. Los colegios privados hacían un despliegue de lujo con uniformes de gala y bandas de música en que los niños iban vestidos de satín rojo, azul pavo, azul prusia, verde brillante, amarillo canario, y los trajes estaban adornados con galones de colores contrastantes; en la cabeza llevaban sombreros altos con penachos de plumas; competían a ver cuál colegio iba más elegante. Las escuelas públicas iban aparte; trataban de que los niños se vistieran lo mejor posible y ponían algunas restricciones para poder asistir; había que usar cierta ropa que muchos no tenían; ésos no podían participar en el acto patriótico; un requisito era tener el uniforme de la escuela; la mayoría de los alumnos iba a las clases sin uniforme; los maestros, generalmente, no lo exigían porque sabían que si los niños no lo compraban era porque no tenían dinero para hacerlo. Cuando me nombraron para llevar el estandarte, lo que era un gran honor, me advirtieron que era necesario ir uniformada y llevar zapatos de piel o charol negro. Yo tenía un uniforme que alguien me había regalado usado; mi mamá lo había teñido para que recuperara el color original y lucía muy bien, pero mis únicos zapatos eran unos tenis. Cuando me dijeron lo de los zapatos no me atreví a decir que no los tendría porque me daba mucha pena y dije que sí, que iba a tenerlos. No pensé en otra cosa por un mes y pico, hasta que llegó el día; no se me olvidaba ni cuando estudiaba por la mañana en el portal; no conseguía alegrarme ni escuchando el canto de los pájaros, ni aunque los mosaicos estuvieran fríos como siempre, ni aunque las semillas de las madamas hubieran hecho su trabajo de fecundidad con tal constancia que había muchas maticas nuevas; lloraba todos los días donde no me vieran y no dije nada en mi casa porque sabía que no iba a haber zapatos negros. Finalmente llegó el día, y después de pensarlo mucho decidí ir; me arreglé lo mejor que pude, muy bañadita y peinada, con lazos grandes en las trenzas, medias blancas, y lavé los tenis. Al presentarme, en medio de la confusión de la organización de la parada, no notaron nada, pero al prepararnos para empezar la marcha yo iba sola delante de los otros estudiantes. Al ver mis pies, una de las maestras, una señora vieja que decían que era poeta, me llamó aparte y me dijo: —Tú sabes que sin zapatos negros no puedes llevar el estandarte. Nosotros entendemos que no los tienes y por eso no los has traído, pero la parada tiene que quedar bonita. Mira, lo que vamos a hacer es que entre todos los maestros vamos a reunir dinero para comprarte unos zapatos para la próxima vez. Ahora, Noemí llevará el estandarte.— Noemí, que era brutísima y sacaba malísimas notas, tenía zapatos de charol con unos lacitos de faya. Lloré disimuladamente toda la parada. Lo que más me dolía era lo que dijo la maestra de que iban a regalarme unos zapatos. Me pareció todo terriblemente injusto, que yo estaba pagando culpas que no había cometido. Sufría calladamente cada vez que entraba a la escuela en los días posteriores a la parada, pensando en el momento en que me fueran a dar los benditos zapatos. Pero mis angustias estaban de más, porque jamás reunieron ningún dinero ni me compraron ningunos zapatos.

Ampliemos nuestra comprensión

Diagrama de Venn.   Este diagrama se usa para mostrar semejanzas y diferencias. La niña del cuento habla de dos tipos diferentes de escuelas. Compara los elementos similares y distintos de cada una de ellas, dibujando en tu cuaderno un diagrama como el que ves a continuación, y utilizándolo para tomar notas. En el espacio azul coloca las características de las escuelas públicas que no son compartidas por las escuelas privadas. En el espacio verde coloca las características que son exclusivas de las escuelas privadas. En el espacio del medio, anota las características compartidas por ambos tipos de escuela.

Diagrama de Venn

Grupo de discusión.   Con tu grupo de cuatro discutan la situación por la que pasa la protagonista del cuento. ¿Creen ustedes que la maestra fue injusta con ella? ¿Por qué? Deben poder defender su posición con sus propias ideas y evidencia específica del texto. Al finalizar la actividad el (la) maestro(a) le pedirá a uno de ustedes (todos deberán estar preparados) que presente las conclusiones del equipo.

Ensayo argumentativo.   Escribe un ensayo en el cual presentes tu opinión respecto a la situación presentada en el cuento. Debes indicar las razones por las cuales tomaste esa posición.

Apuntes literarios

La argumentación.   Éste es un tipo de exposición que tiene como finalidad defender una tesis con razones o argumentos; es decir, una idea que se quiere comprobar. La argumentación se debe organizar en tres partes: exposición de la tesis, cuerpo de la argumentación y conclusión.

- **La exposición** de la tesis debe ser breve y clara.
  Ejemplo: La producción de energía nuclear debería prohibirse.

- **El cuerpo** de la argumentación contiene las razones que apoyan la tesis.
  Ejemplo: Los riesgos para el ser humano son demasiado elevados.
  Se ha demostrado que pueden ocurrir accidentes.
  Es muy difícil almacenar y desechar los residuos radioactivos.

- **La conclusión** consiste en reafirmar la tesis, una vez razonada.
  Ejemplo: En conclusión, los beneficios de la energía nuclear no compensan los riesgos y las dificultades.

Alistémonos para leer

El escritor peruano Julio Ramón Ribeyro capta en el siguiente cuento una graciosa situación familiar en la cual las expectativas tienen mucho más importancia que la realidad. La chicha es una bebida que proviene del maíz; los indígenas la dejan fermentar para utilizarla como bebida alcohólica.

Piensa, anota y comparte. ¿Te has encontrado alguna vez en una circunstancia en la que necesitabas dinero desesperadamente? ¿Qué hiciste para lograrlo? Toma cinco minutos para describir en tu diario la situación y lo que hiciste. Luego, comparte tu anécdota con un(a) compañero(a).

Leamos activamente

Enseñanza recíproca. Leyendo con un(a) compañero(a), sigan las instrucciones del (de la) maestro(a) para llevar a cabo la lectura de las dos primeras páginas del cuento.

Lectura silenciosa. Completa la lectura del cuento individualmente.

"Le Moulin de la Galette," Pablo Picasso

La botella de chicha

Julio Ramón Ribeyro

En una ocasión tuve necesidad de una pequeña suma de dinero y como me era imposible procurármela por las vías ordinarias, decidí hacer una pesquisa por la despensa de mi casa, con la esperanza de encontrar algún objeto vendible o pignorable. Luego de remover una serie de trastos viejos, divisé, acostada en un almohadón, como una criatura en su cuna, una vieja botella de chicha. Se trataba de una chicha que hacía más de quince años recibiéramos de una hacienda del norte y que mis padres guardaban celosamente para utilizarla en un importante suceso familiar. Mi padre me había dicho que la abriría cuando yo «me recibiera de bachiller». Mi madre, por otra parte, había hecho la misma promesa a mi hermana, para el día «que se casara». Pero ni mi hermana se había casado ni yo había elegido aún qué profesión iba a estudiar, por lo cual la chicha continuaba durmiendo el sueño de los justos y cobrando aquel inapreciable valor que dan a este género de bebidas los descansos prolongados.

Sin vacilar, cogí la botella del pico y la conduje a mi habitación. Luego de un paciente trabajo logré cortar el alambre y extraer el corcho, que salió despedido como por el ánima de una escopeta. Bebí un dedito para probar su sabor y me hubiera acabado toda la botella si es que no la necesitara para un negocio mejor. Luego de verter su contenido en una pequeña pipa de barro, me dirigí a la calle con la pipa bajo el brazo. Pero a mitad del camino un escrúpulo me asaltó. Había dejado la botella vacía abandonada sobre la mesa y lo menos que podía hacer era restituirla a su antiguo lugar para disimular en parte las trazas de mi delito. Regresé a casa y para tranquilizar aún más mi conciencia, llené la botella vacía con una buena medida de vinagre, la alambré, la encorché y la acosté en su almohadón.

Con la pipa de barro, me dirigí a la chichería de don Eduardo.

—Fíjate lo que tengo —dije mostrándole el recipiente—. Una chicha de jora de veinte años. Sólo quiero por ella treinta soles. Está regalada.

Don Eduardo se echó a reír.

—¡A mí!, ¡a mí! —exclamó señalándose el pecho—. ¡A mí con ese cuento! Todos los días vienen a ofrecerme chicha y no sólo de veinte años atrás. ¡No me fío de esas historias! ¡Cómo si las fuera a creer!

—Pero yo no te voy a engañar. Pruébala y verás.

—¿Probarla? ¿Para qué? Si probara todo lo que traen a vender terminaría el día borracho, y lo que es peor, mal emborrachado. ¡Anda, vete de aquí! Puede ser que en otro lado tengas más suerte.

Durante media hora recorrí todas la chicherías y bares de la cuadra. En muchos de ellos ni siquiera me dejaron hablar. Mi última decisión fue ofrecer mi producto en las casas particulares pero mis ofertas, por lo general, no pasaron de la servidumbre. El único señor que se avino a recibirme, me preguntó si yo era el mismo que el mes pasado le vendiera un viejo burdeos y como yo, cándidamente, le replicara que sí, fui cubierto de insultos y de amenazas e invitado a desaparecer en la forma menos cordial.

Humillado por este incidente, resolví regresar a mi casa. En el camino pensé que la única recompensa, luego de empresa tan vana, sería beberme la botella de chicha. Pero luego consideré que mi conducta sería egoísta, que no podía privar a mi familia de su pequeño tesoro solamente por satisfacer un capricho pasajero, y que lo más cuerdo sería verter la chicha en su botella y esperar, para beberla, a que mi hermana se casara o que a mí pudieran llamarme bachiller.

Cuando llegué a casa había oscurecido y me sorprendió ver algunos carros en la puerta y muchas luces en las ventanas. No bien había ingresado a la cocina cuando sentí una voz que me interpelaba en la penumbra. Apenas tuve tiempo de ocultar la pipa de barro tras una pila de periódicos.

—¿Eres tú el que anda por allí? —preguntó mi madre, encendiendo la luz—. ¡Esperándote como locos! ¡Ha llegado Raúl! ¿Te das cuenta? ¡Anda a saludarlo! ¡Tantos años que no ves a tu hermano! ¡Corre! que ha preguntado por ti.

Cuando ingresé a la sala quedé horrorizado. Sobre la mesa central estaba la botella de chicha aún sin descorchar. Apenas pude abrazar a mi hermano y observar que le había brotado un ridículo mostacho. «Cuando tu hermano regrese», era otra de las circunstancias esperadas. Y mi hermano estaba allí y estaban también otras personas y la botella y minúsculas copas pues una bebida tan valiosa necesitaba administrarse como una medicina.

—Ahora que todos estamos reunidos —habló mi padre— vamos al fin a poder brindar con la vieja chicha —y agració a los invitados con una larga historia acerca de la botella, exagerando, como era de esperar, su antigüedad. A mitad de su discurso, los circunstantes se relamían los labios.

La botella se descorchó, las copas se llenaron, se lanzó una que otra improvisación y llegado el momento del brindis observé que las copas se dirigían a los labios rectamente, inocentemente, y regresaban vacías a la mesa, entre grandes exclamaciones de placer.

—¡Excelente bebida!

—¡Nunca he tomado algo semejante!

—¿Cómo me dijo? ¿Treinta años guardada?

—¡Es digna de un cardenal!

—¡Yo que soy experto en bebidas, le aseguro, don Bonifacio, que como ésta ninguna!

Y mi hermano, conmovido por tan grande homenaje, añadió:

—Yo les agradezco, mis queridos padres, por haberme reservado esta sorpresa con ocasión de mi llegada.

El único que, naturalmente, no bebió una gota, fui yo. Luego de acercármela a las narices y aspirar su nauseabundo olor a vinagre, la arrojé con disimulo en un florero.

Pero los concurrentes estaban excitados. Muchos de ellos dijeron que se habían quedado con la miel en los labios y no faltó uno más osado que insinuara a mi padre si no tenía por allí otra botellita escondida.

—¡Oh, no! —replicó—. ¡De estas cosas sólo una! Es mucho pedir.

Noté, entonces, una consternación tan sincera en los invitados, que me creí en la obligación de intervenir.

—Yo tengo por allí una pipa con chicha.

—¿Tú? —preguntó mi padre, sorprendido.

—Sí, una pipa pequeña. Un hombre vino a venderla... Dijo que era muy antigua.

—¡Bah! ¡Cuentos!

—Y yo se la compré por cinco soles.

—¿Por cinco soles? ¡No has debido pagar ni una peseta!

—A ver, la probaremos —dijo mi hermano—. Así veremos la diferencia.

—Sí, ¡que la traiga! —pidieron los invitados.

Mi padre, al ver tal expectativa, no tuvo más remedio que aceptar y yo me precipité a la cocina. Luego de extraer la pipa bajo el montón de periódicos, regresé a la sala con mi trofeo entre las manos.

—¡Aquí está! —exclamé, entregándosela a mi padre.

—¡Hum! —dijo él, observando la pipa con desconfianza—. Estas pipas son de última fabricación. Si no me equivoco, yo compré una parecida hace poco —y acercó la nariz al recipiente—. ¡Qué olor! ¡No! ¡Esto es una broma! ¿Dónde has comprado esto, muchacho? ¡Te han engañado! ¡Qué tontería! Debías haber consultado —y para justificar su actitud hizo circular la botija entre los concurrentes, quienes ordenadamente la olían y después de hacer una mueca de repugnancia, la pasaban a su vecino.

—¡Vinagre!

—¡Me descompone el estómago!

—Pero ¿es que esto se puede tomar?

—¡Es para morirse!

Y como las expresiones aumentaban de tono, mi padre sintió renacer en sí su función moralizadora de jefe de familia y, tomando la pipa con una mano y a mí de una oreja con la otra, se dirigió a la puerta de la calle.

—Ya te lo decía. ¡Te has dejado engañar como un bellaco! ¡Verás lo que se hace con esto!

Abrió la puerta y, con gran impulso, arrojó la pipa a la calle, por encima del muro. Un ruido de botija rota estalló en un segundo. Recibiendo un coscorrón en la cabeza, fui enviado a dar una vuelta por el jardín y mientras mi padre se frotaba las manos, satisfecho de su proceder, observé que en la acera pública, nuestra chicha, nuestra magnífica chicha norteña, guardada con tanto esmero durante quince años, respetada en tantos pequeños y tentadores compromisos, yacía extendida en una roja y dolorosa mancha. Un automóvil la pisó alargándola en dos huellas; una hoja de otoño naufragó en su superficie; un perro se acercó, la olió y la meó.

«Café Tupinamba», Carolina Durieux

Destrezas de estudio

Escritura de diálogos

Las siguientes convenciones se utilizan en español en la escritura de diálogos:

1. Se empieza un párrafo cada vez que habla uno de los interlocutores.

2. Se utiliza la raya para indicar el comienzo de las palabras de cada interlocutor.

Asimismo se escriben entre rayas las frases explicativas que aparecen intercaladas en las palabras de cada uno de los interlocutores. Cuando la aclaración está al final sólo se coloca una raya.

Ejemplo: — No me importa —dijo con rabia—, puedes irte.

— No me importa, puedes irte —dijo con rabia.

Recuerda que en español nunca se utilizan comillas para marcar el comienzo o el final de las palabras de cada interlocutor como se hace en inglés.

Ampliemos nuestra comprensión

Diálogos colaborativos.   Trabajando con tu equipo de cuatro compañeros, escribe uno de los siguientes diálogos que les asignará el (la) maestro(a). Luego de escribirlos, (recuerden que cada alumno[a] deberá mantener su propio libreto) el (la) maestro(a) les pedirá que pasen a representar su fragmento de manera dramatizada, frente a la clase. Ustedes pueden agregar nuevos personajes a los presentados en el cuento, siempre y cuando los diálogos mantengan el sentido y la fidelidad con la historia.

Los diálogos que deberán ser desarrollados son:

1. el que tuvo lugar cuando un hacendado del norte de Lima le regaló la botella de chicha a los padres del protagonista.

2. cuando el joven trata de vender la botella de chicha.

3. cuando el hermano llega de visita.

4. cuando el protagonista ofrece a su familia la botella de chicha original.

7

Alistémonos para leer

El siguiente fragmento del libro *Confieso que he vivido* del gran poeta chileno Pablo Neruda, nos remonta a sus años de infancia llenos de coloridas vivencias.

Cuadro para tomar notas. Copia el siguiente cuadro en tu cuaderno y utilízalo para apuntar datos importantes acerca de tres memorias de tu niñez.

Tres recuerdos de mi niñez

Evento	Edad que tenía yo entonces	Otros participantes	Emociones que asocio con el suceso

Comparte. Siéntate con un(a) compañero(a) y cuéntale las anécdotas de tu infancia.

Leamos activamente

Lectura silenciosa. Lee el pasaje silenciosamente.

Confieso que he vivido

Pablo Neruda

Mi primer poema

Ahora voy a contarles alguna historia de pájaros. En el lago Budi perseguían a los cisnes con ferocidad. Se acercaban a ellos sigilosamente en los botes y luego rápido, rápido, remaban... Los cisnes, como los albatros, emprenden difícilmente el vuelo, deben correr patinando sobre el agua. Levantan con dificultad sus grandes alas. Los alcanzaban y a garrotazos terminaban con ellos.

Me trajeron un cisne medio muerto. Era una de esas maravillosas aves que no he vuelto a ver en el mundo, el cisne cuello negro. Una nave de nieve con el esbelto cuello como metido en una estrecha media de seda negra. El pico anaranjado y los ojos rojos.

Esto fue cerca del mar, en Puerto Saavedra, Imperial del Sur.

Me lo entregaron casi muerto. Bañé sus heridas y le empujé pedacitos de pan y de pescado a la garganta. Todo lo devolvía. Sin embargo, fue reponiéndose de sus lastimaduras, comenzó a comprender que yo era su amigo. Y yo comencé a comprender que la nostalgia lo mataba. Entonces, cargando el pesado pájaro en mis brazos por las calles, lo llevaba al río. Él nadaba un poco, cerca de mí. Yo quería que pescara y le indicaba las piedrecitas del fondo, las arenas por donde se deslizaban los plateados peces del sur. Pero él miraba con ojos tristes la distancia.

Así cada día, por más de veinte, lo llevé al río y lo traje a mi casa. El cisne era casi tan grande como yo. Una tarde estuvo más ensimismado, nadó cerca de mí, pero no se distrajo con las musarañas con que yo quería enseñarle de nuevo a pescar. Se estuvo muy quieto y lo tomé de nuevo en brazos para llevármelo a casa. Entonces, cuando lo tenía a la altura de mi pecho, sentí que se desenrollaba una cinta, algo como un brazo negro me rozaba la cara. Era su largo y ondulante cuello que caía. Así aprendí que los cisnes no cantan cuando mueren.

«San Antonio de Oriente», José Antonio Velásquez

El verano es abrasador en Cautín. Quema el cielo y el trigo. La tierra quiere recuperarse de su letargo. Las casas no están preparadas para el verano, como no lo estuvieron para el invierno. Yo me voy por el campo y ando, ando. Me pierdo en el cerro Nielol. Estoy solo, tengo el bolsillo lleno de escarabajos. En una caja llevo una araña peluda recién cazada. Arriba no se ve el cielo. La selva está siempre húmeda, me resbalo; de repente grita un pájaro, es el grito fantasmal del chucao. Crece desde mis pies una advertencia aterradora. Apenas se distinguen como gotas de sangre los copihues. Soy sólo un ser minúsculo bajo los helechos gigantes. Junto a mi boca vuela una torcaza con un ruido seco de alas. Más arriba otros pájaros se ríen de mí con risa ronca. Encuentro difícilmente el camino. Ya es tarde.

Mi padre no ha llegado. Llegará a las tres o a las cuatro de la mañana. Me voy arriba, a mi pieza. Leo a Salgari. Se descarga la lluvia como una catarata. En un minuto la noche y la lluvia cubren el mundo. Allí estoy solo y en mi cuaderno de aritmética escribo versos. A la mañana siguiente me levanto muy temprano. Las ciruelas están verdes. Salto los cerros. Llevo un paquetito con sal. Me subo a un árbol, me instalo cómodamente, muerdo con cuidado una ciruela y le saco un pedacito, luego la empapo con la sal. Me la como. Así hasta cien ciruelas. Ya lo sé que es demasiado.

Como se nos ha incendiado la casa, esta nueva es misteriosa. Subo al cerco y miro a los vecinos. No hay nadie. Levanto unos palos. Nada más que unas miserables arañas chicas. En el fondo del sitio está el excusado. Los árboles junto a él tienen orugas. Los almendros muestran su fruta forrada en felpa blanca. Sé cómo cazar los moscardones sin hacerles daño, con un pañuelo. Los mantengo prisioneros un rato y los levanto a mis oídos. ¡Qué precioso zumbido!

Qué soledad la de un pequeño niño poeta, vestido de negro, en la frontera espaciosa y terrible. La vida y los libros poco a poco me van dejando entrever misterios abrumadores.

No puedo olvidarme de lo que leí anoche: la fruta del pan salvó a Sandokan y a sus compañeros en una lejana Malasia.

No me gustó Buffalo Bill porque mata a los indios. ¡Pero qué buen corredor de caballo! ¡Qué hermosas las praderas y las tiendas cónicas de los pieles rojas!

Muchas veces me he preguntado cuándo escribí mi primer poema, cuándo nació en mí la poesía.

Trataré de recordarlo. Muy atrás en mi infancia y habiendo apenas aprendido a escribir, sentí una vez una intensa emoción y tracé unas cuantas palabras semirrimadas, pero extrañas a mí, diferentes del lenguaje diario. Las puse en limpio en un papel, preso de una ansiedad profunda, de un sentimiento hasta entonces desconocido, especie de angustia y de tristeza. Era un poema dedicado a mi madre, es decir, a la que conocí por tal, a la angelical madrastra cuya suave sombra protegió toda mi infancia. Completamente incapaz de juzgar mi primera producción, se la llevé a mis padres. Ellos estaban en el comedor, sumergidos en una de esas conversaciones en voz baja que dividen más que un río el mundo de los niños y el de los adultos. Les alargué el papel con las líneas, tembloroso aún con la primera visita de la inspiración. Mi padre, distraídamente, lo tomó en sus manos, distraídamente lo leyó, distraídamente me lo devolvió, diciéndome:

—¿De dónde lo copiaste?

Y siguió conversando en voz baja con mi madre de sus importantes y remotos asuntos.

Me parece recordar que así nació mi primer poema y que así recibí la primera muestra distraída de la crítica literaria.

Mientras tanto avanzaba en el mundo del conocimiento, en el desordenado río de los libros como un navegante solitario. Mi avidez de lectura no descansaba de día ni de noche. En la costa, en el pequeño Puerto Saavedra, encontré una biblioteca municipal y un viejo poeta, don Augusto Winter, que se admiraba de mi voracidad literaria. —¿Ya los leyó?—, me decía, pasándome un nuevo Vargas Vila, un Ibsen, un Rocambole. Como un avestruz, yo tragaba sin discriminar.

Por ese tiempo llegó a Temuco una señora alta, con vestidos muy largos y zapatos de taco bajo. Era la nueva directora del liceo de niñas. Venía de nuestra ciudad austral, de las nieves de Magallanes. Se llamaba Gabriela Mistral.

Yo la miraba pasar por las calles de mi pueblo con sus ropones talares, y le tenía miedo. Pero, cuando me llevaron a visitarla, la encontré buenamoza. En su rostro tostado en que la sangre india predominaba como en un bello cántaro araucano, sus dientes blanquísimos se mostraban en una sonrisa plena y generosa que iluminaba la habitación.

Yo era demasiado joven para ser su amigo, y demasiado tímido y ensimismado. La vi muy pocas veces. Lo bastante para que cada vez saliera con algunos libros que me regalaba. Eran siempre novelas rusas que ella consideraba como lo más extraordinario de la literatura mundial. Puedo decir que, Gabriela me embarcó en esa seria y terrible visión de los novelistas rusos y que Tolstoi, Dostoievski, Chejov, entraron en mi más profunda predilección. Siguen acompañándome.

Ampliemos nuestra comprensión

Cuadro de toma de notas. Diseña tu propio cuadro de toma de notas donde colocarás la información esencial de tres de las anécdotas mencionadas por Neruda.

Tarjeta de memorias. Dobla en cuatro una hoja de papel en blanco de modo que formes una tarjeta. En una de las caras exteriores haz un diseño, e inscribe entre signos de interrogación la palabra **Recuerdas**. En el interior escribe una nota a un familiar o amigo recordándole una experiencia que compartieron en el pasado y que tú estás recordando.

Conclusión de la unidad

Síntesis y conexión de conceptos

Cuadro de comparación y contraste. Escoge dos de los poemas presentados en esta unidad y llena el siguiente cuadro de comparación y contraste. Recuerda que cuando comparas dos poemas (o cuentos o dramas), dices en qué se parecen. Cuando contrastas dos obras, señalas las diferencias.

Elementos del poema	Poema:	Poema:
Tema (¿De qué trata el poema?)		
Figuras literarias (¿Usa el poeta metáforas o símiles? Escribe algunas.)		
Rima (¿Tiene rima el poema? Anota ejemplos de palabras que riman.)		
Tono (¿Qué sentimiento predomina en el poema?)		

Carta a un personaje.   Todas las selecciones de esta unidad cuentan las memorias, divertidas unas, tristes otras, de distintos personajes. Escoge uno de los personajes de uno de los cuentos con el cual te identifiques de alguna manera y escríbele una carta. Coméntale sobre lo que le sucedió y explícale de qué manera te sientes identificado con él.

Punto de vista.   Imagínate que eres un(a) reportero(a) de un periódico famoso, y que tu trabajo consiste en narrar las aventuras de uno de los personajes de los cuentos de esta unidad. Escoge el que más te ha llamado la atención y cuenta sus peripecias. ¿Qué punto de vista escogerías y por qué? Al narrar el incidente recuerda que debes contestar las cinco preguntas de un buen informe periodístico: ¿Qué pasó? ¿Quién lo hizo? ¿Cómo? ¿Dónde sucedió? y ¿Cuándo?

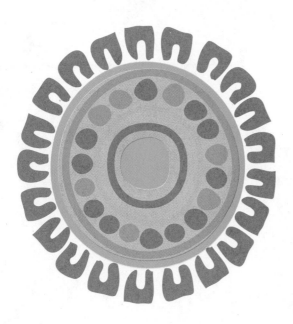

"Our Daily Bread," Ramón Frades

Segunda unidad

La justicia social

> Pero, aun cuando así fuera,
> si saliera verdad, que sólo se sufre,
> si así son las cosas en la tierra,
> ¿se ha de estar siempre con miedo?
> ¿habrá que estar siempre temiendo?
> ¿habrá que vivir siempre llorando?
>
> Poema azteca

A menudo los escritores se convierten en voceros de la comunidad para denunciar los actos de injusticia que se cometen en todos los niveles. A medida que leas las selecciones de esta unidad analiza tus sentimientos acerca de las situaciones presentadas y reflexiona sobre tus ideas y sobre la posición que tomas frente a ellas. ¿Qué debemos hacer? ¿Debemos quedarnos callados y con los brazos cruzados ante los actos de injusticia que se cometen a nuestro alrededor? ¿O debemos actuar, luchar, alzar una voz de protesta? ¿Cuáles son algunas alternativas de acción constructivas?

1

«La muralla», del poeta cubano Nicolás Guillén, alude a la solidaridad que debe existir entre los seres humanos, por encima de las diferencias raciales.

Piensa, anota y comparte.   Observa la foto que aparece en esta página. Imagínate una situación específica en la cual esta muralla puede ser importante, bien sea en sentido positivo o negativo. Toma cinco minutos para escribir en tu cuaderno, describiendo tu situación imaginaria. Luego compártela oralmente con un(a) compañero(a).

Leamos activamente

Lectura silenciosa. Vas a leer un poema del escritor cubano Nicolás Guillén. A medida que lo leas piensa en las siguientes preguntas:

1. ¿A qué muralla se refiere el poeta?

2. ¿En qué forma se relaciona la situación que describiste con las situaciones mencionadas en el poema?

Lectura coral. La clase entera leerá los versos escritos en color café. Los muchachos leerán los versos en color verde y las muchachas los versos en naranja.

"Eye of the Light," Oswaldo Viteri

La muralla

Nicolás Guillén

Para hacer esta muralla
tráiganme todas las manos:
los negros, sus manos negras,
los blancos, sus blancas manos.

Ay,
una muralla que vaya
desde la playa hasta el monte,
desde el monte hasta la playa, bien
allá sobre el horizonte.

—¡Tun, tun!
—¿Quién es?
Una rosa y un clavel...
¡Abre la muralla!

—¡Tun, tun!
—¿Quién es?
El sable del coronel...
—Cierra la muralla.

—¡Tun, tun!
—¿Quién es?
La paloma y el laurel...
—¡Abre la muralla!

—¡Tun, tun!
—¿Quién es?
El alacrán y el ciempiés...
—¡Cierra la muralla!

Al corazón del amigo
abre la muralla,
al veneno y al puñal,
cierra la muralla,
al mirto y la yerbabuena,
abre la muralla;
al diente de la serpiente,
cierra la muralla;
al ruiseñor en la flor,
abre la muralla...

Alcemos una muralla
juntando todas las manos;
los negros, sus manos negras,
los blancos, sus blancas manos.

Una muralla que vaya
desde la playa hasta el monte,
desde el monte hasta la playa, bien
allá sobre el horizonte...

Ampliemos nuestra comprensión

La muralla del oprobio.   Con un(a) compañero(a) discutan
cuáles creen ustedes que son algunos de los problemas que
aquejan a la sociedad hoy en día. Escojan dos. El (La) maestro(a)
les entregará una tarjeta a cada uno para que escriban, con letra
grande y de manera sucinta, los dos problemas que escogieron.
Cada tarjeta representará un ladrillo en la muralla del oprobio
que se irá elaborando a través de toda esta unidad. Utilicen un
lápiz para sombrear los bordes de la tarjeta de manera que
simulen el cemento que une los ladrillos.

1. Hay muchas personas sin hogar en las calles de nuestra ciudad.

2. Hay muchos niños que viven en la pobreza.

2

Alistémonos para leer

En el cuento «Los gallinazos sin plumas» Julio Ramón Ribeyro presenta una desgarradora visión de uno de los oprobios más grandes que sufre la niñez latinoamericana. Este cuento apareció en el primer volumen de su colección *La palabra del mudo*.

Guía anticipatoria.   Vas a leer un cuento sobre una familia latinoamericana muy pobre. Antes de empezar la lectura, copia en tu cuaderno las dos columnas de la izquierda de la siguiente guía anticipatoria. Lee con cuidado las afirmaciones de la columna de la derecha y, trabajando individualmente, decide si estás de acuerdo o en desacuerdo con ellas y pon una X en la columna correspondiente. Luego, con un(a) compañero(a), discutan sus respuestas.

	De acuerdo	En desacuerdo	
1.	_____	_____	En Latinoamérica los niños no tienen que trabajar.
2.	_____	_____	Los gallinazos son gallinas muy grandes.
3.	_____	_____	En Latinoamérica el respeto de los menores hacia los mayores es tan fuerte que nunca se atreverían a enfrentárseles.
4.	_____	_____	En una familia hispana todos se aman y se cuidan mutuamente.
5.	_____	_____	Si la gente es pobre es porque es floja y no tiene deseos de trabajar.

Cuadro de anticipación y contraste. Trabajando con tu compañero(a) copien y completen la primera columna del siguiente cuadro.

¿Cómo es una familia tradicional?	¿Cómo es la familia del cuento?
El abuelo	Don Santos
Los nietos	Efraín y Enrique
Los animales domésticos	Pedro Pascual

Leamos activamente

Primera parte

Lectura del (de la) maestro(a). Tu maestro(a) leerá en voz alta el primer párrafo del cuento. Escúchalo con atención y trata de imaginarte la escena que describe Julio Ramón Ribeyro. El comienzo del cuento es un poco difícil, pues Ribeyro utiliza muchos regionalismos. No te preocupes de dilucidar el significado preciso y continúa leyendo, ya que pronto se aclararán las ideas principales.

Lectura silenciosa. Termina de leer la primera parte del cuento (p. 85).

Trabajo en parejas.   Con un(a) compañero(a), discutan la siguiente pregunta:

> ¿Qué relación tiene el título de la obra con lo que acaban de leer?

Escriban en sus cuadernos una breve explicación.

Segunda parte

Lectura dramatizada.   Lee con tu compañero(a) la siguiente sección del cuento (p. 88). Uno de ustedes leerá la parte del narrador y el otro la de don Santos. En español, cada vez que habla un personaje, se utiliza una raya para introducir sus palabras.

Trabajo en parejas.   Trabajando con tu compañero(a), comparen oralmente la manera en que don Santos trata a sus nietos y a Pascual, el marrano. ¿Qué razones creen ustedes que motivan este comportamiento?

Tercera y cuarta partes

Lectura en voz alta.   Bajo la dirección del maestro(a), leerán en voz alta las siguientes dos secciones del cuento (p. 88–91).

Quinta y sexta partes

Cuadro de anticipación y contraste.   Trabajando con un(a) compañero(a), comiencen a completar la columna de la derecha del cuadro de anticipación y contraste. Ahora lean las quinta y sexta partes del cuento (p. 91–93). Al terminar la lectura añadan cualquier otra información que consideren pertinente.

Séptima parte

Trabajo de equipo: hacer predicciones.   En grupos de cuatro, sugieran posibles desenlaces para este cuento. Luego el (la) maestro(a) pedirá que compartan con la clase diferentes opciones.

Lectura silenciosa.   Termina de leer el cuento (p. 93).

Los gallinazos sin plumas

Julio Ramón Ribeyro

Primera parte

A las seis de la mañana la ciudad se levanta de puntillas y comienza a dar sus primeros pasos. Una fina niebla disuelve el perfil de los objetos y crea como una atmósfera encantada. Las personas que recorren la ciudad a esta hora parece que están hechas de otra sustancia, que pertenecen a un orden de vida fantasmal. Las beatas se arrastran penosamente hasta desaparecer en los pórticos de las iglesias. Los noctámbulos, macerados por la noche, regresan a sus casas envueltos en sus bufandas y en su melancolía. Los basureros inician por la avenida Pardo su paseo siniestro, armados de escobas y de carretas. A esta hora se ve también obreros caminando hacia el tranvía, policías bostezando contra los árboles, canillitas morados de frío, sirvientas sacando los cubos de basura. A esta hora, por último, como a una especie de misteriosa consigna, aparecen los gallinazos sin plumas.

A esta hora el viejo don Santos se pone la pierna de palo y sentándose en el colchón comienza a berrear:

—¡A levantarse! ¡Efraín, Enrique! ¡Ya es hora!

Los dos muchachos corren a la acequia del corralón frotándose los ojos lagañosos. Con la tranquilidad de la noche el agua se ha remansado y en su fondo transparente se ven crecer yerbas y deslizarse ágiles infusorios. Luego de enjuagarse la cara, coge cada cual su lata y se lanzan a la calle. Don Santos, mientras tanto, se aproxima al chiquero y con su larga vara golpea el lomo de su cerdo que se revuelca entre los desperdicios.

—¡Todavía te falta un poco, marrano! Pero aguarda no más, que ya llegará tu turno.

Efraín y Enrique se demoran en el camino, trepándose a los árboles para arrancar moras o recogiendo piedras, de aquellas filudas que cortan el aire y hieren por la espalda. Siendo aún la hora celeste llegan a su dominio, una larga calle ornada de casas elegantes que desemboca en el malecón.

«Eco de un grito», David Alfaro Siquieros, 1937
Enamel on wood, 48″ x 36″
The Museum of Modern Art, New York. Gift of Edward M. M. Warburg.
Photograph © 1996 The Musem of Modern Art, New York.

Ellos no son los únicos. En otros corralones, en otros suburbios alguien ha dado la voz de alarma y muchos se han levantado. Unos portan latas, otros cajas de cartón, a veces sólo basta un periódico viejo. Sin conocerse forman una especie de organización clandestina que tiene repartida toda la ciudad. Los hay que merodean por los edificios públicos, otros han elegido los parques o los muladares. Hasta los perros han adquirido sus hábitos, sus itinerarios, sabiamente aleccionados por la miseria.

Efraín y Enrique, después de un breve descanso, empiezan su trabajo. Cada uno escoge una acera de la calle. Los cubos de basura están alineados delante de las puertas. Hay que vaciarlos íntegramente y luego comenzar la exploración. Un cubo de basura es siempre una caja de sorpresas. Se encuentran latas de sardinas, zapatos viejos, pedazos de pan, pericotes muertos, algodones inmundos. A ellos sólo les interesan los restos de comida. En el fondo del chiquero, Pascual recibe cualquier cosa y tiene predilección por las verduras ligeramente descompuestas. La pequeña lata de cada uno se va llenando de tomates podridos, pedazos de sebo, extrañas salsas que no figuran en ningún manual de cocina. No es raro, sin embargo, hacer un hallazgo valioso. Un día Efraín encontró unos tirantes con los que fabricó una honda. Otra vez una pera casi buena que devoró en el acto. Enrique, en cambio, tiene suerte para las cajitas de remedios, los pomos brillantes, las escobillas de dientes usadas y otras cosas semejantes que colecciona con avidez.

Después de una rigurosa selección regresan la basura al cubo y se lanzan sobre el próximo. No conviene demorarse mucho porque el enemigo siempre está al acecho. A veces son sorprendidos por las sirvientas y tienen que huir dejando regado su botín. Pero, con más frecuencia, es el carro de la Baja Policía el que aparece y entonces la jornada está perdida.

Cuando el sol asoma sobre las lomas, la hora celeste llega a su fin. La niebla se ha disuelto, las beatas están sumidas en éxtasis, los noctámbulos duermen, los canillitas han repartido los diarios, los obreros trepan a los andamios. La luz desvanece el mundo mágico del alba. Los gallinazos sin plumas han regresado a su nido.

Segunda parte

Don Santos los esperaba con el café preparado.

—A ver, ¿qué cosas me han traído?

Husmeaba entre las latas y si la provisión estaba buena hacía siempre el mismo comentario:

—Pascual tendrá banquete hoy día.

Pero la mayoría de las veces estallaba:

—¡Idiotas! ¿Qué han hecho hoy día? ¡Se han puesto a jugar seguramente! ¡Pascual se morirá de hambre!

Ellos huían hacia el emparrado, con las orejas ardiendo de los pescozones, mientras el viejo se arrastraba hasta el chiquero. Desde el fondo de su reducto el cerdo empezaba a gruñir. Don Santos le aventaba la comida.

—¡Mi pobre Pascual! Hoy día te quedarás con hambre por culpa de estos zamarros. Ellos no te engrían como yo. ¡Habrá que zurrarlos para que aprendan!

Tercera parte

Al comenzar el invierno el cerdo estaba convertido en una especie de monstruo insaciable. Todo le parecía poco y don Santos se vengaba en sus nietos del hambre del animal. Los obligaba a levantarse más temprano, a invadir los terrenos ajenos en busca de más desperdicios. Por último los forzó a que se dirigieran hasta el muladar que estaba al borde del mar.

—Allí encontrarán más cosas. Será más fácil además porque todo está junto.

Un domingo, Efraín y Enrique llegaron al barranco. Los carros de la Baja Policía, siguiendo una huella de tierra, descargaban la basura sobre una pendiente de piedras. Visto desde el malecón, el muladar formaba una especie de acantilado oscuro y humeante, donde los gallinazos y los perros se desplazaban como hormigas. Desde lejos los muchachos arrojaron piedras para espantar a sus enemigos. Un perro se retiró aullando. Cuando estuvieron cerca sintieron un olor nauseabundo que penetró hasta sus pulmones. Los pies se les hundían en un alto de plumas, de excrementos, de materias descompuestas o quemadas. Enterrando las manos comenzaron la exploración. A veces, bajo un periódico amarillento, descubrían una carroña devorada a medias. En los acantilados próximos los gallinazos espiaban impacientes y algunos se acercaban saltando de piedra en piedra, como si quisieran acorralarlos. Efraín gritaba para intimidarlos y sus gritos resonaban en el desfiladero y hacían desprenderse guijarros que rodaban hasta el mar. Después de una hora de trabajo regresaron al corralón con los cubos llenos.

—¡Bravo! —exclamó don Santos—. Habrá que repetir esto dos o tres veces por semana.

Desde entonces, los miércoles y los domingos, Efraín y Enrique hacían el trote hasta el muladar. Pronto formaron parte de la extraña fauna de esos lugares y los gallinazos, acostumbrados a su presencia, laboraban a su lado, graznando, aleteando, escarbando con sus picos amarillos, como ayudándolos a descubrir la pista de la preciosa suciedad.

Fue al regresar de una de esas excursiones que Efraín sintió un dolor en la planta del pie. Un vidrio le había causado una pequeña herida. Al día siguiente tenía el pie hinchado, no obstante lo cual prosiguió su trabajo. Cuando regresaron no podía casi caminar, pero don Santos no se percató de ello pues tenía visita. Acompañado de un hombre gordo que tenía las manos manchadas de sangre, observaba el chiquero.

—Dentro de veinte o treinta días vendré por acá —decía el hombre—. Para esa fecha creo que podrá estar a punto.

Cuando partió, don Santos echaba fuego por los ojos.

—¡A trabajar! ¡A trabajar! ¡De ahora en adelante habrá que aumentar la ración de Pascual! El negocio anda sobre rieles.

A la mañana siguiente, sin embargo, cuando don Santos despertó a sus nietos, Efraín no se pudo levantar.

—Tiene una herida en el pie —explicó Enrique—. Ayer se cortó con un vidrio.

Don Santos examinó el pie de su nieto. La infección había comenzado.

—¡Esas son patrañas! Que se lave el pie en la acequia y que se envuelva con un trapo.

—¡Pero si le duele! —intervino Enrique—. No puede caminar bien.

Don Santos meditó un momento. Desde el chiquero llegaban los gruñidos de Pascual.

—¿Y a mí? —preguntó dándose un palmazo en la pierna de palo—. ¿Acaso no me duele la pierna? Y yo tengo setenta años y yo trabajo... ¡Hay que dejarse de mañas!

Efraín salió a la calle con su lata, apoyado en el hombro de su hermano. Media hora después regresaron con los cubos casi vacíos.

—¡No podía más! —dijo Enrique al abuelo—. Efraín está medio cojo.

Don Santos observó a sus nietos como si meditara una sentencia.

—Bien, bien —dijo rascándose la barba rala y cogiendo a Efraín del pescuezo lo arreó hacia el cuarto—. ¡Los enfermos a la cama! ¡A podrirse sobre el colchón! Y tú harás la tarea de tu hermano. ¡Vete ahora mismo al muladar!

Cuarta parte

Cerca de mediodía Enrique regresó con los cubos repletos. Lo seguía un extraño visitante: un perro escuálido y medio sarnoso.

—Lo encontré en el muladar —explicó Enrique— y me ha venido siguiendo.

Don Santos cogió la vara.

—¡Una boca más en el corralón!

Enrique levantó al perro contra su pecho y huyó hacia la puerta.

—¡No le hagas nada, abuelito! Le daré yo de mi comida.

Don Santos se acercó, hundiendo su pierna de palo en el lodo.

—¡Nada de perros aquí! ¡Ya tengo bastante con ustedes!

Enrique abrió la puerta de la calle.

—Si se va él, me voy yo también.

El abuelo se detuvo. Enrique aprovechó para insistir:

—No come casi nada…, mira lo flaco que está. Además, desde que Efraín está enfermo, me ayudará. Conoce bien el muladar y tiene buena nariz para la basura.

Don Santos reflexionó, mirando el cielo donde se condensaba la garúa. Sin decir nada soltó la vara, cogió los cubos y se fue rengueando hasta el chiquero.

Enrique sonrió de alegría y con su amigo aferrado al corazón corrió donde su hermano.

—¡Pascual, Pascual… Pascualito! —cantaba el abuelo.

—Tú te llamarás Pedro —dijo Enrique acariciando la cabeza de su perro e ingresó donde Efraín.

Su alegría se esfumó: Efraín inundado de sudor se revolcaba de dolor sobre el colchón. Tenía el pie hinchado, como si fuera de jebe y estuviera lleno de aire. Los dedos habían perdido casi su forma.

—Te he traído este regalo, mira —dijo mostrando al perro—. Se llama Pedro, es para ti, para que te acompañe... Cuando yo me vaya al muladar te lo dejaré y los dos jugarán todo el día. Le enseñarás a que te traiga piedras en la boca.

—¿Y el abuelo? —preguntó Efraín extendiendo su mano hacia el animal.

—El abuelo no dice nada —suspiró Enrique.

Ambos miraron hacia la puerta. La garúa había empezado a caer. La voz del abuelo llegaba:

—¡Pascual, Pascual... Pascualito!

Quinta parte

Esa misma noche salió luna llena. Ambos nietos se inquietaron, porque en esta época el abuelo se ponía intratable. Desde el atardecer lo vieron rondando por el corralón, hablando solo, dando de varillazos al emparrado. Por momentos se aproximaba al cuarto, echaba una mirada a su interior y al ver a sus nietos silenciosos, lanzaba un salivazo cargado de rencor. Pedro le tenía miedo y cada vez que lo veía se acurrucaba y quedaba inmóvil como una piedra.

—¡Mugre, nada más que mugre! —repitió toda la noche el abuelo, mirando la luna.

A la mañana siguiente Enrique amaneció resfriado. El viejo, que lo sintió estornudar en la madrugada, no dijo nada. En el fondo, sin embargo, presentía una catástrofe. Si Enrique se enfermaba, ¿quién se ocuparía de Pascual? La voracidad del cerdo crecía con su gordura. Gruñía por las tardes con el hocico enterrado en el fango. Del corralón de Nemesio, que vivía a una cuadra, se habían venido a quejar.

Al segundo día sucedió lo inevitable: Enrique no se pudo levantar. Había tosido toda la noche y la mañana lo sorprendió temblando, quemado por la fiebre.

—¿Tú también? —preguntó el abuelo.

Enrique señaló su pecho, que roncaba. El abuelo salió furioso del cuarto. Cinco minutos después regresó.

—¡Está muy mal engañarme de esa manera! —plañía—. Abusan de mí porque no puedo caminar. Saben bien que soy viejo, que soy cojo. ¡De otra manera los mandaría al diablo y me ocuparía yo solo de Pascual!

Efraín se despertó quejándose y Enrique comenzó a toser.

—¡Pero no importa! Yo me encargaré de él. ¡Ustedes son basura, nada más que basura! ¡Unos pobres gallinazos sin plumas! Ya verán cómo les saco ventaja. El abuelo está fuerte todavía. ¡Pero eso sí, hoy día no habrá comida para ustedes! ¡No habrá comida hasta que no puedan levantarse y trabajar!

A través del umbral lo vieron levantar las latas en vilo y volcarse en la calle. Media hora después regresó aplastado. Sin la ligereza de sus nietos el carro de la Baja Policía lo había ganado. Los perros, además, habían querido morderlo.

—¡Pedazos de mugre! ¡Ya saben, se quedarán sin comida hasta que no trabajen!

Al día siguiente trató de repetir la operación pero tuvo que renunciar. Su pierna de palo había perdido la costumbre de las pistas de asfalto, de las duras aceras y cada paso que daba era como un lanzazo en la ingle. A la hora celeste del tercer día quedó desplomado en su colchón, sin otro ánimo que para el insulto.

—¡Si se muere de hambre —gritaba— será por culpa de ustedes!

Sexta parte

Desde entonces empezaron unos días angustiosos, interminables. Los tres pasaban el día encerrados en el cuarto, sin hablar, sufriendo una especie de reclusión forzosa. Efraín se revolcaba sin tregua, Enrique tosía, Pedro se levantaba y después de hacer un recorrido por el corralón, regresaba con una piedra en la boca, que depositaba en las manos de sus amos. Don Santos, a medio acostar, jugaba con su pierna de palo y les lanzaba miradas feroces. A mediodía se arrastraba hasta la esquina del terreno donde crecían verduras y preparaba su almuerzo que devoraba en secreto. A veces aventaba a la cama de sus nietos alguna lechuga o una zanahoria cruda, con el propósito de excitar su apetito creyendo así hacer más refinado su castigo.

Efraín ya no tenía fuerzas ni para quejarse. Solamente Enrique sentía crecer en su corazón un miedo extraño y al mirar los ojos del abuelo creía desconocerlos, como si ellos hubieran perdido su expresión humana. Por las noches, cuando la luna se levantaba, cogía a Pedro entre sus brazos y lo aplastaba tiernamente hasta hacerlo gemir. A esa hora el cerdo comenzaba a gruñir y el abuelo se quejaba como si lo estuvieran ahorcando. A veces se ceñía la pierna de palo y salía al corralón. A la luz de la luna Enrique lo veía ir diez veces del chiquero a la huerta, levantando los puños, atropellando lo que encontraba en su camino. Por último reingresaba al cuarto y quedaba mirándolos fijamente, como si quisiera hacerlos responsables del hambre de Pascual.

Séptima parte

La última noche de luna llena nadie pudo dormir. Pascual lanzaba verdaderos rugidos. Enrique había oído decir que los cerdos, cuando tenían hambre, se volvían locos como los hombres. El abuelo permaneció en vela, sin apagar siquiera el farol. Esta vez no salió al corralón ni maldijo entre dientes. Hundido en su colchón miraba fijamente la puerta. Parecía amasar dentro de sí una cólera muy vieja, jugar con ella, aprestarse a dispararla. Cuando el cielo comenzó a desteñirse sobre las lomas, abrió la boca, mantuvo su oscura oquedad vuelta hacia sus nietos y lanzó un rugido.

—¡Arriba, arriba, arriba! —los golpes comenzaron a llover—. ¡A levantarse haraganes! ¿Hasta cuándo vamos a estar así? ¡Esto se acabó! ¡De pie!…

Efraín se echó a llorar. Enrique se levantó, aplastándose contra la pared. Los ojos del abuelo parecían fascinarlo hasta volverlo insensible a los golpes. Veía la vara alzarse y abatirse sobre su cabeza, como si fuera una vara de cartón. Al fin pudo reaccionar.

—¡A Efraín no! ¡Él no tiene la culpa! ¡Déjame a mí solo, yo saldré, yo iré al muladar!

El abuelo se contuvo jadeante. Tardó mucho en recuperar el aliento.

—Ahora mismo… al muladar… lleva dos cubos, cuatro cubos…

Enrique se apartó, cogió los cubos y se alejó a la carrera. La fatiga del hambre y de la convalecencia lo hacían trastabillar. Cuando abrió la puerta del corralón, Pedro quiso seguirlo.

—Tú no. Quédate aquí cuidando a Efraín.

Y se lanzó a la calle respirando a pleno pulmón el aire de la mañana. En el camino comió yerbas, estuvo a punto de mascar la tierra. Todo lo veía a través de una niebla mágica. La debilidad lo hacía ligero, etéreo: volaba casi como un pájaro. En el muladar se sintió un gallinazo más entre los gallinazos. Cuando los cubos estuvieron rebosantes emprendió el regreso. Las beatas, los noctámbulos, los canillitas descalzos, todas las secreciones del alba comenzaban a dispersarse por la ciudad. Enrique, devuelto a su mundo, caminaba feliz entre ellos, en su mundo de perros y fantasmas, tocado por la hora celeste.

Al entrar al corralón sintió un aire opresor, resistente, que lo obligó a detenerse. Era como si allí, en el dintel, terminara un mundo y comenzara otro fabricado de barro, de rugidos, de absurdas penitencias. Lo sorprendente era, sin embargo, que esta vez reinaba en el corralón una calma cargada de malos presagios, como si toda la violencia estuviera en equilibrio, a punto de desplomarse. El abuelo, parado al borde del chiquero, miraba hacia el fondo. Parecía un árbol creciendo desde su pierna de palo. Enrique hizo ruido pero el abuelo no se movió.

—¡Aquí están los cubos!

Don Santos le volvió la espalda y quedó inmóvil. Enrique soltó los cubos y corrió intrigado hasta el cuarto. Efraín, apenas lo vio, comenzó a gemir:

—Pedro… Pedro…

—¿Qué pasa?

—Pedro, ha mordido al abuelo… el abuelo cogió la vara… después lo sentí aullar.

Enrique salió del cuarto.

—¡Pedro, ven aquí! ¿Dónde estás, Pedro?

Nadie le respondió. El abuelo seguía inmóvil, con la mirada en la pared. Enrique tuvo un mal presentimiento. De un salto se acercó al viejo.

—¿Dónde está Pedro?

Su mirada descendió al chiquero. Pascual devoraba algo en medio del lodo. Aún quedaban las piernas y el rabo del perro.

—¡No! —gritó Enrique tapándose los ojos—. ¡No, no! —y a través de las lágrimas buscó la mirada del abuelo. Éste la rehuyó, girando torpemente sobre su pierna de palo. Enrique comenzó a danzar en torno suyo, prendiéndose de su camisa, gritando, pataleando, tratando de mirar sus ojos, de encontrar una respuesta.

—¿Por qué has hecho eso? ¿Por qué?

El abuelo no respondía. Por último, impaciente, dio un manotón a su nieto que lo hizo rodar por tierra. Desde allí Enrique observó al viejo que, erguido como un gigante, miraba obstinadamente el festín de Pascual. Estirando la mano encontró la vara que tenía el extremo manchado de sangre. Con ella se levantó de puntillas y se acercó al viejo.

—¡Voltea! —gritó—. ¡Voltea!

Cuando don Santos se volvió, divisó la vara que cortaba el aire y se estrellaba contra su pómulo.

—¡Toma! —chilló Enrique y levantó nuevamente la mano. Pero súbitamente se detuvo, temeroso de lo que estaba haciendo y, lanzando la vara a su alrededor, miró al abuelo casi arrepentido. El viejo, cogiéndose el rostro, retrocedió un paso, su pierna de palo tocó tierra húmeda, resbaló, y dando un alarido se precipitó de espaldas al chiquero.

Enrique retrocedió unos pasos. Primero aguzó el oído pero no se escuchaba ningún ruido. Poco a poco se fue aproximando. El abuelo, con la pata de palo quebrada, estaba de espaldas en el fango. Tenía la boca abierta y sus ojos buscaban a Pascual, que se había refugiado en un ángulo y husmeaba sospechosamente en el lodo.

Enrique se fue retirando, con el mismo sigilo con que se había aproximado. Probablemente el abuelo alcanzó a divisarlo pues mientras corría hacia el cuarto le pareció que lo llamaba por su nombre, con un tono de ternura que él nunca había escuchado.

—¡A mí, Enrique, a mí!...

—¡Pronto! —exclamó Enrique, precipitándose sobre su hermano—. ¡Pronto, Efraín! ¡El viejo se ha caído al chiquero! ¡Debemos irnos de acá!

—¿Adónde? —preguntó Efraín.

—¡Adonde sea, al muladar, donde podamos comer algo, donde los gallinazos!

—¡No me puedo parar!

Enrique cogió a su hermano con ambas manos y lo estrechó contra su pecho. Abrazados hasta formar una sola persona cruzaron lentamente el corralón. Cuando abrieron el portón de la calle se dieron cuenta que la hora celeste había terminado y que la ciudad, despierta y viva, abría ante ellos su gigantesca mandíbula.

Desde el chiquero llegaba el rumor de una batalla.

Ampliemos nuestra comprensión

Cuatro en turno. Tomando turnos, expliquen lo que creen que sucede con Enrique y su hermano después de la última escena.

Retablo. Repasa las instrucciones que aparecen en la página 9 para la elaboración del retablo. Luego haz lo siguiente: En la parte interior de la primera hoja anota una cita del cuento que te haya llamado la atención. En la parte de la mitad, escribe una reflexión sobre el cuento: di en qué forma se relacionan los hechos del cuento con tu propia vida o con la de tu comunidad. Cuenta algunas experiencias personales similares a las que se narran en el cuento. En la parte interior de la tercera hoja escribe algunas palabras del vocabulario que aprendiste en esta lectura. En la parte exterior del retablo haz una ilustración sobre el cuento.

Taller de composición

Ensayo de aproximación a un problema. «Los gallinazos sin plumas» presenta un problema social típico de países del tercer mundo en los años cincuenta. Lamentablemente esta tragedia se ha generalizado incluso en países desarrollados. ¿Conoces otras situaciones similares a la que se describe en este cuento? Escribe un ensayo en el cual presentes un problema, describas cómo y dónde se manifiesta en la sociedad, discutas algunas causas y plantees posibles soluciones.

Alistémonos para leer

El siguiente cuento, «Se arremangó las mangas» de la escritora chicana Rosaura Sánchez, muestra otro tipo muy distinto de injusticia. Esta vez el protagonista es un profesor universitario, el profesor Jarrín, quien a través del cuento sufre una gran transformación.

Cuadro anticipatorio.   Copia el siguiente cuadro en tu cuaderno. Trabajando con un(a) compañero(a) llenen la primera columna. Al terminar la lectura completarán la segunda columna.

¿Qué sabemos del sistema universitario estadounidense?	¿Qué aprendí de la lectura?

Leamos activamente

Primera parte

Lectura silenciosa.   Lee en silencio la primera sección del cuento (p. 101).

Diagrama «mente abierta».   El (La) maestro(a) te entregará un diagrama «mente abierta». A través de la lectura de todo el cuento usa este diagrama para tomar notas acerca de lo que está pensando o sintiendo el personaje central. Puedes usar palabras, citas, dibujos y/o símbolos.

«Autorretrato», Daniel Serra-Badué

Se arremangó las mangas

Rosaura Sánchez

Primera parte

Se ajustó la corbata. El nudo se veía derecho. La camisa almidonada le lucía bien. Julio Jarrín se acomodó la solapa, se estiró un poco el saco y se dio el último cepillazo del bigote. Salió en seguida. Era temprano. La reunión empezaba a las 4:00 pero con el tráfico máximo tendría para rato.

Subió al auto y en tres minutos ya tomaba la rampa de la autopista hacia el norte. Era tanto el tráfico que tuvo que disminuir la velocidad a 40 m.p.h. Sería un caso difícil y la votación tal vez fuera totalmente negativa, pero había otra posibilidad. Si no aprobaban lo de la permanencia —y seguro que no lo aprobarían— pues podrían ofrecerle un puesto de instrucción en el departamento. De repente el tráfico se paró por completo. Aprovechó para sacarse el saco.

Ahora siempre andaba de traje y corbata. Sin el uniforme de rigor podrían haberlo tomado por indocumentado. Así se decía cada mañana al mirarse al espejo. Alto, prieto y bigotudo pero trajeado para que nadie lo confundiera. Recordaba que cuando recién había llegado a Los Ángeles a trabajar en la universidad lo habían invitado a una recepción en casa de un colega donde daban la bienvenida a los profesores nuevos. Allá por el verano de 1970 tuvo su primer contacto con esas insoportables oleadas de calor que después supo llamaban la condición «Santa Ana». El cambio de temperatura atontaba a las comunidades costeras no acostumbradas a un clima tropical. Ese día había ido a la reunión en camisa sport de manga corta, como los otros colegas.

Le habían presentado a varios profesores y después de un rato de charla se había dirigido a la mesa de refrescos para prepararse de nuevo un *wine cooler*. Al retirarse de la mesa oyó la voz de una señora mayor, esposa de uno de los profesores, que lo llamaba: —*Hey, boy*—, le había dicho, —*you can bring me another margarita.*

Disimulando, haciéndose el que no había oído, se había ido a refugiar a la cocina donde conversaba la mujer latina de un profesor anglosajón. Le dirigió unas palabras en español pero ella le contestó en inglés. Cuando quedaron solos por un momento, trató de dirigir la conversación hacia los problemas de los grupos minoritarios en el ambiente académico, pero no logró interesarla.

—*Oh no, there's no discrimination in California. I've never experienced any discrimination whatsoever in the 15 years that we've lived here. My husband and I just love this area, particularly the beach area. We have a place right on the beach, you know, and it's so lovely. My sons just love it; they're really into surfing, you know . . .*

No había vuelto a mencionar la situación a nadie. Su ambición profesional lo llevó a distanciarse de todo lo que pudiera asociarlo a esas minorías de clase obrera. Lo primero fue cambiar su apariencia. Nunca más volvió a salir fuera de su casa sin traje y corbata, ni aun cuando se había tenido que arrancar al hospital el día que se cortó la mano al trabajar en el jardín de su casa. Primero se había bañado, cambiado de ropa y ya de traje había salido al cuarto de emergencia del hospital más cercano a recibir atención médica. No era mexicano. Era americano, con los mismos derechos que tenían los anglosajones.

■ ■ ■

Leamos activamente

Apuntes literarios

La ironía. Figura que consiste en dar por verdadera y seria una afirmación evidentemente falsa. Tiene como finalidad reprochar algo a nuestro interlocutor o hacerle partícipe de nuestra burla o de nuestra indignación.

Trabajo de equipo. En grupos de cuatro discutan las siguientes preguntas:

1. ¿Por qué se viste el profesor Jarrín de saco y corbata a diferencia de sus otros colegas?

2. Hay un elemento irónico en los comentarios que hace la esposa de un profesor anglosajón a Julio Jarrín. Coméntenlo.

Segunda parte

Lectura en parejas. Con un(a) compañero(a), lean en voz alta, tomando turnos, la segunda parte del cuento (p. 104).

Discusión en parejas. Los años sesenta fueron años de efervescencia política que se manifestó en distintos campos de la vida norteamericana. Reclamos, manifestaciones y otros movimientos dieron origen a leyes que protegían los derechos civiles de todos los individuos y grupos de la sociedad. Discute con un(a) compañero(a) la siguiente pregunta:

> ¿Cómo encaja la actitud del profesor Jarrín dentro de este contexto socio-político?

Tercera parte

Lectura silenciosa. Termina la lectura del cuento (p. 104–107) en silencio.

Segunda parte

Era la época de las protestas estudiantiles, del culturalismo nacional, pero él estaba muy por encima de todo eso. Cuando los estudiantes chicanos de su universidad habían acudido a él para pedirle apoyo para establecer un programa de Estudios Chicanos, les había dicho que haría lo que pudiera desde su capacidad oficial, como profesor, pero que no esperaran que los apoyara en manifestaciones ni en protestas. Él no era chicano. Más de una vez, desde el atril donde dictaba sus conferencias, se había dirigido a sus estudiantes minoritarios para quejarse de la dejadez del pueblo mexicano, recomendándoles que estudiaran para que dejaran de ser mediocres. Se avergonzaba de ellos.

Su contacto con los profesores y estudiantes chicanos, por lo tanto, había sido mínimo. Lo despreciaban. Y él a ellos los consideraba tontos e inferiores por no seguir el camino que él les señalaba. Había otras maneras de lograr cambios. El talento y el esfuerzo individual, eso era lo que valía. Pero desde esos tiempos habían pasado tantas cosas, tantas cosas que prefería olvidar.

Tercera parte

No le alegraba para nada la reunión departamental que le esperaba. Sería un caso difícil. Se trataba de un profesor negro, el profesor Jones, buen profesor, con pocas publicaciones. Un caso típico. Se había dedicado más a la enseñanza que a la investigación y eso no contaba para la administración universitaria, ni para sus colegas departamentales que lo evaluarían ese día. Claro que tenía el apoyo de los estudiantes minoritarios, pero eso poco contaba en estos tiempos. Ni los profesores minoritarios del departamento lo apoyarían. Nadie quería arriesgar el pellejo. Nadie quería tener criterio inferior para juzgar al colega. Algunos no lo apoyarían porque querían quedar bien con la administración o con el jefe del departamento. Tampoco él podría apoyarlo. Lo había conversado con su mujer esa mañana.

—Ese profesor negro aún puede colocarse en otra universidad sin mucha dificultad. Su trabajo no es sobresaliente, ni mucho menos, y me temo que le den el hachazo hoy mismo.

—Pero, ¿no dices que tiene un libro publicado?

—Sí, así es, pero nada de calidad.

—Pero, ¿no le dieron el *tenure* al profesor Smith por poca cosa?

—Mira, bien sabes que para los que tienen palanca, no hay estorbos, y el cabrón Smith había trabajado para el *State Department*, y tenía su apoyo en la administración.

—Y, ¿qué de la protesta de ayer? Salió en todos los periódicos que los estudiantes armaron una manifestación muy grande pidiendo la permanencia para el profesor negro.

—Creen que todavía estamos en los 60. Si esa época ya pasó. Ya viste lo que hizo el Presidente. Se mandó llamar a la policía y los arrestaron a todos parejos.

—Sí, el periódico dice que estaba dispuesto a romper cascos con tal de sacarlos de su oficina donde se fueron a sentar en plan de protesta.

—Sí, sí, es un tipo peligroso. Le entró un pánico y perdió el control. Pudo hacerse un gran desmadre allí. Es un líder débil y dispuesto a cualquier cosa para sentirse en control de la situación.

—Y por eso mismo, ¿no crees que habría que apoyar al joven negro? Bien sabes cuánto ha costado traer a los pocos profesores minoritarios que hay.

—Sí, a los tres que hubo en mi departamento, los traje yo, pero sin protestas ni manifestaciones, usando mi propia palanca.

—Sí, sí, Julio, pero ¿cuántos de ésos quedan aún? A todos los han botado y éste es el último, el último de los profesores minoritarios que tú ayudaste a traer. Ninguno ha sobrevivido. Ninguno.

Era tan difícil sobrevivir, pero allí estaba él. ¿Acaso no había sobrevivido? Hasta había alcanzado el nivel más alto de profesor en su departamento. Y eso porque había sabido trabajar duro y abrirse camino, no como profesor minoritario sino como profesor capacitado, excelente en su campo, con una lista de publicaciones en su expediente.

Llegó a la salida de la autopista, tomó rumbo hacia la universidad y subió un corto trecho más hasta el edificio de ciencias sociales. Bajó, se volvió a poner el saco, entró al edificio y se dirigió a su oficina. Allí sobre la mesa estaban los últimos exámenes de sus alumnos. Había uno en particular, el de Alejandro Ramírez, que era sobresaliente. Un joven estudiante de clase obrera, pero inteligentísimo. Podría haber sido su hijo. Al lado de las pruebas estaba el periódico universitario, con fotos de la manifestación estudiantil. Había una del Presidente universitario, con la cara airada ante un policía. "*Demolish the place if you have to. Just get them out.*" Así decía el título al pie de la foto. Se puso a mirar por la ventana. El campo universitario se veía verde, con sus árboles y sus aceras muy bien cuidadas. Un verdadero *country club.* Y él era miembro de este club campestre, miembro vitalicio.

Llegó al salón después de unos minutos para la reunión departamental. El comité de profesores presentó la evaluación y siguió la discusión. Era buen profesor, atraía a cantidades de alumnos, pero porque era fácil, porque no exigía mucho. Tenía un libro publicado, pero era parecido a su tesis doctoral, y después de todo, el tema —el trabajo laboral de un líder negro durante los años 30— no era realmente académico, le faltaba legitimidad, el trabajo en sí era mediocre, y aunque tenía buenas reseñas y aunque la casa editorial había conseguido muy buenas evaluaciones, le faltaba metodología; no era lo que se esperaba de un profesor universitario en ese departamento, en esa universidad. La discusión siguió, sin que nadie aportara nada a favor del profesor Jones. Por fin habló el otro profesor negro del departamento para darles toda la razón. Pidió que le concedieran a Jones, aunque fuera un cargo menor, algo que le garantizara empleo. Pero tampoco esto les pareció bien.

Fue entonces que Julio abrió la boca. Les recordó que él había traído al profesor negro. Les recordó que antes no se habían dado clases de historia minoritaria en ese departamento. Les recordó que la universidad tenía una obligación, un compromiso con las comunidades minoritarias que aumentaban cada año y que algún día serían la población mayoritaria del estado. Les recordó que tenían un récord atroz en cuanto al reclutamiento de estudiantes minoritarios. Les recordó que no había ni un solo estudiante graduado negro en el departamento. Les habló de la investigación que estaba por hacerse en los campos minoritarios. Les hizo recordar su propia producción a esa edad. Les mencionó precedentes de otros profesores, algunos allí presentes, que habían recibido su cargo vitalicio con poca producción cuando esto sólo indicaba posibilidades de crecimiento y mayor brillantez en el futuro. Les habló por 30 minutos. Al ir hablando se dio cuenta de que no se atrevía a alabar al profesor Jones profesionalmente, tratando siempre de encontrar razones contextuales para fortalecer su propuesta de que le permitieran permanecer como miembro permanente del departamento. Calló un segundo y dijo: —Creo que el Profesor Jones merece el *tenure* porque su trabajo promete mucho, porque es un pionero en un campo poco explorado que ha suscitado poca investigación. Es un buen profesor, un miembro productivo de este departamento, interesado en períodos y contextos históricos totalmente ignorados por este departamento que prefiere tener quince profesores de historia europea. Repito, el Profesor Jones merece recibir el *tenure*.

Hubo un largo silencio. Se llamó a la votación y brevemente se anunció el resultado: 20 en contra del profesor Jones y uno a favor.

Se levantaron sus colegas y salieron rápido del salón. Era de esperarse, le dijo el jefe del departamento.

Sintió de repente su alienación. No era una sensación nueva. Lo nuevo era reconocerlo. Se había refugiado en la apariencia de ser parte del grupo académico mayoritario. Y ahora el profesor Julio Jarrín ni formaba parte del círculo académico departamental ni formaba parte de la comunidad minoritaria. Su alienación era completa.

Salió al sol, al pasto verde. Ninguno había sobrevivido. El salvavidas lo había arrojado demasiado tarde para salvar al profesor Jones. Pero no era tarde para volver a empezar, no era tarde para aprender a luchar. Se quitó el saco y se aflojó el nudo de la corbata. Poco después se arremangó las mangas.

Ampliemos nuestra comprensión

Composición breve.   Por lo general los títulos de los cuentos expresan mucho más que el significado de cada una de las palabras que lo componen. Ahora que has leído el cuento, ¿qué significado le asignas a «Se arremangó las mangas»?

Apuntes literarios

Monólogo interior.   Escrito que refleja el fluir de los pensamientos que pasan por la mente de un personaje en una obra literaria. Como en la realidad el ser humano recuerda a veces en un orden que no es estrictamente lógico, estas ideas son presentadas según van surgiendo, sin una secuencia ordenada.

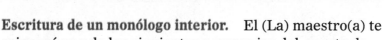

Escritura de un monólogo interior.   El (La) maestro(a) te asignará uno de los siguientes personajes del cuento de Rosaura Sánchez para que escribas un monólogo interior.

1. El profesor Jarrín

2. La señora Jarrín

3. El profesor Jones

4. La esposa latina del otro profesor

Cuatro en turno.   El (La) maestro(a) dividirá la clase en grupos de cuatro, de manera que cada grupo escriba el monólogo del mismo personaje. Lean en voz alta sus monólogos. Al terminar discutan cuáles fueron los puntos en que coincidieron y cuáles fueron los elementos diferentes de cada monólogo.

Apuntes literarios

El conflicto. Un conflicto es un problema. Para que exista un conflicto tiene que haber un enfrentamiento, es decir, dos actitudes opuestas o dos personas antagónicas. El conflicto puede ser externo:

- Individuo contra individuo
- Individuo contra la sociedad
- Individuo contra la naturaleza

También puede ser interno: individuo contra sí mismo (¿Actúo en mi propio beneficio o a favor de otros? ¿Lucho por lo que creo justo o por lo que es conveniente?)

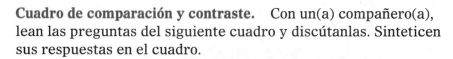

Cuadro de comparación y contraste. Con un(a) compañero(a), lean las preguntas del siguiente cuadro y discútanlas. Sinteticen sus respuestas en el cuadro.

	Enrique de «Los gallinazos...»	El profesor Jarrín
¿Cuál es el problema central que enfrenta?		
¿Puede el protagonista solucionar su problema por sí mismo? ¿Cómo?		
¿Qué puede hacer la sociedad en cada caso?		

Reseña crítica. Escoge uno de los dos cuentos que has leído en esta unidad. Escribe una reseña crítica basándote en tus apuntes, y agregándole otros datos pertinentes.

4

Alistémonos para leer

A veces los alumnos son clasificados en base a la aplicación de criterios injustos. Esmeralda Santiago es una adolescente recién llegada de Puerto Rico. Debido a que hablaba inglés muy rudimentariamente, el director de la escuela donde se va a matricular al llegar a Nueva York, la asigna al sexto grado. Ella insiste en que le corresponde el octavo grado y logra que la reasignen a una clase de este nivel. ¿Qué tipo de clase es ésta?

Cuadro de incidente autobiográfico. Piensa por un minuto en la siguiente pregunta y llena el siguiente cuadro en tu cuaderno. ¿Qué acontecimiento recuerdas más vívidamente de tus primeros días en este país? Al terminar comparte tu cuadro con un compañero.

Cuadro de incidente autobiográfico

Personas comprometidas	¿Cuál fue el evento?
Características	
Dibujo	

Leamos activamente

Primera parte

Enseñanza recíproca.   Con un(a) compañero(a), lee la primera parte de la historia (p. 113), siguiendo la técnica de la enseñanza recíproca.

Segunda parte

Lectura silenciosa.   Termina de leer la historia silenciosamente (p. 114–115).

Cuadro de comparación y contraste.   A medida que leas esta sección, completa la primera parte del siguiente cuadro.

	Escuela de Esmeralda	**Mi escuela**
Grupos de estudiantes que existen		
Características de cada grupo		
Sentimientos hacia estos grupos	Esmeralda:	Yo:

"Mar Pacífico," Amelia Peláez

Cuando era puertorriqueña

Esmeralda Santiago

Primera parte

La clase de Miss Brown era para estudiantes con problemas que les impedían aprender. A este salón la administración escolar enviaba a niños con toda clase de problemas, ninguno de los cuales, por lo que yo podía ver, tenía que ver con la habilidad de aprender, pero más con su deseo de hacerlo. Era un grupo desordenado, por lo menos los que se presentaban. La mitad de la clase no se aparecía, o, si llegaban, dormían durante las lecciones y roncaban en medio de las oraciones que Miss Brown cuidadosamente analizaba.

Éramos despreciados en una escuela donde los estudiantes más inteligentes estaban en el grado 8-1, cada bajón indicando un nivel menos de inteligencia. Por ejemplo, si uno estaba en el grado 8-10, era listo pero no un genio. En cuanto bajaba a los diecialgo, la inteligencia era dudosa, especialmente si los números estaban en los altos diecialgos. Y peor si estaban en los veinte. Mi clase, 8-23, era donde ponían a los más brutos de la escuela, los más desdeñables. Mi clase era la equivalente al séptimo grado, o el sexto, o hasta el quinto.

Nuestra maestra, Miss Brown, enseñaba gramática del idioma inglés. Era una joven morena que usaba sobaqueras contra el sudor. Las cintas que las mantenían en su sitio a veces se le salían por las mangas de sus blusas blancas bien planchadas y tenía que darnos la espalda para ajustarlas. Era muy bonita, la Miss Brown, con ojos almendrados y un peinado lacio hasta las puntas, donde se hacía muchos rizos. Sus manos siempre estaban muy limpias, con las puntas de las uñas pintadas de blanco. Enseñaba las clases de composición y gramática como si a alguien le importara, lo cual yo encontraba fascinante.

Al final de la primera semana, me movió del último asiento al que estaba enfrente de su escritorio, y después de eso, me sentí como que me estaba enseñando a mí sola. Nunca hablábamos, a menos que no fuera cuando me invitaba a la pizarra.

—Esmeralda, por favor venga y marque la frase prepositiva.

En su clase, aprendí a reconocer la estructura del idioma inglés y a redactar frases y oraciones usando la posición de las palabras relativo a los pronombres, verbos y prepositivos, sin saber exactamente lo que querían decir.

Segunda parte

La escuela era enorme y ruidosa. Había un orden social que, al principio, yo no entendía, pero contra el cual chocaba. Muchachas y muchachos vestidos con ropa semejante, caminaban por los corredores mano en mano, a veces escondiéndose detrás de los armarios a besarse y manosearse. Eran americanos, y pertenecían a las clases de números bajos.

Otro grupo de muchachas usaban mucho maquillaje, se subían las faldas sobre las rodillas, abrían un botón más en sus blusas y se peinaban el pelo en cascos sólidos con rizos en las puntas. En la mañana, se apoderaban de los baños, donde fumaban mientras se peinaban, atiborrando el ambiente de humo y espray. La única vez que entré al baño en la mañana, me sacaron con insultos y empujones.

Aprendí que esas muchachas atrevidas con pelo alto, maquillaje y faldas cortas, eran italianas. Los italianos se sentaban juntos en un lado del comedor, los morenos en otro. Los dos grupos se odiaban los unos a los otros más de lo que odiaban a los puertorriqueños. Por lo menos una vez a la semana, se peleaban los morenos con los italianos, en el baño, en el patio escolar o en un solar abandonado cerca de la escuela que dividía sus vecindarios y los separaba durante los fines de semana.

Las morenas tenían su propio estilo. No para ellas los peinados enlacados de las italianas. Sus cabellos eran lisos, enrizados sólo en las puntas, como Miss Brown, o enmoñado con pollinas sobre los ojos pintados al estilo Cleopatra. Sus faldas también eran cortas, pero no parecían ser subidas cuando sus mamás no estaban mirando. Así venían. Tenían piernas bien formadas y fuertes, y usaban medias hasta las rodillas con zapatos pesados que se convertían en sus medios de defensa durante las contiendas.

Decían que los italianos llevaban cuchillas, hasta las chicas, y que los morenos llevaban manoplas en sus bolsillos y que las puntas de sus zapatos eran de acero. Yo le huía a los dos grupos, temiendo que, si me amigaba con una italiana, me cayeran encima las morenas, o vice versa.

Había dos clases de puertorriqueños en la escuela: los acabados de llegar, como yo, y los nacidos en Brooklyn de padres puertorriqueños. Los dos grupos no se juntaban. Los puertorriqueños de Brooklyn hablaban inglés, y ninguno hablaba español. Para ellos, Puerto Rico era el sitio donde vivían sus abuelos, un sitio que visitaban durante las vacaciones, un sitio que era, se quejaban, poco desarrollado y lleno de mosquitos. Nosotros, para quienes Puerto Rico era una memoria reciente, también nos dividíamos en dos grupos: los que no podían aguantar hasta el día que regresaran, y los que lo querían olvidar lo más pronto posible.

Yo me sentía como una traidora porque quería aprender el inglés, porque me gustaba la pizza, porque estudiaba a las muchachas con mucho pelo y probaba sus estilos en casa, encerrada en el baño, donde nadie me viera. Practicaba el andar de las morenas, pero en vez de caminar como que estaba bailando, parecía estar coja.

No me sentía cómoda con los puertorriqueños acabados de llegar, quienes se juntaban en grupitos desconfiados, criticando a todos los que pasaban, temerosos de todo. Y no era aceptada por los puertorriqueños de Brooklyn, quienes tenían el secreto de la popularidad. Ellos caminaban por los corredores entre los italianos y los morenos, siendo ni uno ni el otro, pero actuando y vistiéndose como una combinación de los dos, dependiendo de la textura de su cabello, el color de su piel, su maquillaje y su manera de andar.

Cuadro de comparación y contraste. Piensa en la situación de tu escuela y completa la segunda parte del cuadro anterior.

Taller de composición. Ensayo de comparación y contraste. Usa tus notas para escribir un ensayo en que compares la situación de tu escuela con la de Esmeralda.

Un paso hacia la integración. Trabajando en grupos de cuatro, elaboren una lista de sugerencias que permitan que haya un acercamiento entre los diversos grupos de la escuela. Compartan la lista con el resto de la clase y envíen sus sugerencias al cuerpo de gobierno estudiantil.

5

Alistémonos para leer

A través de este siglo se han visto varios intentos de reforma agraria en países latinoamericanos. El objetivo de esta reforma es el de repartir la tierra entre los campesinos que la laboran. Tradicionalmente las grandes extensiones de terreno agrícola —latifundios— han estado en manos de unas pocas familias. En el siguiente cuento, «Nos han dado la tierra» del escritor mexicano Juan Rulfo, un grupo de campesinos camina en busca de la tierra prometida por la Revolución Mexicana.

Escucha, escribe y comparte.   Vas a escuchar una canción que representa el espíritu de la Revolución Mexicana, «Carabina 30-30». Escúchala y luego anota algunas características de este espíritu. Con un(a) compañero(a), compartan sus anotaciones.

Leamos activamente

Primera parte
Lectura en voz alta.   Lean en voz alta, bajo la dirección del (de la) maestro(a), la primera sección del cuento (p. 119).

Segunda parte
Trabajo de equipo.   La canción «Carabina 30-30» que escuchaste al comienzo de esta lección representa el espíritu de la revolución. Sin embargo, la promesa y la realidad fueron muy diferentes. Juan Rulfo nos muestra esa realidad creando una atmósfera opresiva y agobiante. Trabajando en equipo, elaboren una lista de elementos que contribuyen a crear esa atmósfera. Por ejemplo: *el calor sofocante del llano.*

Lectura dramatizada en grupos.   El resto del cuento nos presenta los diálogos que se suscitaron a medida que los campesinos recorren el llano. En algunos casos los interlocutores están claramente identificados. En otros casos, no. Primero lean en silencio el resto del cuento (p. 122–124) y luego, preparen una lectura dramatizada del fragmento.

"Untitled (Hands resting on a tool)," Tina Modotti (no date)
gelatin-silver print, 7-7/16″ x 8-1/2″
The Museum of Modern Art, New York. Given anonymously.
Photograph © 1995 The Museum of Modern Art, New York.

Nos han dado la tierra

Juan Rulfo

Primera parte

Después de tantas horas de caminar sin encontrar ni una sombra de árbol, ni una semilla de árbol, ni una raíz de nada, se oye el ladrar de los perros.

Uno ha creído a veces, en medio de este camino sin orillas, que nada habría después; que no se podría encontrar nada al otro lado, al final de esta llanura rajada de grietas y de arroyos secos. Pero sí, hay algo. Hay un pueblo. Se oye que ladran los perros y se siente en el aire el olor del humo, y se saborea ese olor de la gente como si fuera una esperanza.

Pero el pueblo está todavía muy allá. Es el viento el que lo acerca.

Hemos venido caminando desde el amanecer. Ahorita son algo así como las cuatro de la tarde. Alguien se asoma al cielo, estira los ojos hacia donde está colgado el sol y dice:

—Son como las cuatro de la tarde.

Ese alguien es Melitón. Junto con él, vamos Faustino, Esteban y yo. Somos cuatro. Yo los cuento: dos adelante, otros dos atrás. Miro más atrás y no veo a nadie. Entonces me digo: «Somos cuatro». Hace rato, como a eso de las once, éramos veintitantos; pero puñito a puñito se han ido desperdigando hasta quedar nada más este nudo que somos nosotros.

Faustino dice:

—Puede que llueva.

Todos levantamos la cara y miramos una nube negra y pesada que pasa por encima de nuestras cabezas. Y pensamos: «Puede que sí».

No decimos lo que pensamos. Hace ya tiempo que se nos acabaron las ganas de hablar. Se nos acabaron con el calor. Uno platicaría muy a gusto en otra parte, pero aquí cuesta trabajo. Uno platica aquí y las palabras se calientan en la boca con el calor de afuera, y se le resecan a uno en la lengua hasta que acaban con el resuello. Aquí así son las cosas. Por eso a nadie le da por platicar.

«Paisaje simbólico», Diego Rivera

Cae una gota de agua, grande, gorda, haciendo un agujero en la tierra y dejando una plasta como la de un salivazo. Cae sola. Nosotros esperamos a que sigan cayendo más y las buscamos con los ojos. Pero no hay ninguna más. No llueve. Ahora si se mira al cielo se ve a la nube aguacera corriéndose muy lejos, a toda prisa. El viento que viene del pueblo se le arrima empujándola contra las sombras azules de los cerros. Y a la gota caída por equivocación se la come la tierra y la desaparece en su sed.

¿Quién diablos haría este llano tan grande? ¿Para qué sirve, eh?

Hemos vuelto a caminar, nos habíamos detenido para ver llover. No llovió. Ahora volvemos a caminar. Y a mí se me ocurre que hemos caminado más de lo que llevamos andado. Se me ocurre eso. De haber llovido quizá se me ocurrieran otras cosas. Con todo, yo sé que desde que yo era muchacho, no vi llover nunca sobre el llano, lo que se llama llover.

No, el llano no es cosa que sirva. No hay ni conejos ni pájaros. No hay nada: A no ser unos cuantos huizaches trespeleques y una que otra manchita de zacate con las hojas enroscadas; a no ser eso, no hay nada.

Y por aquí vamos nosotros. Los cuatro a pie. Antes andábamos a caballo y traíamos terciada una carabina. Ahora no traemos ni siquiera la carabina.

Yo siempre he pensado que en eso de quitarnos la carabina hicieron bien. Por acá resulta peligroso andar armado. Lo matan a uno sin avisarle, viéndolo a toda hora con «la 30» amarrada a las correas. Pero los caballos son otro asunto. De venir a caballo ya hubiéramos probado el agua verde del río, y paseado nuestros estómagos por las calles del pueblo para que se les bajara la comida. Ya lo hubiéramos hecho de tener todos aquellos caballos que teníamos. Pero también nos quitaron los caballos junto con la carabina.

Vuelvo hacia todos lados y miro el llano. Tanta y tamaña tierra para nada. Se le resbalan a uno los ojos al no encontrar cosa que los detenga. Sólo unas cuantas lagartijas salen a asomar la cabeza por encima de sus agujeros, y luego que sienten la tatema del sol corren a esconderse en la sombrita de una piedra. Pero nosotros, cuando tengamos que trabajar aquí, ¿qué haremos para enfriarnos del sol, eh? Porque a nosotros nos dieron esta costra de tepetate para que la sembráramos.

Segunda parte

Nos dijeron:

—Del pueblo para acá es de ustedes.

Nosotros preguntamos:

—¿El Llano?

—Sí, el llano. Todo el Llano Grande.

Nosotros paramos la jeta para decir que el llano no lo queríamos. Que queríamos lo que estaba junto al río. Del río para allá, por las vegas, donde están esos árboles llamados casuarinas y las paraneras y la tierra buena. No este duro pellejo de vaca que se llama el Llano.

Pero no nos dejaron decir nuestras cosas. El delegado no venía a conversar con nosotros. Nos puso los papeles en la mano y nos dijo:

—No se vayan a asustar por tener tanto terreno para ustedes solos.

—Es que el llano, señor delegado...

—Son miles y miles de yuntas.

—Pero no hay agua. Ni siquiera para hacer un buche hay agua.

—¿Y el temporal? Nadie les dijo que se les iba a dotar con tierras de riego. En cuanto allí llueva, se levantará el maíz como si lo estiraran.

—Pero, señor delegado, la tierra está deslavada, dura. No creemos que el arado se entierre en esa como cantera que es la tierra del Llano. Habría que hacer agujeros con el azadón para sembrar la semilla y ni aun así es positivo que nazca nada; ni maíz ni nada nacerá.

—Eso manifiéstenlo por escrito. Y ahora váyanse. Es al latifundio al que tienen que atacar, no al Gobierno que les da la tierra.

—Espérenos usted, señor delegado. Nosotros no hemos dicho nada contra el Centro. Todo es contra el Llano... No se puede contra lo que no se puede. Eso es lo que hemos dicho... Espérenos usted para explicarle. Mire, vamos a comenzar por donde íbamos...

Pero él no nos quiso oír.

Así nos han dado esta tierra. Y en este comal acalorado quieren que sembremos semillas de algo, para ver si algo retoña y se levanta. Pero nada se levantará de aquí. Ni zopilotes. Uno los ve allá cada y cuando, muy arriba, volando a la carrera; tratando de salir lo más pronto posible de este blanco terregal endurecido, donde nada se mueve y por donde uno camina como reculando.

Melitón dice:

—Ésta es la tierra que nos han dado.

Faustino dice:

—¿Qué?

Yo no digo nada. Yo pienso: «Melitón no tiene la cabeza en su lugar. Ha de ser el calor el que lo hace hablar así. El calor que le ha traspasado el sombrero y le ha calentado la cabeza. Y si no, ¿por qué dice lo que dice? ¿Cuál tierra nos han dado, Melitón? Aquí no hay ni la tantita que necesitaría el viento para jugar los remolinos».

Melitón vuelve a decir:

—Servirá de algo. Servirá aunque sea para correr yeguas.

—¿Cuáles yeguas? —le pregunta Esteban.

Yo no me había fijado bien a bien en Esteban. Ahora que habla, me fijo en él. Lleva puesto un gabán que le llega al ombligo, y debajo del gabán saca la cabeza algo así como una gallina.

Sí, es una gallina colorada la que lleva Esteban debajo del gabán. Se le ven los ojos dormidos y el pico abierto como si bostezara. Yo le pregunto:

—Oye, Teban, ¿de dónde pepenaste esa gallina?

—¡Es la mía! —dice él.

—No la traías antes. ¿Dónde la mercaste, eh?

—No la merqué, es la gallina de mi corral.

—Entonces te la trajiste de bastimento, ¿no?

—No, la traigo para cuidarla. Mi casa se quedó sola y sin nadie para que le diera de comer; por eso me la traje. Siempre que salgo lejos cargo con ella.

—Allí escondida se te va a ahogar. Mejor sácala al aire.

—Él se la acomoda debajo del brazo y le sopla el aire caliente de su boca. Luego dice:

—Estamos llegando al derrumbadero.

Yo ya no oigo lo que sigue diciendo Esteban. Nos hemos puesto en fila para bajar la barranca y él va mero adelante. Se ve que ha agarrado a la gallina por las patas y la zangolotea a cada rato, para no golpearle la cabeza contra las piedras.

Conforme bajamos, la tierra se hace buena. Sube polvo desde nosotros como si fuera un atajo de mulas lo que bajara por allí; pero nos gusta llenarnos de polvo. Nos gusta. Después de venir durante once horas pisando la dureza del llano, nos sentimos muy a gusto envueltos en aquella cosa que brinca sobre nosotros y sabe a tierra.

Por encima del río, sobre las copas verdes de las casuarinas, vuelan parvadas de chachalacas verdes. Eso también es lo que nos gusta.

Ahora los ladridos de los perros se oyen aquí, junto a nosotros, y es que el viento que viene del pueblo retacha en la barranca y la llena de todos sus ruidos.

Esteban ha vuelto a abrazar su gallina cuando nos acercamos a las primeras casas. Le desata las patas para desentumecerla, y luego él y su gallina desaparecen detrás de unos tepemezquites.

—¡Por aquí arriendo yo! —nos dice Esteban.

Nosotros seguimos adelante, más adentro del pueblo.

La tierra que nos han dado está allá arriba.

Ampliemos nuestra comprensión

Discusión en grupos.   En grupos de cuatro discutan la siguiente idea: Es evidente la injusticia cometida por el gobierno en contra de estos campesinos. Consideren algunas alternativas de acción factibles dentro de esta situación. Tomen notas de las ideas generadas en el grupo para compartirlas con la clase.

Redacción de una carta-protesta.   El delegado sugiere que los campesinos manifiesten su descontento por escrito. Imagínate que eso es justamente lo que vas a hacer. Tomando el punto de vista de uno de los campesinos, escribe una carta-protesta en la que expliques la razón de tu frustración y presentes una o dos avenidas de solución. Dirige la carta al alcalde de la ciudad. No te olvides de indicar:

- quién eres
- las razones que motivan tu carta
- la primera solución que propones
- cómo podría implementarse esta idea
- otra posible solución
- cómo implementarla
- despedida reiterando tu convicción de que las cosas pueden mejorar si se establece el diálogo

Revisión de un(a) compañero(a).   Intercambia tu carta con la de un(a) compañero(a) y, basándote en el esquema anterior, comenta la carta y ofrece sugerencias para mejorarla.

6

Alistémonos para leer

A lo largo de este siglo la América Latina ha sufrido una serie de dictaduras militares. Las siguientes selecciones presentan situaciones típicas que genera la opresión de estos gobiernos. El primer cuento seleccionado es «Espuma y nada más» del escritor colombiano Hernando Téllez.

Escritura rápida.   Piensa en alguien a quien admiras por su valentía y describe una acción que hizo esta persona para merecer tu respeto.

Entrevista en tres etapas.   Basándote en tus memorias anteriores, participa en esta actividad. Encontrarás la explicación del proceso que debes seguir en el apéndice del libro.

1. ¿Quién es una persona que tú conoces y que consideras valiente?

2. Narra una anécdota que demuestre la valentía de esta persona.

Leamos activamente

Cuadro de dos columnas.   El barbero del cuento explica las razones que tiene para matar al capitán Torres, así como las razones en contra de realizar este acto. Copia el siguiente cuadro en tu cuaderno y complétalo a medida que vayas leyendo el cuento.

Razones para matar al capitán Torres	
En favor	**En contra**

Lectura y mímica. Esta técnica ayuda a los estudiantes a visualizar las acciones que describe un texto. Uno(a) de los estudiantes hará la lectura en voz alta, otro tomará el rol del barbero y el tercero representará al capitán. Estos dos últimos estudiantes harán la mímica de las acciones de su personaje, sin pronunciar palabra, pero podrán mover los labios sincronizadamente con el (la) lector(a) cuando su personaje diga algo.

Primera parte

Lectura silenciosa. Lee la primera parte del cuento (p. 129) y piensa en cómo harían una representación de esta escena. Un(a) alumno(a) podría ser el lector y los otros dos actuarían en silencio las acciones de los otros dos personajes.

Trabajo de equipo. En grupos de tres discutan sus ideas para la representación. El (La) maestro(a) escogerá a uno o dos grupos de la clase para que hagan la representación.

Segunda parte

Lectura silenciosa.   Toma cinco minutos para leer la segunda parte del cuento (p. 129). Aquí el autor mezcla los pensamientos del barbero con sus propias palabras y las del capitán. A medida que leas trata de diferenciar las palabras y pensamientos del barbero de las palabras del capitán.

Lectura en parejas.   Trabajando en parejas, lean en voz alta la segunda parte de manera que uno de ustedes lea las partes del barbero y otro las del capitán.

Tercera parte

Lectura silenciosa.   Terminen de leer el cuento (p. 131–133) en silencio.

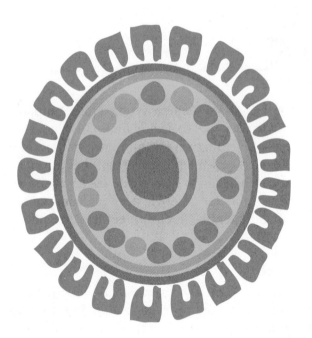

Espuma y nada más

Hernando Téllez

Primera parte

No saludó al entrar. Yo estaba repasando sobre una badana la mejor de mis navajas. Y cuando lo reconocí me puse a temblar. Pero él no se dio cuenta. Para disimular continué repasando la hoja. La probé luego contra la yema del dedo gordo y volví a mirarla, contra la luz. En ese instante se quitaba el cinturón ribeteado de balas de donde pendía la funda de la pistola. Lo colgó de uno de los clavos del ropero y encima colocó el kepis. Volvió completamente el cuerpo para hablarme y deshaciendo el nudo de la corbata, me dijo: —Hace un calor de todos los demonios. Aféiteme. Y se sentó en la silla.

Segunda parte

Le calculé cuatro días de barba. Los cuatro días de la última excursión en busca de los nuestros. El rostro aparecía quemado, curtido por el sol. Me puse a preparar minuciosamente el jabón. Corté unas rebanadas de la pasta, dejándolas caer en el recipiente, mezclé con un poco de agua tibia y con la brocha empecé a revolver. Pronto subió la espuma. —Los muchachos de la tropa deben tener tanta barba como yo. Seguí batiendo la espuma. —Pero nos fue bien, ¿sabe? Pescamos a los principales. Unos vienen muertos y otros todavía viven. Pero pronto estarán todos muertos. —¿Cuántos cogieron? —pregunté. —Catorce. Tuvimos que internarnos bastante para dar con ellos. Pero ya la están pagando. Y no se salvará ni uno, ni uno. Se echó para atrás en la silla al verme con la brocha en la mano, rebosante de espuma. Faltaba ponerle la sábana. Ciertamente yo estaba aturdido. Extraje del cajón una sábana y la anudé al cuello de mi cliente. Él no cesaba de hablar. Suponía que yo era uno de los partidarios del orden. —El pueblo habrá escarmentado con lo del otro día —dijo. —Sí —repuse mientras concluía de hacer el nudo sobre la oscura nuca, olorosa a sudor. —¿Estuvo bueno, verdad? —Muy bueno —contesté mientras regresaba con la brocha. El hombre cerró los ojos con un gesto de fatiga y esperó así la fresca caricia del jabón. Jamás lo había tenido tan cerca de mí. El día en que

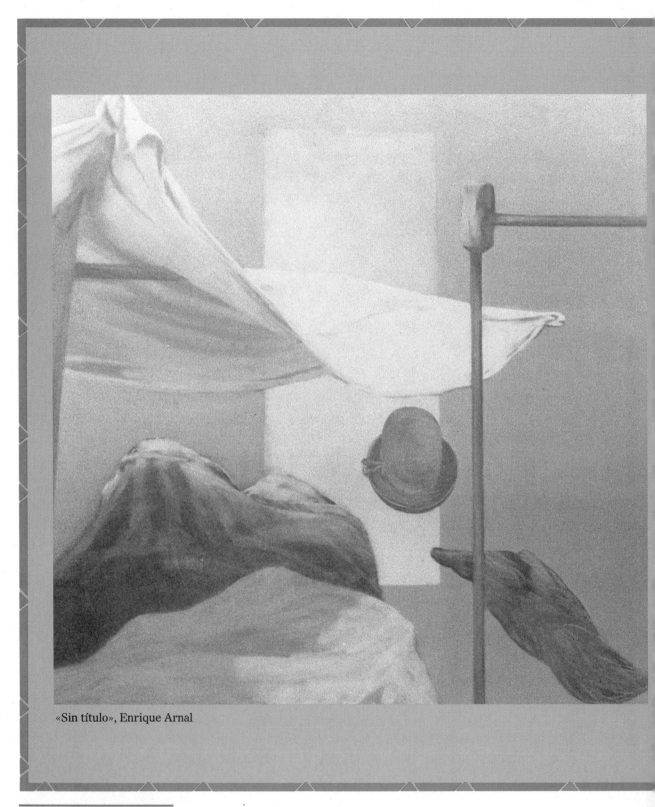

«Sin título», Enrique Arnal

ordenó que el pueblo desfilara por el patio de la Escuela para ver a los cuatro rebeldes allí colgados, me crucé con él un instante. Pero el espectáculo de los cuerpos mutilados me impedía fijarme en el rostro del hombre que lo dirigía todo y que ahora iba a tomar en mis manos. No era un rostro desagradable, ciertamente. Y la barba, envejeciéndolo un poco, no le caía mal. Se llamaba Torres. El capitán Torres. Un hombre con imaginación, porque ¿a quién se le había ocurrido antes colgar a los rebeldes desnudos y luego ensayar sobre determinados sitios del cuerpo una mutilación a bala? Empecé a extender la primera capa de jabón. Él seguía con los ojos cerrados. —De buena gana me iría a dormir un poco —dijo—, pero esta tarde hay mucho que hacer. Retiré la brocha y pregunté con aire falsamente desinteresado: —¿Fusilamiento? —Algo por el estilo, pero más lento —respondió. —¿Todos? —No. Unos cuantos apenas. Reanudé, de nuevo, la tarea de enjabonarle la barba. Otra vez me temblaban las manos. El hombre no podía darse cuenta de ello y esa era mi ventaja. Pero yo hubiera querido que él no viniera. Probablemente muchos de los nuestros lo habrían visto entrar. Y el enemigo en la casa impone condiciones. Yo tendría que afeitar esa barba como cualquiera otra, con cuidado, con esmero, como la de un buen parroquiano, cuidando de que ni por un solo poro fuese a brotar una gota de sangre. Cuidando de que en los pequeños remolinos no se desviara la hoja. Cuidando de que la piel quedara limpia, templada, pulida, y de que al pasar el dorso de mi mano por ella, sintiera la superficie sin un pelo. Sí. Yo era un revolucionario clandestino, pero era también un barbero de conciencia, orgulloso de la pulcritud en su oficio. Y esa barba de cuatro días se prestaba para una buena faena.

Tercera parte

Tomé la navaja, levanté en ángulo oblicuo las dos cachas, dejé libre la hoja y empecé la tarea, de una de las patillas hacia abajo. La hoja respondía a la perfección. El pelo se presentaba indócil y duro, no muy crecido, pero compacto. La piel iba apareciendo poco a poco. Sonaba la hoja con su ruido característico, y sobre ella crecían los grumos de jabón mezclados con trocitos de pelo. Hice una pausa para limpiarla, tomé la badana de nuevo y me puse a asentar el acero, porque yo soy un barbero que hace bien sus cosas. El hombre que había mantenido los ojos cerrados, los abrió, sacó una de las manos por encima de la sábana, se palpó la zona del rostro que empezaba a quedar libre de jabón, y me dijo: —Venga usted a las seis, esta tarde, a la

Escuela. —¿Lo mismo del otro día? —le pregunté horrorizado. —Puede que resulte mejor —respondió. —¿Qué piensa usted hacer? —No sé todavía. Pero nos divertiremos. Otra vez se echó hacia atrás y cerró los ojos. Yo me acerqué con la navaja en alto. —¿Piensa castigarlos a todos? —aventuré tímidamente. —A todos. El jabón se secaba sobre la cara. Debía apresurarme. Por el espejo, miré hacia la calle. Lo mismo de siempre: la tienda de víveres y en ella dos o tres compradores. Luego miré el reloj: las dos y veinte de la tarde. La navaja seguía descendiendo. Ahora de la otra patilla hacia abajo. Una barba azul, cerrada. Debía dejársela crecer como algunos poetas o como algunos sacerdotes. Le quedaría bien. Muchos no lo reconocerían. Y mejor para él, pensé, mientras trataba de pulir suavemente todo el sector del cuello. Porque allí sí que debía manejar con habilidad la hoja, pues el pelo, aunque en agraz, se enredaba en pequeños remolinos. Una barba crespa. Los poros podían abrirse, diminutos, y soltar su perla de sangre. Un buen barbero como yo finca su orgullo en que eso no ocurra a ningún cliente. Y este era un cliente de calidad. ¿A cuántos de los nuestros había ordenado matar? ¿A cuántos de los nuestros había ordenado que los mutilaran?... Mejor no pensarlo. Torres no sabía que yo era su enemigo. No lo sabía él ni lo sabían los demás. Se trataba de un secreto entre muy pocos, precisamente para que yo pudiese informar a los revolucionarios de lo que Torres estaba haciendo en el pueblo y de lo que proyectaba hacer cada vez que emprendía una excursión para cazar revolucionarios. Iba a ser, pues, muy difícil explicar que yo lo tuve entre mis manos y lo dejé ir tranquilamente, vivo y afeitado.

La barba le había desaparecido casi completamente. Parecía más joven, con menos años de los que llevaba a cuestas cuando entró. Yo supongo que eso ocurre siempre con los hombres que entran y salen de las peluquerías. Bajo el golpe de mi navaja Torres rejuvenecía, sí, porque yo soy un buen barbero, el mejor de este pueblo, lo digo sin vanidad. Un poco más de jabón, aquí, bajo la barbilla, sobre la manzana, sobre esta gran vena. ¡Qué calor! Torres debe estar sudando como yo. Pero él no tiene miedo. Es un hombre sereno, que ni siquiera piensa en lo que ha de hacer esta tarde con los prisioneros. En cambio yo, con esta navaja entre las manos, puliendo y puliendo esta piel, evitando que brote sangre de estos poros, cuidando todo golpe, no puedo pensar serenamente. Maldita la hora en que vino, porque yo soy un revolucionario pero no soy un asesino. Y tan fácil como resultaría matarlo. Y lo merece. ¿Lo merece? ¡No, qué diablos! Nadie merece que los demás hagan el sacrificio de convertirse en asesinos. ¿Qué se gana con ello? Pues nada. Vienen otros y otros y los primeros matan a los segundos y éstos a los terceros y siguen y siguen hasta que todo es un mar de sangre. Yo podría cortar este cuello, así, ¡zas!, ¡zas! No le daría tiempo de quejarse y como tiene los ojos cerrados no vería ni el brillo de la navaja ni el brillo de mis ojos. Pero estoy temblando como un verdadero asesino. De ese cuello brotaría un chorro de sangre sobre la sábana, sobre la silla, sobre mis manos, sobre el suelo. Tendría que cerrar la puerta. Y la sangre seguiría corriendo por el piso, tibia, imborrable, incontenible, hasta la calle, como un pequeño arroyo escarlata. Estoy seguro de que un golpe fuerte, una honda incisión, le evitaría todo dolor. No sufriría. ¿Y qué hacer con el cuerpo? ¿Dónde ocultarlo? Yo tendría que huir, dejar estas cosas, refugiarme lejos, bien lejos. Pero me perseguirían hasta dar conmigo. «El asesino del capitán Torres. Lo degolló mientras le afeitaba la barba. Una cobardía». Y por otro lado… «El vengador de los nuestros. Un nombre para recordar (aquí mi nombre). Era el barbero del pueblo. Nadie sabía que él defendía nuestra causa…». ¿Y qué? ¿Asesino o héroe? Del filo de esta navaja depende mi destino. Puedo inclinar un poco más la mano, apoyar un poco más la hoja, y hundirla. La piel cederá como la seda, como el caucho, como la badana. No hay nada más tierno que la piel del hombre y la sangre siempre está ahí, lista a brotar. Una navaja como ésta no traiciona. Es la mejor de mis navajas. Pero yo no quiero ser un asesino, no señor. Usted vino para que yo lo afeitara. Y yo cumplo honradamente con mi trabajo… No quiero mancharme de sangre. De espuma y nada más. Usted es un verdugo y yo no soy más que un barbero. Y cada cual en su puesto. Eso es. Cada cual en su puesto.

La barba había quedado limpia, pulida y templada. El hombre se incorporó para mirarse en el espejo. Se pasó las manos por la piel y la sintió fresca y nuevecita.

—Gracias —dijo. Se dirigió al ropero en busca del cinturón, de la pistola y del kepis. Yo debía estar muy pálido y sentía la camisa empapada. Torres concluyó de ajustar la hebilla, rectificó la posición de la pistola en la funda y luego de alisarse maquinalmente los cabellos, se puso el kepis. Del bolsillo del pantalón extrajo unas monedas para pagarme el importe del servicio. Y empezó a caminar hacia la puerta. En el umbral se detuvo un segundo y volviéndose me dijo:

—Me habían dicho que usted me mataría. Vine para comprobarlo. Pero matar no es fácil. Yo sé por qué se lo digo. Y siguió calle abajo.

Ampliemos nuestra comprensión

Análisis del ambiente.   Repasa las explicaciones acerca del ambiente que aparecen en los *Apuntes literarios* de la página 8. (Primera unidad, Lección 1) Luego haz un diagrama de asociación de ideas y anota algunos de los elementos que contribuyen a crear el ambiente de este cuento.

Análisis del conflicto.   Vuelve a leer la explicación sobre el conflicto de una obra literaria que aparece en la página 109. Trabajando con un(a) compañero(a) decide qué clase de conflicto hay en este cuento y qué fuerzas están en contraposición. Escriban su respuesta en sus cuadernos.

Taller de composición

Una carta a un(a) amigo(a).   Los hombres anhelan la justicia y la equidad en sus vidas. Desean saber que la vida de alguna manera es justa. Quieren experimentar un sentimiento de orgullo y dignidad.

Piensa en el barbero del cuento «Espuma y nada más». Él tiene el deseo de matar al capitán Torres y se le presenta la oportunidad. Él sabe que si lo mata será considerado un héroe por algunos y un cobarde por otros. Algunos dirían que hizo justicia al matar al capitán. Otros, que cometió un horrendo crimen.

Imagínate que el barbero mató al capitán Torres. Toma el punto de vista de un(a) revolucionario(a) o de un(a) defensor(a) del régimen imperante y escribe una carta a un(a) amigo(a) contándole lo que pasó en la barbería el día en que fue asesinado el capitán Torres.

Recuerda:

1. Si eres un(a) revolucionario(a), estás de acuerdo con la acción del barbero. Justifica la acción y alaba al barbero como héroe de la revolución. Utiliza los apuntes que tomaste en el cuadro de dos columnas.

2. Si eres un(a) defensor(a) del régimen dictatorial, muestra tu furia y disgusto por la acción del barbero. Haz hincapié en la cobardía que lo llevó a cortarle el cuello al capitán mientras lo afeitaba.

En ambos casos añade detalles sobre lo que pasó después de la muerte de Torres. Termina con un comentario que refleje tus sentimientos por la situación política del país.

Respuesta de un(a) compañero(a).   Después de escribir tu carta intercámbiala con un(a) compañero(a). Leerás su carta y le responderás de acuerdo a las siguientes consideraciones:

1. Indica una impresión positiva que te causó la carta en general.

2. ¿Es convincente el punto de vista adoptado por tu compañero(a)?

3. ¿Qué otras razones podrían aducirse para sustentar el punto de vista del (de la) escritor(a)?

4. ¿Cuál es el punto menos convincente de la carta y cómo podría mejorarse?

Alistémonos para leer

En el cuento «Un día de estos», Gabriel García Márquez cuenta un episodio ocurrido bajo una dictadura similar a la del cuento de Téllez.

Escritura en el diario. El cuento de Hernando Téllez presenta algunas situaciones típicas de un gobierno represivo. Tomándolo como punto de partida, escribe algunas ideas que se te ocurran acerca de la vida de un pueblo bajo una dictadura militar.

Diagrama «mente abierta». El (La) maestro(a) te entregará un diagrama «mente abierta». A medida que leas el cuento, usa este diagrama para tomar notas acerca de lo que está pensando o sintiendo el personaje principal. Recuerda que puedes usar palabras, citas del cuento, dibujos y/o símbolos.

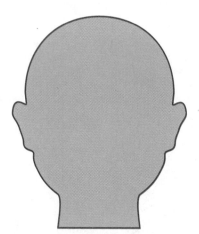

 # Leamos activamente

Lectura silenciosa. Lee el cuento individualmente.

Un día de estos

Gabriel García Márquez

El lunes amaneció tibio y sin lluvia. Don Aurelio Escovar, dentista sin título y buen madrugador, abrió su gabinete a las seis. Sacó de la vidriera una dentadura postiza montada aún en el molde de yeso y puso sobre la mesa un puñado de instrumentos que ordenó de mayor a menor, como en una exposición. Llevaba una camisa a rayas, sin cuello, cerrada arriba con un botón dorado, y los pantalones sostenidos con cargadores elásticos. Era rígido, enjuto, con una mirada que raras veces correspondía a la situación, como la mirada de los sordos.

Cuando tuvo las cosas dispuestas sobre la mesa rodó la fresa hacia el sillón de resortes y se sentó a pulir la dentadura postiza. Parecía no pensar en lo que hacía, pero trabajaba con obstinación, pedaleando en la fresa incluso cuando no se servía de ella.

Después de las ocho hizo una pausa para mirar el cielo por la ventana y vio dos gallinazos pensativos que se secaban al sol en el caballete de la casa vecina. Siguió trabajando con la idea de que antes del almuerzo volvería a llover. La voz destemplada de su hijo de once años lo sacó de su abstracción.

—Papá.

—Qué.

—Dice el alcalde que si le sacas una muela.

—Dile que no estoy aquí.

Estaba puliendo un diente de oro. Lo retiró a la distancia del brazo y lo examinó con los ojos a medio cerrar. En la salita de espera volvió a gritar su hijo.

—Dice que sí estás porque te está oyendo.

El dentista siguió examinando el diente. Sólo cuando lo puso en la mesa con los trabajos terminados, dijo:

—Mejor.

Volvió a operar la fresa. De una cajita de cartón donde guardaba las cosas por hacer, sacó un puente de varias piezas y empezó a pulir el oro.

«La familia presidencial», Fernando Botero, 1967
Oil on canvas, 6' 8-1/8" x 6' 5-1/4"
The Museum of Modern Art, New York. Gift of Warren D. Benedek.
Photograph © 1996 The Museum of Modern Art, New York.

—Papá.

—Qué.

Aún no había cambiado de expresión.

—Dice que si no le sacas la muela te pega un tiro.

Sin apresurarse, con un movimiento extremadamente tranquilo, dejó de pedalear en la fresa, la retiró del sillón y abrió por completo la gaveta inferior de la mesa. Allí estaba el revólver.

—Bueno —dijo—. Dile que venga a pegármelo.

Hizo girar el sillón hasta quedar de frente a la puerta, la mano apoyada en el borde de la gaveta. El alcalde apareció en el umbral. Se había afeitado la mejilla izquierda, pero en la otra, hinchada y dolorida, tenía una barba de cinco días. El dentista vio en sus ojos marchitos muchas noches de desesperación. Cerró la gaveta con la punta de los dedos y dijo suavemente:

—Siéntese.

—Buenos días —dijo el alcalde.

—Buenos —dijo el dentista.

Mientras hervían los instrumentos, el alcalde apoyó el cráneo en el cabezal de la silla y se sintió mejor. Respiraba un olor glacial. Era un gabinete pobre: una vieja silla de madera, la fresa de pedal, y una vidriera con pomos de loza. Frente a la silla, una ventana con un cancel de tela hasta la altura de un hombre. Cuando sintió que el dentista se acercaba, el alcalde afirmó los talones y abrió la boca.

Don Aurelio Escovar le movió la cara hacia la luz. Después de observar la muela dañada, ajustó la mandíbula con una cautelosa presión de los dedos.

—Tiene que ser sin anestesia —dijo.

—¿Por qué?

—Porque tiene un absceso.

El alcalde lo miró en los ojos.

—Está bien —dijo, y trató de sonreír. El dentista no le correspondió. Llevó a la mesa de trabajo la cacerola con los instrumentos hervidos y los sacó del agua con unas pinzas frías, todavía sin apresurarse. Después rodó la escupidera con la punta del zapato y fue a lavarse las manos en el aguamanil. Hizo todo sin mirar al alcalde. Pero el alcalde no lo perdió de vista.

Era una cordal inferior. El dentista abrió las piernas y apretó la muela con el gatillo caliente. El alcalde se aferró a las barras de la silla, descargó toda su fuerza en los pies y sintió un vacío helado en los riñones, pero no soltó un suspiro. El dentista sólo movió la muñeca. Sin rencor, más bien con una amarga ternura, dijo:

—Aquí nos paga veinte muertos, teniente.

El alcalde sintió un crujido de huesos en la mandíbula y sus ojos se llenaron de lágrimas. Pero no suspiró hasta que no sintió salir la muela. Entonces la vio a través de las lágrimas. Le pareció tan extraña a su dolor, que no pudo entender la tortura de sus cinco noches anteriores. Inclinado sobre la escupidera, sudoroso, jadeante, se desabotonó la guerrera y buscó a tientas el pañuelo en el bolsillo del pantalón. El dentista le dio un trapo limpio.

—Séquese las lágrimas —dijo.

El alcalde lo hizo. Estaba temblando. Mientras el dentista se lavaba las manos, vio el cielo raso desfondado y una telaraña polvorienta con huevos de araña e insectos muertos. El dentista regresó secándose las manos. —Acuéstese —dijo— y haga buches de agua de sal. El alcalde se puso de pie, se despidió con un displicente saludo militar, y se dirigió a la puerta estirando las piernas, sin abotonarse la guerrera.

—Me pasa la cuenta —dijo.

—¿A usted o al municipio?

El alcalde no lo miró. Cerró la puerta, y dijo, a través de la red metálica:

—Es la misma vaina.

Ampliemos nuestra comprensión

Diagrama de Venn. El dentista de «Un día de estos» y el barbero de «Espuma y nada más» se encuentran en circunstancias similares, pero reaccionan de manera diferente. En un diagrama de Venn, como el que aparece a continuación, contrasta ambos personajes.

Características del barbero

Características del dentista

Características comunes

Afiche colaborativo. En grupos de cuatro, relean el cuento y escojan un tema que les parezca importante. Sintetícenlo en una oración. Piensen en un diseño o dibujo para representar esta idea en un cartelón. El producto final deberá contar con un lema y un diseño. Cada grupo presentará y hará una explicación de su afiche a la clase.

Ensayo interpretativo. Enfocándote en la última oración del cuento, interpreta su significado inmediato y lo que indica acerca de la clase de gobierno que prevalece en ese país. Podría serte útil conversar con un(a) maestro(a) de historia para ampliar tu entendimiento acerca de otros gobiernos dictatoriales.

8

Alistémonos para leer

La existencia de presos políticos constituye un capítulo negro en la historia de Latinoamérica. En el siguiente texto, la hija de un preso político reflexiona sobre la libertad a la cual llama «Una palabra enorme».

Opiniones en rotación. Formen grupos de cuatro. El (La) maestro(a) entregará a cada grupo una tarjeta. En el lado sin rayas escriban en letras grandes la siguiente pregunta: ¿Qué significa la libertad para nosotros? Tendrán tres minutos para circular la tarjeta entre los demás miembros del grupo en silencio. Cada uno de los miembros del grupo agregará una idea que conteste la pregunta en la otra cara de la tarjeta. Deben seguir circulándola hasta que el (la) maestro(a) señale el fin de la actividad. Acto seguido un(a) alumno(a) se encargará de leer las ideas en voz alta.

Leamos activamente

Enseñanza recíproca. Con un(a) compañero(a), lee este texto siguiendo la técnica de la enseñanza recíproca. Lean en el apéndice del libro el procedimiento para esta actividad.

Una palabra enorme

Mario Benedetti

Libertad es una palabra enorme. Por ejemplo, cuando terminan las clases, se dice que una está en libertad. Mientras dura la libertad, una pasea, una juega, una no tiene por qué estudiar. Se dice que un país es libre cuando una mujer cualquiera o un hombre cualquiera hace lo que se le antoja. Pero hasta los países libres tienen cosas muy prohibidas. Por ejemplo matar. Eso sí, se pueden matar mosquitos y cucarachas, y también vacas para hacer churrascos. Por ejemplo está prohibido robar, aunque no es grave que una se quede con algún vuelto cuando Graciela, que es mi mami, me encarga alguna compra. Por ejemplo está prohibido llegar tarde a la escuela, aunque en ese caso hay que hacer una cartita, mejor dicho la tiene que hacer Graciela, justificando por qué. Así dice la maestra: justificando.

Libertad quiere decir muchas cosas. Por ejemplo, si una no está presa, se dice que está en libertad. Pero mi papá está preso y sin embargo está en Libertad, porque así se llama la cárcel donde está hace ya muchos años. A eso el tío Rolando lo llama qué sarcasmo. Un día le conté a mi amiga Angélica que la cárcel en que está mi papá se llama Libertad y que el tío Rolando había dicho qué sarcasmo y a mi amiga Angélica le gustó tanto la palabra que cuando su padrino le regaló un perrito le puso de nombre Sarcasmo. Mi papá es un preso pero no porque haya matado o robado o llegado tarde a la escuela. Graciela dice que mi papá está en Libertad, o sea está preso, por sus ideas. Parece que mi papá era famoso por sus ideas. Yo también a veces tengo ideas, pero todavía no soy famosa. Por eso no estoy en Libertad, o sea que no estoy presa.

Si yo estuviera presa, me gustaría que dos de mis muñecas, la Toti y la Mónica, fueran también presas políticas. Porque a mí me gusta dormirme abrazada por lo menos a la Toti. A la Mónica no tanto, porque es muy gruñona. Yo nunca le pego, sobre todo para darle ese buen ejemplo a Graciela.

Ella me ha pegado pocas veces, pero cuando lo hace yo quisiera tener muchísima libertad. Cuando me pega o me rezonga yo le digo Ella, porque a ella no le gusta que la llame así. Es claro que tengo que estar muy alunada para llamarla Ella. Si por ejemplo viene mi abuelo y me pregunta dónde está tu madre, y yo le contesto Ella está en la cocina, ya todo el mundo sabe que estoy alunada, porque si no estoy alunada digo solamente Graciela está en la cocina. Mi abuelo siempre dice que yo salí la más alunada de la familia y eso a mí me deja muy contenta. A Graciela tampoco le gusta demasiado que yo la llame Graciela, pero yo la llamo así porque es un nombre lindo. Sólo cuando la quiero muchísimo, cuando la adoro y la beso y la estrujo y ella me dice ay chiquilina no me estrujes así, entonces sí la llamo mamá o mami, y Graciela se conmueve y se pone muy tiernita y me acaricia el pelo, y eso no sería así ni sería tan bueno si yo le dijera mamá o mami por cualquier pavada.

O sea que la libertad es una palabra enorme. Graciela dice que ser un preso político como mi papá no es ninguna vergüenza. Que es casi un orgullo. ¿Por qué casi? Es orgullo o es vergüenza. ¿Le gustaría que yo dijera que es casi vergüenza? Yo estoy orgullosa, no casi orgullosa, de mi papá, porque tuvo muchísimas ideas, tantas y tantísimas que lo metieron preso por ellas. Yo creo que ahora mi papá seguirá teniendo ideas, tremendas ideas, pero es casi seguro que no se las dice a nadie, porque si las dice, cuando salga de Libertad para vivir en libertad, lo pueden meter otra vez en Libertad. ¿Ven como es enorme?

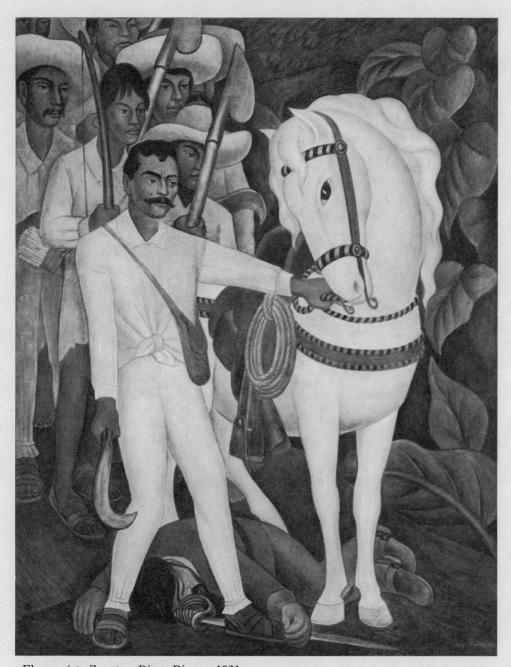

«El agrarista Zapata», Diego Rivera, 1931
Fresco, 7'9-3/4" x 6'2"
The Museum of Modern Art, New York. Abby Aldrich Rockefeller Fund.
Photograph © 1996 The Museum of Modern Art, New York

Ampliemos nuestra comprensión

Definición en grupo. La niña que presenta Benedetti utiliza la palabra *sarcasmo* varias veces. Basándose en el texto y en su experiencia, escriban una definición de esta palabra. Luego discutan en qué consiste el sarcasmo en este texto.

Opciones expresivas. ¿Has pensado en el verdadero significado y valor de la libertad? Explora tus ideas y sentimientos al respecto a través de la escritura de un artículo, un poema, una canción, una carta o un afiche.

Voces poéticas

Voces poéticas latinas: Tres actitudes frente a la opresión

El siguiente poema «¡Quién sabe!» del escritor peruano José Santos Chocano nos muestra una versión de la actitud indígena frente a las situaciones opresivas. A medida que lo leas piensa en cuál es esa actitud de acuerdo con el poeta.

«Etnografía», David Alfaro Siqueiros, 1939
Enamel on composition board, 48-1/8″ x 32-3/8″ (122.2 x 82.2cm)
The Museum of Modern Art, New York. Abby Aldrich Rockefeller Fund.
Photograph © 1995 The Museum of Modern Art, New York.

¡Quién sabe!

José Santos Chocano

Indio que asomas a la puerta
de esa tu rústica mansión,
¿Para mi sed no tienes agua?
¿Para mi frío, cobertor?
¿Parco maíz para mi hambre?
¿Para mi sueño, mal rincón?
¿Breve quietud para mi andanza?...
—¡Quién sabe, Señor!

Indio que labras con fatiga
tierras que de otros dueños son,
¿Ignoras tú que deben tuyas
ser, por tu sangre y tu sudor?
¿Ignoras tú que audaz codicia,
siglos atrás, te la quitó?
¿Ignoras tú que eres el amo?...
—¡Quién sabe, Señor!

Indio de frente taciturna
y de pupilas sin fulgor,
¿Qué pensamiento es el que escondes
en tu enigmática expresión?
¿Qué es lo que suena tu silencio?
¿Qué es lo que oculta tu dolor?

¿Qué es lo que buscas en tu vida?
¿Qué es lo que imploras a tu Dios?
—¡Quién sabe, Señor!

¡Oh raza antigua y misteriosa
de impenetrable corazón,
que sin gozar ves la alegría
y sin sufrir ves el dolor:
eres augusta como el Ande,
el Grande Océano y el Sol!
Ese tu gesto que parece
como de vil resignación
es de una sabia indiferencia
y de un orgullo sin rencor...

Corre en mis venas sangre tuya:
y, por tal sangre, si mi Dios
me interrogase qué prefiero
—cruz o laurel, espina o flor,
beso que apague mis suspiros
o hiel que colme mi canción—
responderíales dudando:
—¡Quién sabe, Señor!

«La maldición de Malinche», del compositor
Gabino Palomares, presenta una visión de la conquista
española en México. Aquí vemos cómo la llegada de los
conquistadores fue interpretada por los indígenas como
el cumplimiento de una profecía que anunciaba el arribo
de su dios.

Cuadro anticipatorio. Copia el siguiente cuadro en tu cuaderno.
Individualmente completa las dos primeras columnas. Luego,
con un(a) compañero(a), compartan sus anotaciones.

La conquista española de América		
Lo que sé	**Quiero saber**	**Aprendí**

La Malinche, conocida por los españoles como doña María,
jugó un papel muy importante en la conquista de México.
Originalmente bilingüe en la lengua azteca nahualt y en dialecto
maya, pronto aprendió también el español. Le sirvió de traductora
a Hernán Cortés, quien la utilizó para conocer los planes de los
indígenas. Por esta razón, algunos la han considerado como
traidora de su propia raza. Sin embargo, esta opinión ha sido
reevaluada últimamente. Vas a escuchar el poema. A medida que
lo escuches piensa en estas dos preguntas:

1. ¿A través de qué hechos se manifiesta la maldición de
   Malinche?

2. ¿Es «el malinchismo» un fenómeno exclusivamente del
   pasado?

La maldición de Malinche

Gabino Palomares

Del mar los vieron llegar
mis hermanos emplumados;
eran los hombres barbados
de la profecía esperada.

Se oyó la voz del monarca
de que el dios había llegado;
y les abrimos la puerta
por temor a lo ignorado.

Iban montados en bestias
como demonios del mal,
iban con fuego en las manos
y cubiertos de metal.

Sólo el valor de unos cuantos
les opuso resistencia,
y al mirar correr la sangre
se llenaron de vergüenza.

Porque los dioses ni comen...
ni gozan con lo robado;
y cuando nos dimos cuenta
ya todo estaba acabado.

Y en ese error entregamos
la grandeza del pasado,
y en ese error nos quedamos
trescientos años esclavos.

Se nos quedó el maleficio
de brindar al extranjero
nuestra fe, nuestra cultura,
nuestro pan, nuestro dinero.

Y les seguimos cambiando
oro por cuentas de vidrio;
y damos nuestras riquezas
por sus espejos con brillo.

Hoy, en pleno siglo veinte,
nos siguen llegando rubios
y les abrimos la casa
y los llamamos amigos.

Pero si llega cansado
un indio de andar la sierra,
lo humillamos y lo vemos
como extraño por su tierra.

Tú, hipócrita que te muestras
humilde ante el extranjero,
pero te vuelves soberbio
con tus hermanos del pueblo.

¡Oh! ¡Maldición de Malinche!
Enfermedad del presente,
¿cuándo dejarás mi tierra?
¿cuándo harás libre a mi gente?

1. Con tu grupo de cuatro, completa la última sección del cuadro anticipatorio.

2. Discutan las dos preguntas que aparecen al comienzo del poema.

A través de la conquista también se vieron muchos casos de rebeldía contra el invasor. Tupac Amaru, un cacique peruano, se ha convertido en el símbolo del espíritu que no aceptó calladamente la opresión. Su esposa, Micaela Bastidas, también fue una brava combatiente. Tupac Amaru murió descuartizado por los españoles. A medida que vayas leyendo el poema de Alejandro Romualdo piensa en cuál es el mensaje que comunica el poeta.

"All Together," Rafael Coronel

Canto coral a Tupac Amaru, que es la libertad

Alejandro Romualdo

«Yo ya no tengo paciencia para aguantar todo esto».
—Micaela Bastidas

Lo harán volar
con dinamita. En masa,
lo cargarán, lo arrastrarán. A golpes
le llenarán de pólvora la boca.
Lo volarán:
  ¡y no podrán matarlo!

Lo pondrán de cabeza. Arrancarán
sus deseos, sus dientes y sus gritos.
Lo patearán a toda furia. Luego
lo sangrarán:
  ¡y no podrán matarlo!

Coronarán con sangre su cabeza;
sus pómulos, con golpes. Y con clavos
sus costillas. Le harán morder el polvo.
Lo golpearán:
  ¡y no podrán matarlo!

Le sacarán los sueños y los ojos.
Querrán descuartizarlo grito a grito.
Lo escupirán. Y a golpe de matanza
lo clavarán:
  ¡y no podrán matarlo!

Lo pondrán en el centro de la plaza,
boca arriba, mirando al infinito.
Le amarrarán los miembros. A la mala
tirarán:
  ¡y no podrán matarlo!

Querrán volarlo y no podrán volarlo.
Querrán romperlo y no podrán romperlo.
Querrán matarlo y no podrán matarlo.

Querrán descuartizarlo, triturarlo,
macharlo, pisotearlo, desalmarlo.

Querrán volarlo y no podrán volarlo.
Querrán romperlo y no podrán romperlo.
Querrán matarlo y no podrán matarlo.

Al tercer día de los sufrimientos,
cuando se crea todo consumado,
gritando ¡libertad! sobre la tierra,
ha de volver.
  Y no podrán matarlo.

Cuadro de comparación. Trabajando con un(a) compañero(a), relean los tres poemas de esta lección y completen el siguiente cuadro.

	«¡Quién sabe!»	«La maldición de Malinche»	«Canto coral a Tupac Amaru»
¿Cuál es la actitud del indígena frente a la presencia del poderoso?			
¿Cómo se manifiesta esta actitud? Da un par de ejemplos.			
¿Cuál es el tono del poema?			
¿Qué versos te gustan más? Cópialos y coméntalos.			

Trabajo de investigación. Con el objetivo de escribir un ensayo acerca de la situación actual de un grupo indígena norte-, centro- o sudamericano, necesitarás hacer un pequeño trabajo de investigación. Junto con un(a) compañero(a), vayan a la biblioteca y revisen revistas, periódicos y otras fuentes de información para buscar datos sobre uno de esos grupos. El ensayo debe incluir datos informativos, así como una evaluación personal.

Conclusión de la unidad

Síntesis y conexión de conceptos

Respuesta a la muralla del oprobio. Escoge uno de los ladrillos de «La muralla del oprobio». Construye otro ladrillo de alternativas o soluciones al problema planteado en el ladrillo que escogiste.

Proyecto de ayuda a la comunidad. Con la clase inicia un pequeño proyecto que beneficie a la comunidad. Por ejemplo: recolección de latas de comida para distribuir a la gente sin casa.

Una carta. Escríbele una carta a un(a) amigo(a) recomendándole tres de las obras que has leído en esta unidad. Explícale brevemente las razones de tu selección. No debes discutir la anécdota sino el valor de la obra.

Diagrama «mente abierta» del autor. Escoge uno de los cuentos o poemas de esta unidad. En un diagrama «mente abierta» escribe e ilustra lo que tú crees que el escritor intentó comunicar a sus lectores. Sigue el ejemplo que aparece a continuación en la página 155.

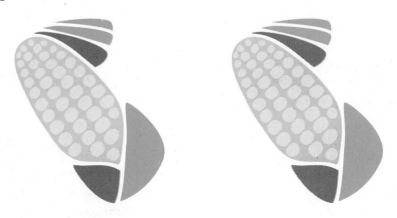

La palabra del mudo

«En mis cuentos se expresan aquéllos que
en la vida están privados de la palabra: los
marginados, los olvidados, los condenados
a una existencia sin sintonía y sin voz.
Yo les he restituido este hálito negado
y les he permitido modular
sus anhelos, sus arrebatos
y sus angustias».

Este cuento se llamará: «Los gallinazos
sin plumas»

"Window of Make Believe," Alfredo Arreguín

Tercera unidad

Imaginación y fantasía

Las alas de la imaginación nos llevan a conocer mundos fantásticos e inconcebibles.

Uno de los placeres que nos brinda la literatura es poder dar rienda suelta a la imaginación, permitiéndonos explorar situaciones hipotéticas o fantásticas. Siempre nos preguntamos: ¿Qué hubiera sucedido si... ? ¿Cómo será la vida dentro de doscientos años? ¿Por qué suceden hechos extraños? Éstas y otras preguntas similares cobran respuesta a través de la producción literaria. Algunas de las obras de esta unidad son claramente fantásticas; otras se desarrollan en una zona donde se confunden la realidad y la fantasía.

1

Alistémonos para leer

El escritor colombiano Gabriel García Márquez es considerado un maestro del realismo mágico, término con el cual se conoce a un tipo de literatura en que el (la) autor(a) presenta como realidad cotidiana hechos del mundo de la fantasía. El siguiente cuento es un bello ejemplo de este género.

Listado de ideas. Es probable que durante tu niñez hayas escuchado relatos acerca de hechos fantásticos. Conversa con un(a) compañero(a) y juntos hagan una lista de algunos de los elementos extraordinarios que se presentan en esos relatos.

Anticipación en base al título. Lee el título y anota tres ideas sobre lo que crees que va a tratar este cuento. Luego, con un(a) compañero(a), compartan sus ideas.

Leamos activamente

Trabajo de equipo. Organícense en grupos de cuatro para formar dos parejas. Lean las preguntas de enfoque que aparecen a continuación y distribúyanlas de manera que cada pareja escoja dos de las cuatro preguntas. A medida que lean tomen notas acerca de las preguntas que seleccionaron. Al terminar la lectura compartirán sus anotaciones con los otros dos compañeros.

1. ¿Cómo es la aldea donde se desarrolla el cuento?

2. ¿Cómo percibe el pueblo al ahogado? ¿Qué características le atribuyen?

3. ¿Es diferente la percepción de unos y de otros?

4. ¿Qué cambios se operan en los personajes y en la aldea como resultado de la llegada del ahogado?

Lectura en voz alta.   El (La) maestro(a) leerá las primeras dos páginas del cuento en voz alta, haciendo pausas para explicar, aclarar conceptos o vocablos, preguntar, interpretar o anticipar. Luego pedirá a algunos alumnos que continúen la lectura hasta terminar el cuento.

«El velorio», Alejandro Obregón

El ahogado más hermoso del mundo

Gabriel García Márquez

Los primeros niños que vieron el promontorio oscuro y sigiloso que se acercaba por el mar, se hicieron la ilusión de que era un barco enemigo. Después vieron que no llevaba banderas ni arboladura, y pensaron que fuera una ballena. Pero cuando quedó varado en la playa y le quitaron los matorrales de sargazos, los filamentos de medusas y los restos de cardúmenes y naufragios que llevaba encima, y sólo entonces descubrieron que era un ahogado.

Habían jugado con él toda la tarde, enterrándolo y desenterrándolo en la arena, cuando alguien los vio por casualidad y dio la voz de alarma en el pueblo. Los hombres que lo cargaron hasta la casa más próxima notaron que pesaba más que todos los muertos conocidos, casi tanto como un caballo, y se dijeron que tal vez había estado demasiado tiempo a la deriva y el agua se le había metido dentro de los huesos. Cuando lo tendieron en el suelo vieron que había sido mucho más grande que todos los hombres, pues apenas si cabía en la casa, pero pensaron que tal vez la facultad de seguir creciendo después de la muerte estaba en la naturaleza de ciertos ahogados. Tenía el olor del mar, y sólo la forma permitía suponer que era el cadáver de un ser humano, porque su piel estaba revestida de una coraza de rémora y de lodo.

No tuvieron que limpiarle la cara para saber que era un muerto ajeno. El pueblo tenía apenas unas veinte casas de tablas, con patios de piedras sin flores, desperdigadas en el extremo de un cabo desértico. La tierra era tan escasa, que las madres andaban siempre con el temor de que el viento se llevara a los niños, y a los muertos que les iban causando los años tenían que tirarlos en los acantilados. Pero el mar era manso y pródigo, y todos los hombres cabían en siete botes. Así que cuando se encontraron el ahogado les bastó con mirarse los unos a los otros para darse cuenta de que estaban completos.

Aquella noche no salieron a trabajar en el mar. Mientras los hombres averiguaban si no faltaba alguien en los pueblos vecinos, las mujeres se quedaron cuidando al ahogado. Le quitaron el lodo con tapones de esparto, le desenredaron del cabello los abrojos submarinos y le rasparon la rémora con fierros de desescamar pescados. A medida que lo hacían, notaron que su vegetación era de océanos remotos y de aguas profundas, y que sus ropas estaban en piltrafas, como si hubiera navegado por entre laberintos de corales. Notaron también que sobrellevaba la muerte con altivez, pues no tenía el semblante solitario de los otros ahogados del mar, ni tampoco la catadura sórdida y menesterosa de los ahogados fluviales. Pero solamente cuando acabaron de limpiarlo tuvieron conciencia de la clase de hombre que era, y entonces se quedaron sin aliento. No sólo era el más alto, el más fuerte, el más viril y el mejor armado que habían visto jamás, sino que todavía cuando lo estaban viendo no les cabía en la imaginación.

No encontraron en el pueblo una cama bastante grande para tenderlo ni una mesa bastante sólida para velarlo. No le vinieron los pantalones de fiesta de los hombres más altos, ni las camisas dominicales de los más corpulentos, ni los zapatos del mejor plantado. Fascinados por su desproporción y su hermosura, las mujeres decidieron entonces hacerle unos pantalones con un pedazo de vela cangreja, y una camisa de bramante de novia, para que pudiera continuar su muerte con dignidad. Mientras cosían sentadas en círculo, contemplando el cadáver entre puntada y puntada, les parecía que el viento no había sido nunca tan tenaz ni el Caribe había estado nunca tan ansioso como aquella noche, y suponían que esos cambios tenían algo que ver con el muerto. Pensaban que si aquel hombre magnífico hubiera vivido en el pueblo, su casa habría tenido las puertas más anchas, el techo más alto y el piso más firme, y el bastidor de su cama habría sido de cuadernas maestras con pernos de hierro, y su mujer habría sido la más feliz. Pensaban que habría tenido tanta autoridad que hubiera sacado los peces del mar con sólo llamarlos por sus nombres, y habría puesto tanto empeño en el trabajo que hubiera hecho brotar manantiales de entre las piedras más áridas y hubiera podido sembrar flores en los acantilados. Lo compararon en secreto con sus propios hombres, pensando que no serían capaces de hacer en toda una vida lo que aquél era capaz de hacer en una noche, y terminaron por repudiarlos en el fondo de sus corazones como los seres más escuálidos y mezquinos de la tierra. Andaban extraviadas por esos dédalos de fantasía, cuando la más vieja de las mujeres, que por ser la más vieja había contemplado al ahogado con menos pasión que compasión, suspiró:

—Tiene cara de llamarse Esteban.

Era verdad. A la mayoría le bastó con mirarlo otra vez para comprender que no podía tener otro nombre. Las más porfiadas, que eran las más jóvenes, se mantuvieron con la ilusión de que al ponerle la ropa, tendido entre flores y con unos zapatos de charol, pudiera llamarse Lautaro. Pero fue una ilusión vana. El lienzo resultó escaso, los pantalones mal cortados y peor cosidos le quedaron estrechos, y las fuerzas ocultas de su corazón hacían saltar los botones de la camisa. Después de la media noche se adelgazaron los silbidos del viento y el mar cayó en el sopor del miércoles. El silencio acabó con las últimas dudas: era Esteban. Las mujeres que lo habían vestido, las que lo habían peinado, las que le habían cortado las uñas y raspado la barba no pudieron reprimir un estremecimiento de compasión cuando tuvieron que resignarse a dejarlo tirado por los suelos. Fue entonces cuando comprendieron cuánto debió haber sido de infeliz con aquel cuerpo descomunal, si hasta después de muerto le estorbaba. Lo vieron condenado en vida a pasar de medio lado por las puertas, a descalabrarse con los travesaños, a permanecer de pie en las visitas sin saber qué hacer con sus tiernas y rosadas manos de buey de mar, mientras la dueña de casa buscaba la silla más resistente y le suplicaba muerta de miedo siéntese aquí Esteban, hágame el favor, y él recostado contra las paredes, sonriendo, no se preocupe señora, así estoy bien, con los talones en carne viva y las espaldas escaldadas de tanto repetir lo mismo en todas las visitas, no se preocupe señora, así estoy bien, sólo para no pasar vergüenza de desbaratar la silla, y acaso sin haber sabido nunca que quienes le decían no te vayas Esteban, espérate siquiera hasta que hierva el café, eran los mismos que después susurraban ya se fue el bobo grande, qué bueno, ya se fue el tonto hermoso. Esto pensaban las mujeres frente al cadáver un poco antes del amanecer. Más tarde, cuando le taparon la cara con un pañuelo para que no le molestara la luz, lo vieron tan muerto para siempre, tan indefenso, tan parecido a sus hombres, que se les abrieron las primeras grietas de lágrimas en el corazón. Fue una de las más jóvenes la que empezó a sollozar. Las otras, alentándose entre sí, pasaron de los suspiros a los lamentos, y mientras más sollozaban más deseos sentían de llorar, porque el ahogado se les iba volviendo cada vez más Esteban, hasta que lo lloraron tanto que fue el hombre más desvalido de la tierra, el más manso y el más servicial, el pobre Esteban. Así que cuando los hombres volvieron con la noticia de que el ahogado no era tampoco de los pueblos vecinos, ellas sintieron un vacío de júbilo entre las lágrimas.

—¡Bendito sea Dios —suspiraron—: es nuestro!

Los hombres creyeron que aquellos aspavientos no eran más que frivolidades de mujer. Cansados de las tortuosas averiguaciones de la noche, lo único que querían era quitarse de una vez el estorbo del intruso antes de que prendiera el sol bravo de aquel día árido y sin viento. Improvisaron unas angarillas con restos de trinquetes y botavaras, y las amarraron con carlingas de altura, para que resistieran el peso del cuerpo hasta los acantilados. Quisieron encadenarle a los tobillos un ancla de buque mercante para que fondeara sin tropiezos en los mares más profundos donde los peces son ciegos y los buzos se mueren de nostalgia, de manera que las malas corrientes no fueran a devolverlo a la orilla, como había sucedido con otros cuerpos. Pero mientras más se apresuraban, más cosas se les ocurrían a las mujeres para perder el tiempo. Andaban como gallinas asustadas picoteando amuletos de mar en los arcones, unas estorbando aquí porque querían ponerle al ahogado los escapularios del buen viento, otras estorbando allá para abrocharle una pulsera de orientación, y al cabo de tanto quítate de ahí mujer, ponte donde no estorbes, mira que casi me haces caer sobre el difunto, a los hombres se les subieron al hígado las suspicacias y empezaron a rezongar que con qué objeto tanta ferretería de altar mayor para un forastero, si por muchos estoperoles y calderetas que llevara encima se lo iban a masticar los tiburones, pero ellas seguían tripotando sus reliquias de pacotilla, llevando y trayendo, tropezando, mientras se les iba en suspiros lo que no se les iba en lágrimas, así que los hombres terminaron por despotricar que de cuándo acá semejante alboroto por un muerto al garete, un ahogado de nadie, un fiambre de mierda. Una de las mujeres, mortificada por tanta insolencia, le quitó entonces al cadáver el pañuelo de la cara, y también los hombres se quedaron en silencio.

Era Esteban. No hubo que repetirlo para que lo reconocieran. Si les hubieran dicho Sir Walter Raleigh, quizás, hasta ellos se habrían impresionado con su acento de gringo, con su guacamaya en el hombro, con su arcabuz de matar caníbales, pero Esteban solamente podía ser uno en el mundo, y allí estaba tirado como un sábalo, sin botines, con unos pantalones de sietemesino y esas uñas rocallosas que sólo podían cortarse a cuchillo. Bastó con que le quitaran el pañuelo de la cara para darse cuenta de que estaba avergonzado, de que no tenía la culpa de ser tan grande, ni tan pesado ni tan hermoso, y si hubiera sabido que aquello iba a suceder habría buscado un lugar más discreto para ahogarse, en serio, me hubiera amarrado yo mismo una áncora de galeón en el cuello y hubiera trastabillado como quien no quiere la cosa en los acantilados, para no andar ahora estorbando con este muerto de miércoles, como ustedes dicen, para no molestar a nadie con esta porquería de fiambre que no tiene nada que ver conmigo. Había tanta verdad en su modo de estar, que hasta los hombres más suspicaces, los que sentían amargas las minuciosas noches del mar temiendo que sus mujeres se cansaran de soñar con ellos para soñar con los ahogados, hasta ésos, y otros más duros, se estremecieron en los tuétanos con la sinceridad de Esteban.

Fue así como le hicieron los funerales más espléndidos que podían concebirse para un ahogado expósito. Algunas mujeres que habían ido a buscar flores en los pueblos vecinos regresaron con otras que no creían lo que les contaban, y éstas se fueron por más flores cuando vieron al muerto, y llevaron más y más, hasta que hubo tantas flores y tanta gente que apenas se podía caminar. A última hora les dolió devolverlo huérfano a las aguas, y le eligieron un padre y una madre entre los mejores, y otros se le hicieron hermanos, tíos y primos, así que a través de él todos los habitantes del pueblo terminaron por ser parientes entre sí. Algunos marineros que oyeron el llanto a distancia perdieron la certeza del rumbo, y se supo de uno que se hizo amarrar al palo mayor, recordando antiguas fábulas de sirenas. Mientras se disputaban el privilegio de llevarlo en hombros por la pendiente escarpada de los acantilados, hombres y mujeres tuvieron conciencia por primera vez de la desolación de sus calles, la aridez de sus patios, la estrechez de sus sueños, frente al esplendor y la hermosura de su ahogado. Lo soltaron sin ancla, para que volviera si quería, y cuando lo quisiera, y todos retuvieron el aliento durante la fracción de siglos que demoró la caída del cuerpo hasta el abismo. No tuvieron necesidad de

«Entierro de un hombre ilustre», Mario Urteaga, 1936
Oil on canvas, 23" x 32-1/2"
The Museum of Modern Art, New York. Inter-American Fund.
Photograph © 1994 The Museum of Modern Art, New York.

mirarse los unos a los otros para darse cuenta de que ya no estaban completos, ni volverían a estarlo jamás. Pero también sabían que todo sería diferente desde entonces, que sus casas iban a tener las puertas más anchas, los techos más altos, los pisos más firmes, para que el recuerdo de Esteban pudiera andar por todas partes sin tropezar con los travesaños, y que nadie se atreviera a susurrar en el futuro ya murió el bobo grande, qué lástima, ya murió el tonto hermoso, porque ellos iban a pintar las fachadas de colores alegres para eternizar la memoria de Esteban, y se iban a romper el espinazo excavando manantiales en las piedras y sembrando flores en los acantilados, para que los amaneceres de los años venturos los pasajeros de los grandes barcos despertaran sofocados por un olor de jardines en altamar, y el capitán tuviera que bajar de su alcázar con su uniforme de gala, con su astrolabio, su estrella polar y su ristra de medallas de guerra, y señalando el promontorio de rosas en el horizonte del Caribe dijera en catorce idiomas, miren allá, donde el viento es ahora tan manso que se queda a dormir debajo de las camas, allá, donde el sol brilla tanto que no saben hacia dónde girar los girasoles, sí, allá, es el pueblo de Esteban.

Ampliemos nuestra comprensión

Trabajo de equipo. Compartan sus anotaciones sobre las preguntas de enfoque y discutan las respuestas con el grupo.

Cuadro de dos columnas. Vuelve a leer el cuento y, trabajando con un(a) compañero(a), anoten en el siguiente cuadro algunos de los elementos reales y fantásticos que aparecen en él.

Elementos reales	Elementos fantásticos

Taller de composición

Cartas al editor.   Imagínate que vives en la aldea del cuento
«El ahogado más hermoso del mundo». Un periódico de la capital
ha sabido que algo extraordinario está sucediendo en la aldea
y les ha solicitado a algunas personas que escriban una carta
al periódico explicando los hechos desde su punto de vista. En
grupos de cuatro asignen uno de los siguientes puntos de vista
a cada miembro y escriban las cartas como si fueran ese
personaje.

- una mujer de la aldea

- un hombre de la aldea

- uno de los niños que encontraron al ahogado

- un personaje del pueblo vecino que observa los hechos desde
  afuera

Cuatro en turno.   Lean sus cartas al grupo por turnos. Mientras
un(a) estudiante lee, los demás miembros del grupo escuchan
atentamente y ofrecen sus sugerencias para mejorar la
composición. La evaluación de cada alumno(a) se guiará
por las siguientes preguntas:

1. ¿Se describen los hechos de una manera vívida y detallada?

2. ¿Narra la carta los hechos de una manera convincente desde
   el punto de vista del personaje correspondiente?

3. ¿Qué aspecto te parece el mejor de la carta de tu
   compañero(a) y qué crees que podría añadirle o cambiarle
   para hacerla más interesante?

Tarea.   En casa escribe la versión revisada de la carta,
integrando las sugerencias de tus compañeros que consideres
apropiadas.

Elaboración de la página editorial del periódico.   En esta unidad
van a realizar distintos trabajos periodísticos que exhibirán en
una de las paredes del salón de clase. Escojan un título para su
periódico y anótenlo en un cartelón que les entregará el (la)
maestro(a). Diseñen la sección «Cartas al editor» utilizando las
distintas versiones de la historia y cualquier otro detalle que
juzguen necesario.

2

Alistémonos para leer

El protagonista del siguiente cuento de la escritora española Ana María Matute reconstruye vivencias de su infancia en las que mezcla la realidad con la fantasía. A medida que leas el cuento piensa cuál puede ser el significado del árbol de oro.

Cuadro de comparación y contraste.   ¿Conoces a alguien que de niño haya creado situaciones o personajes imaginarios? Llena la primera parte del siguiente cuadro en tu cuaderno.

	Experiencia personal	Experiencia del cuento
¿Quién es el personaje?		
¿Qué imaginaba?		
¿Cuál era la reacción de los demás?		
¿Cómo se resolvió el asunto?		

Leamos activamente

Enseñanza recíproca.   En parejas lean en silencio
aproximadamente media página del cuento, asegurándose de
llegar al final del párrafo. El estudiante **A** hará un resumen de
lo leído, iniciará una discusión, y anticipará posibles desarrollos
en el cuento. A continuación lean otra media página en silencio.
Ahora le corresponde al alumno **B** sintetizar, iniciar la discusión
y anticipar. Cubran de esta manera todo el cuento.

«Spheres Spatio Temporelles», Enrique Careaga

"You know I am aware," Arnaldo Roche Rabell

El árbol de oro

Ana María Matute

Asistí durante el otoño a la escuela de la señorita Leocadia, en la aldea, porque mi salud no andaba bien y el abuelo retrasó mi vuelta a la ciudad. Como era el tiempo frío y estaban los suelos embarrados y no se veía rastro de muchachos, me aburría dentro de la casa, y pedí al abuelo asistir a la escuela. El abuelo consintió, y acudí a aquella casita alargada y blanca de cal, con el tejado pajizo y requemado por el sol y las nieves, a las afueras del pueblo.

La señorita Leocadia era alta y gruesa, tenía el carácter más bien áspero y grandes juanetes en los pies, que la obligaban a andar como quien arrastra cadenas. Las clases en la escuela, con la lluvia rebotando en el tejado y en los cristales, con las moscas pegajosas de la tormenta y persiguiéndose alrededor de la bombilla, tenían su atractivo. Recuerdo especialmente a un muchacho de unos diez años, hijo de un aparcero muy pobre, llamado Ivo. Era un muchacho delgado, de ojos azules, que bizqueaba ligeramente al hablar. Todos los muchachos y muchachas de la escuela admiraban y envidiaban un poco a Ivo, por el don que poseía de atraer la atención sobre sí, en todo momento. No es que fuera ni inteligente ni gracioso, y, sin embargo, había algo en él, en su voz quizás, en las cosas que conseguía cautivar a quien le escuchase. También la señorita Leocadia se dejaba prender de aquella red de plata que Ivo tendía a cuantos atendían sus enrevesadas conversaciones, y —yo creo que muchas veces contra su voluntad— la señorita Leocadia le confiaba a Ivo tareas deseadas por todos, o distinciones que merecían alumnos más estudiosos y aplicados.

Quizá lo que más se envidiaba de Ivo era la posesión de la codiciada llave de la torrecita. Ésta era, en efecto, una pequeña torre situada en un ángulo de la escuela, en cuyo interior se guardaban los libros de lectura. Allí entraba Ivo a buscarlos, y allí volvía a dejarlos, al terminar la clase. La señorita Leocadia se lo encomendó a él, nadie sabía en realidad por qué.

Ivo estaba muy orgulloso de esta distinción, y por nada del mundo la hubiera cedido. Un día, Mateo Heredia, el más aplicado y estudioso de la escuela, pidió encargarse de la tarea —a todos nos fascinaba el misterioso interior de la torrecita, donde no entramos nunca—, y la señorita Leocadia pareció acceder. Pero Ivo se levantó, y acercándose a la maestra empezó a hablarle en su voz baja, bizqueando los ojos y moviendo mucho las manos, como tenía por costumbre. La maestra dudó un poco, y al fin dijo:

—Quede todo como estaba. Que siga encargándose Ivo de la torrecita.

A la salida de la escuela le pregunté:

—¿Qué le has dicho a la maestra?

Ivo me miró de través y vi relampaguear sus ojos azules.

—Le hablé del árbol de oro.

Sentí una gran curiosidad.

—¿Qué árbol?

Hacía frío y el camino estaba húmedo, con grandes charcos que brillaban al sol pálido de la tarde. Ivo empezó a chapotear en ellos, sonriendo con misterio.

—Si no se lo cuentas a nadie…

—Te lo juro, que a nadie se lo diré.

Entonces Ivo me explicó:

—Veo un árbol de oro. Un árbol completamente de oro: ramas, tronco, hojas… ¿sabes? Las hojas no se caen nunca. En verano, en invierno, siempre. Resplandece mucho; tanto, que tengo que cerrar los ojos para que no me duelan.

—¡Qué embustero eres! —dije, aunque con algo de zozobra. Ivo me miró con desprecio.

—No te lo creas —contestó—. Me es completamente igual que te lo creas o no… ¡Nadie entrará nunca en la torrecita, y a nadie dejaré ver mi árbol de oro! ¡Es mío! La señorita Leocadia lo sabe, y no se atreve a darle la llave a Mateo Heredia, ni a nadie… ¡Mientras yo viva, nadie podrá entrar allí y ver mi árbol!

Lo dijo de tal forma que no pude evitar preguntarle:

—¿Y cómo lo ves…?

—Ah, no es fácil —dijo, con aire misterioso—. Cualquiera no podría verlo. Yo sé la rendija exacta.

—¿Rendija…?

—Sí, una rendija de la pared. Una que hay corriendo el cajón de la derecha: me agacho y me paso horas y horas… ¡Cómo brilla el árbol!

¡Cómo brilla! Fíjate que si algún pájaro se le pone encima también se vuelve de oro. Eso me digo yo: si me subiera a una rama, ¿me volvería acaso de oro también?

No supe qué decirle, pero, desde aquel momento, mi deseo de ver el árbol creció de tal forma que me desasosegaba. Todos los días, al acabar la clase de lectura, Ivo se acercaba al cajón de la maestra, sacaba la llave y se dirigía a la torrecita. Cuando volvía, le preguntaba:

—¿Lo has visto?

—Sí —me contestaba. Y, a veces, explicaba alguna novedad:

—Le han salido unas flores raras. Mira: así de grandes, como mi mano lo menos, y con los pétalos alargados. Me parece que esa flor es parecida al arzadú.

—¡La flor del frío! —decía yo, con asombro—. ¡Pero el arzadú es encarnado!

—Muy bien —asentía él, con gesto de paciencia—. Pero en mi árbol es oro puro.

—Además, el arzadú crece al borde de los caminos... y no es un árbol.

No se podía discutir con él. Siempre tenía razón, o por lo menos lo parecía.

Ocurrió entonces algo que secretamente yo deseaba; me avergonzaba sentirlo, pero así era: Ivo enfermó, y la señorita Leocadia encargó a otro la llave de la torrecita. Primeramente, la disfrutó Mateo Heredia. Yo espié su regreso, el primer día, y le dije:

—¿Has visto un árbol de oro?

—¿Qué andas graznando? —me contestó de malos modos, porque no era simpático, y menos conmigo. Quise dárselo a entender, pero no me hizo caso. Unos días después, me dijo:

—Si me das algo a cambio, te dejo un ratito la llave y vas durante el recreo. Nadie te verá...

Vacié mi hucha, y, por fin, conseguí la codiciada llave. Mis manos temblaban de emoción cuando entré en el cuartito de la torre. Allí estaba el cajón. Lo aparté y vi brillar la rendija en la oscuridad. Me agaché y miré.

Cuando la luz dejó de cegarme, mi ojo derecho sólo descubrió una cosa: la seca tierra de la llanura alargándose hacia el cielo. Nada más. Lo mismo que se veía desde las ventanas altas. La tierra desnuda y yerma, y nada más que la tierra. Tuve una gran decepción y la seguridad de que me habían estafado. No sabía cómo ni de qué manera, pero me habían estafado.

Olvidé la llave y el árbol de oro. Antes de que llegaran las nieves regresé a la ciudad.

Dos veranos más tarde volví a las montañas. Un día, pasando por el cementerio —era ya tarde y se anunciaba la noche en el cielo: el sol, como una bola roja, caía a lo lejos, hacia la carrera terrible y sosegada de la llanura—, vi algo extraño. De la tierra grasienta y pedregosa, entre las cruces caídas, nacía un árbol grande y hermoso, con las hojas anchas de oro: encendido y brillante todo él, cegador. Algo me vino a la memoria, como un sueño, y pensé: «Es un árbol de oro». Busqué al pie del árbol, y no tardé en dar con una crucecilla de hierro negro, mohosa por la lluvia. Mientras la enderezaba, leí: IVO MÁRQUES, DE DIEZ AÑOS DE EDAD.

Y no daba tristeza alguna, sino, tal vez, una extraña y muy grande alegría.

Ampliemos nuestra comprensión

Cuadro de comparación y contraste. Ahora que has terminado la lectura del cuento completa la segunda parte del cuadro de comparación y contraste.

Trabajo de equipo. En grupos de cuatro compartan sus ideas acerca del significado del «árbol dorado». Luego hagan una ilustración representando las distintas interpretaciones del grupo.

Secuencia de acciones. Si tuvieras que reducir este cuento a sus seis acciones principales, ¿cuáles serían estas acciones? Resume cada una de ellas en una o dos oraciones y anótalas en el siguiente diagrama siguiendo el orden en que sucedieron.

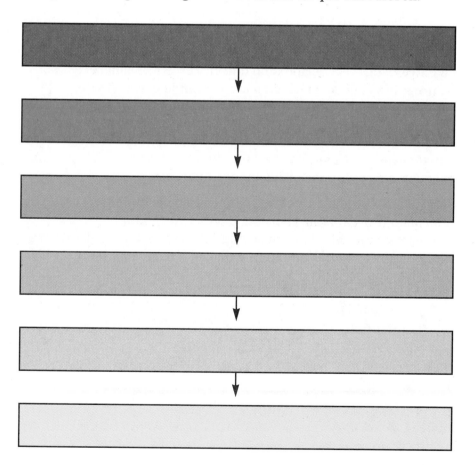

3

Alistémonos para leer

«La suerte» es un relato de la tradición oral del suroeste de los Estados Unidos, recopilado por el escritor mexico-americano Rudolfo Anaya.

Apuntes literarios

La entrevista.   En periodismo una entrevista es una serie de preguntas que se le hacen a un personaje con el fin de conocer y publicar sus impresiones u opiniones.

La entrevista puede ser:

Estructurada.   El entrevistador debe formular sus preguntas en el mismo orden en que aparecen.

Semi-estructurada.   El entrevistador tiene completa libertad para reajustar el orden, cambiar o añadir preguntas a medida que transcurre la entrevista, con el fin de explorar temas de interés que surjan durante la conversación.

Entrevista estructurada.   El (La) maestro(a) te pedirá que realices una entrevista estructurada a un(a) amigo(a) o a alguien de tu familia o de tu vecindario. Utiliza las siguientes preguntas en el mismo orden en que aparecen:

1. ¿Cómo te llamas?

2. ¿Qué edad tienes?

3. ¿En qué país naciste?

4. (Si es aplicable) ¿Cuánto hace que vives en este país?

5. ¿Crees que eres una persona con suerte? ¿Por qué sí o por qué no?

6. ¿Crees que algunas personas nacen con «estrella» y otras nacen «estrelladas»?

7. ¿Piensas que la suerte determina el éxito en la vida? ¿Por qué?

8. ¿Crees que el dinero es el que determina el éxito en la vida? Explica.

9. ¿Crees que cada uno se forja su propio destino? Da tu opinión.

Tres en turno.   Por turnos, reporten al grupo los resultados de sus entrevistas. Comenten si hay consistencia a través de las respuestas de los entrevistados.

 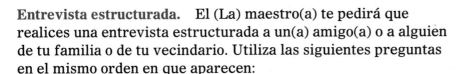

Leamos activamente

Primera parte

Lectura en grupo.   En grupos de cuatro lean la primera parte del cuento de Rudolfo Anaya (p. 181) en forma dramatizada. Uno de los estudiantes puede leer la parte del narrador y los otros las partes de los personajes. Hay tres interlocutores principales: el molinero, uno de los hombres que hacen la apuesta y la esposa del molinero.

Hacer predicciones.   Después de haber leído la primera parte del cuento, especula acerca de lo que va a pasar después. Escribe dos páginas para continuar y concluir el cuento. Trata de utilizar diálogos y de imitar el estilo del habla popular utilizado por el autor.

Cuatro en turno.   En grupos de cuatro compartan sus predicciones. De común acuerdo, escojan uno de los trabajos del grupo para leer a toda la clase.

Segunda parte

Lectura silenciosa.   Termina de leer el cuento (p. 186). Compara el final del cuento de Rudolfo Anaya con las versiones escritas por ti y tus compañeros. Observarás que hay muchos finales posibles y todos son válidos.

Stone head, Tlatilco

La suerte

Rudolfo Anaya

Primera parte

Estos eran dos compañeros que andaban en una porfía, uno decía que el dinero levantaba al hombre y el otro sostenía que no era el dinero, sino la suerte. Anduvieron porfiando mucho tiempo con deseos de encontrar un hombre honrado para poder probar sus puntos de vista.

Tocó la casualidad un día que pasando por una plaza se encontraron con un molinero que estaba moliendo maíz y trigo. Se dirigieron a donde estaba el hombre para preguntarle cómo corría su negocio. El hombre les respondió muy atentamente que él trabajaba por otro señor y que ganaba solamente cuatro reales al día, con lo que mantenía a su familia de cinco.

—Y usted, ¿se acabala con quince pesos al mes para mantener a su familia de cinco?

—Pues me limito todo lo que puedo para mantener a mi familia, no porque tengo suficiente.

—Pues entonces le voy a hacer un presente. Aquí le voy a regalar doscientos pesos para ver lo que va a determinar hacer con ellos.

—No, señor —le dijo el hombre—, no creo que usted me pueda regalar ese dinero la primera vez que yo lo miro a usted.

—Señor —le dijo él—, yo le voy a dejar este dinero a usted porque yo y este hombre porfiamos. Él porfía que la suerte es la que levanta al hombre y yo digo que el dinero es el que levanta.

Cuando el hombre pobre tomó el dinero, pasó todo el día reflexionando sobre aquel negocio. ¿Qué podría hacer con todo el dinero? Aquel hombre se lo dio para calarlo, y él podría determinar del dinero como si fuera suyo. Sea como fuere, él tenía el dinero en su bolsa e iba a determinar de ello como le pareciere.

Se llegó la hora de salir del trabajo y se fue él con su dinero a comprar algunas provisiones para su familia. Tomó diez pesos y envolvió los ciento noventa restantes en unos trapos y en una blusa de lona que traía. Cuando

"Birthplace," Eduardo Kingman

llegó a la plaza, trató bastantes negocios allí y compró un buen pedazo de carne para llevarle a su familia.

En el camino a su casa, al olor de la carne, le salió un gavilán hambriento. El hombre se puso a pelear con el gavilán; el animal andaba tras de la carne y el hombre se defendía. En el reborujo con el gavilán, se le cayó la blusa en donde llevaba la cantidad de dinero. El gavilán agarró la blusa y se la llevó. Cuando el hombre reparó que el gavilán se llevó su blusa, se rascó la cabeza y pensó:

—¡Cuánto más valía haberle dejado a este hambriento animal que se llevara el pedazo de carne! Cuántos más pedazos de carne hubiera comprado yo con el dinero que se llevó. ¡Ahora voy a quedar en la misma calamidad que antes! Y antes más ahora, porque estos hombres me van a juzgar por un ladrón. Tal vez si yo hubiera pensado diferente en mi negocio, no debía de haber comprado nada; haberme venido para mi casa para que no me hubiera pasado una cosa semejante.

De todos modos siguió el hombre con la provisión que le había quedado para su familia. Cuando llegó a su casa, le platicó a su familia lo que le había pasado.

—De cualquier modo, —le dijo su esposa—, nos ha tocado ser pobres. Pero ten fe en Dios, que algún día nuestra suerte cambiará.

Otro día en la mañana se levantó este hombre como de costumbre y se fue a su trabajo. Todo el día estuvo pensando en lo que había pasado y en lo que aquellos hombres juzgarían tocante a lo que él les iba a reportar. De todos modos, como él nunca había sido hombre dueño de dinero, pronto se le olvidó este negocio de los doscientos pesos.

Depués de pasados tres meses desde que le había quitado el bellaco animal su dinero, tocó la casualidad que volvieron los mismos hombres. Tan pronto como vieron al molinero, se dirigieron a donde él estaba para que les informara cómo lo había tratado la suerte. Tan pronto como él los vido, se puso muy avergonzado. Temía que estos hombres pensaran que él podía haber malgastado aquel dinero en cosas que no habían sido buenas, ni para él ni para su familia. Cuando estos hombres lo saludaron él les contestó también con mucho agrado y al mismo tiempo les refirió tal como le había pasado. Siempre estos hombres quedaron conformes y el que alegaba que el dinero levantaba al hombre, volvió a sacar doscientos pesos de su bolsa y se los volvió a regalar a este señor. Le deseó que le fuera poco mejor que la primera vez. No hallaba qué pensar este hombre cuando volvió a recibir otra vez doscientos pesos, y dijo al que se los dio:

—Señor, valía más que usted pusiera este dinero en manos de otro hombre.

—Pues mi gusto es dejártelos a ti, porque me pareces ser un hombre honrado. Tú tienes que quedarte con el dinero.

Le dio repetidas gracias y prometió hacer lo mejor que él pudiera. Tan pronto como estos hombres se despidieron, se puso a reflexionar qué hacer con el dinero para no tener ningún inconveniente en el cual se pudiera desperdiciar sin haberlo usado. Pensó inmediatamente ir a llevar el dinero a su propia casa. Tomó diez pesos y envolvió ciento noventa en unos trapos y se fue para su casa.

Cuando llegó a su casa no encontró a su esposa. Viendo que la casa estaba sola no hallaba dónde poner el dinero. Se fue a la despensa donde tenían una tinaja llena de salvado, vació el salvado de la tinaja y puso el dinero al fondo de la tinaja envuelto tal como estaba y volvió a echar el salvado arriba del dinero. Se salió apresuradamente a su trabajo sin haberle dado cuenta a nadie.

Cuando vino en la tarde de su trabajo, su esposa le dijo:

—¡Mira, hijo! Yo compré una poca de tierra para enjarrar la casa por dentro.

—Y ¿con qué has mercado tierra, si no tenemos dinero?

—Sí, —le dice la mujer—, pero este hombre andaba vendiendo la tierra, fuera por prendas, dinero, o cualquier cosa. La única cosa de valor que teníamos para feriar era la tinaja de salvado, así que le di la tinaja de salvado por la tierra. Creo que será suficiente para que yo enjarre estos dos cuartos.

Se jaló de los cabellos el hombre y le interrumpió a la mujer:

—¡Ay, mujer bárbara! ¿Qué has hecho? ¡Otra vez nos quedamos en la ruina! Habías de haber visto que hoy mismo me encontré con los mismos amigos que me habían dado los doscientos pesos tres meses pasados y, habiéndoles platicado cómo perdí el dinero, me volvieron a regalar doscientos pesos más, y yo, por tenerlos más seguros, los eché dentro de la olla del salvado. ¿Qué es lo que voy a reportarle a estos hombres ahora? Ahora acabarán de juzgar que yo soy un ladrón.

—Que piensen como quieran, —dijo la mujer— que al cabo uno no tiene más que lo que Dios quiere. Ya nos tocó ser pobres. Sólo Dios sabrá hasta cuando.

Otro día en la mañana se levantó como de costumbre y se fue a su trabajo.

Yendo y viniendo el tiempo volvieron estos hombres a donde estaba el molinero en su negocio para informarse de lo que le había pasado esta segunda vez con el dinero. Cuando el pobre los vido venir a donde estaba él, no dejó de avergonzarse y creer que estos hombres juzgaban que él era un traidor y que estaba malgastando el dinero. Tan pronto como llegaron a donde estaba él, se saludaron, y el molinero trató de hacerles saber lo que le había pasado esta vez con el segundo dinero que le habían presentado. El hombre que le había dado el dinero se sintió mal y le dijo que asina eran muchos hombres pobres, que eran muy honestos y muy honrados solamente porque no tenían dinero para andar en otras bromas. Pero como él había recibido dinero, probablemente se había dedicado a juegos, y asina es como había gastado el dinero y ahora le salía con ese cuento.

—Sea como sea, —dijo el hombre—, yo todavía sostengo que los hombres se levantan a fuerza de dinero y no por la suerte.

—Bueno, entonces pase usted muy buenas tardes.

—Muy bien, amigo.

—Tenga, aquí está un pedazo de plomo. Pueda que para alguna cosa le sirva, —le dijo el que sostenía que la suerte era la que levantaba a los hombres y no el dinero.

Como ésta no era una cosa de valor, la recibió y se la echó en la bolsa de su chaqueta. En la tarde cuando llegó a su casa, tiró su chaqueta arriba de una silleta y oyó alguna cosa sonar. Se acordó del pedazo de plomo que le había regalado este individuo, lo sacó de la bolsa y lo tiró asina como para abajo de una mesa. No volvió a hacer más recuerdo del pedazo de plomo. Cenaron él y toda su familia. Después de que cenaron, se acostaron. No más en cuanto se acabaron de acostar, sonaron la puerta.

■ ■ ■

Segunda parte

—¿Quién es? ¿Qué se ofrece?

—Yo, vecino. Dice su vecino que si no tiene un pedazo de plomo por ahí guardado por casualidad. Que le haga favor, si tiene, de darle un poco, que mañana tiene que hacer una pesca muy grande y no tiene suficiente plomo para componer sus redes.

En eso se acordó el hombre de que había tirado el pedazo de plomo para abajo de la mesa. Se levantó y lo buscó y se lo entregó a la mujer.

—Muy bien, vecino, muchísimas gracias. Le prometo que el primer pescado que pesque su vecino, ha de ser para usted.

Se levantó muy de mañana el hombre y se fue a su trabajo sin haber reflexionado más sobre el pedazo de plomo.

En la tarde cuando vino a la casa, encontró que tenían un pescado muy grande para cenar.

—¿De dónde, hija, estamos tan bien nosotros que vamos a cenar pescado?

—¿No te acuerdas que anoche nos prometió la vecina que el primer pescado que pescara el vecino nos lo iba a regalar a nosotros? Éste fue el único pescado que pescó en la primera vez que echó la red. ¡Y si vieras hijo! ¡Lo que más me almira, que este pescado tenía adentro un pedazo de vidrio muy grande!

—Y ¿qué hiciste con él?

—Se lo dio a los muchachos para que jugaran con él.

Fueron a ver el pedazo de vidrio que tenían los muchachitos. El vidrio iluminaba el cuarto obscuro. El hombre y la mujer no sabían lo que eran diamantes, así que no se fijaron en guardar el vidrio, sino que se lo dejaron a los muchachos para que jugaran con él. Por la novedad del vidrio los muchachos empezaron a pelear por él. Los más grandes se lo quitaban al más chiquito, por donde el chiquito hacía una bulla terrible.

Estos pobres tenían unos vecinos judíos que eran joyeros. En la mañana se levantó el hombre y se fue al trabajo. La mujer del joyero llegó después para pedirle a la mujer del molinero que tuviera más cuidado de su familia porque estaban haciendo mucha bulla los niños, y no los dejaban dormir.

—Sí, vecina, es verdad lo que usted dice. Pero ya ve cómo es donde hay familia. Pues usted verá que ayer hallamos un vidrio y se lo di al niño más chiquito para que jugara con él y cuando los más grandes se lo quieren quitar, él forma un escándalo grande.

—¡A ver! —le dijo la mujer—. ¿Por qué no me enseña ese vidrio?

—Sí se lo puedo enseñar. Aquí está.

—Qué bonito vidrio es éste. ¿Dónde lo hallaron?

—Pues adentro de un pescado. Ayer estaba limpiando un pescado y el vidrio estaba adentro de él.

—Empréstemelo para llevarlo a mi casa para ver si se parece a uno que tengo.

—Sí, —le dice—. ¿Por qué no? Llévelo.

Se llevó la vecina el vidrio a enseñárselo al marido. Cuando el joyero miró este vidrio, vido que era de los diamantes más finos que jamás había visto.

—Éste es un diamante, —le dice a su esposa—. Anda, dile a la vecina que le damos cincuenta pesos por él.

Fue la esposa del joyero con el vidrio en la mano y le dice a la vecina:

—Dice su vecino que si quiere, que le damos cincuenta pesos por este vidrio. Todo lo hacemos porque es muy parecido a otro que tenemos nosotros y asina podíamos hacer un par muy bonito.

—De ningún modo, vecina, puedo yo vendérselo. Eso puede hacerse a la tarde cuando venga mi esposo.

En la tarde cuando vino el molinero del trabajo, le contó su esposa lo que había ofrecido su vecino el joyero. En esto estaban hablando cuando entró la mujer del joyero.

—¿Qué dice, vecino, quiere cincuenta pesos por el vidrio?

—Alárguese poco más.

—Le daré cincuenta mil pesos.

—Poco más —le dice.

—No puedo alargarme más. Voy a ver a mi esposo a ver qué me dice. Hasta ahí no más me dijo que me alargara.

Fue la esposa del joyero y le dijo a su esposo lo que había reportado el vecino. El joyero entonces sacó setenta y cinco mil pesos y le dijo:

—Llévale estos y dile que mañana, luego que se abra allá, le traeré lo restante, que le voy a dar cien mil pesos.

Cuando el molinero vido a la mujer con aquel dineral, casi no lo creía él.

Creía que aquella mujer estaba chanceándose. Pero sea como fuere, el pobre recibió cien mil pesos por el diamante.

Cuando el molinero se vido con tanto dinero, él y su esposa no hallaban qué pensar. Decía él:

—Pues no sé de este dinero; el joyero de repente nos podía levantar un crimen que nosotros lo hemos robado, o de alguna manera nos podía levantar un perjuicio muy grande.

—¡Oh, no! —decía la mujer—. Ese dinero es de nosotros. Nosotros vendimos el vidrio por ese dinero. Nosotros no se lo robamos a nadien.

—De todos modos yo voy mañana a trabajar, hija. No nos vaya a suceder que se nos acabe el dinero y no tengamos ni el dinero ni el trabajo y entonces, ¿cómo nos vamos a mantener?

Se fue el hombre al otro día a su trabajo. Todo el día se estuvo pensando y pensando cómo podía dirigir aquel dinero para que le cambiara su suerte. En la tarde cuando volvió del trabajo, le dijo su esposa:

—¿Qué has dicho o qué has pensado? ¿Qué vas a determinar hacer con este dineral que tenemos?

—Voy a ver si puedo poner un molino, tal como el que yo estoy corriendo de mi amo. Quiero poner un comercio y asina, poco a poco, veremos si cambiamos nuestra suerte.

Otro día este hombre se fue con mucho empeño y anduvo negociando, comprando todo lo necesario para poner un molino, un comercio, y una casa. Pronto arregló todo.

Ya pasaban como unos seis meses, tal vez más, desde que no había visto a los hombres que le regalaron los cuatrocientos pesos y el pedazo de plomo. Él tenía muchos deseos de verlos, para hacerles saber cuánto le había ayudado aquel pedazo de plomo que le regaló el hombre que reclamaba que la suerte era la que ayudaba al hombre a levantarse y no el dinero.

Yendo y viniendo el tiempo, el molinero estaba muy bien puesto. Tenía muy buen comercio. había levantado una casa de campo adonde irse a divertir con su familia, y tenía criados que trabajaban por él.

Un día que estaba en su tienda, vio pasar aquellos dos señores que más antes le habían regalado cuatrocientos pesos y el pedazo de plomo. Tan pronto como los vido, salió a la calle a encontrarlos y a suplicarles que le hicieran el favor de entrar para dentro. Él tenía mucho gusto de hablar con ellos y verlos. Tan pronto como entraron, aquellos hombres quedaron admirados de ver aquella tienda tan grande que él tenía. Al mismo tiempo el que le había regalado los cuatrocientos pesos no dejaba de juzgar que éste hombre había empleado aquel dinero en este comercio, pero a él se lo negaba. El molinero les platicó cómo había dado el pedazo de plomo a su vecino y luego cómo el pescador le había regalado un pescado que tenía adentro un diamante muy grande. Les contó también de la venta del diamante por una cantidad de dinero enorme y teminó diciéndoles:

—Y asina es como he adquirido este comercio y muchas otras cosas que quiero enseñarles. Pero ya es hora de comer. Vamos a tomar la comida y luego vamos a tomar un paseo para enseñarles todo lo que tengo.

Tomaron la comida y luego que acabaron de comer mandó a un muchacho que ensillara tres caballos, y se fueron los tres a pasearse para enseñarles la casa de campo que tenía. Esta casa de campo estaba al otro lado del río donde había bastante monte en un lugar muy bonito. Cuando llegaron allá, les gustó mucho el lugar a los hombres y empezaron a pasearse entre el monte. Durante su paseo le llamó la atención a uno de los hombres un nido de gavilán que estaba allá arriba en un pinabete.

—Y eso que se ve allá arriba, ¿qué cosa es?

—Eso es un nido de gavilán, —dijo el dueño del rancho.

—¡Cómo desearía ver yo ese nido más cerquita!

En eso mandó el hombre a uno de sus criados que subiera arriba del pinabete y bajara el nido con cuidado para satisfacerle a su amigo el deseo que tenía de ver aquel nido más cerquita. Cuando el nido estaba abajo lo estuvieron examinando los tres hombres muy bien y entonces notaron que abajo del nido estaba como una blusa de lona. Cuando el molinero vido la blusa, de una vez reflexionó que era la lona que él traiba puesta cuando el gavilán hambriento había peleado con él por el pedazo de carne, y no habiéndole podido quitar la carne, se había llevado la blusa entre las uñas.

—¿Qué no les parece, amigos, que ésta es la blusa que tenía yo el día que me regalaron los primeros doscientos pesos?

—Pues si es ésta la misma blusa, —dijo él—, que tenías cuando te regalamos el dinero, aquí han de estar los doscientos que tú nos reportaste que el gavilán se había robado con todo y blusa.

—Pues creo que no hay duda. Ésta es mi blusa y vamos a examinar a ver qué es lo que hallamos.

Empezaron entre los amigos a examinar la blusa. Aunque la blusa tenía bastantes agujeros por estar apolillada, encontraron que el lugar donde había puesto el dinero no había sido afectado de ningún modo, y el dinero estaba perfectamente tal como él había reportado. Los dos hombres confesaron lo que el molinero les había dicho más antes y juzgaron que era un hombre honesto y honrado. Pero el hombre que le había hecho los presentes de dinero no quedaba muy satisfecho porque no había encontrado los otros ciento noventa que faltaban.

Pasaron el día muy contentos, paseándose, y ya se vinieron poco tarde a la casa. El hombre que atendía a los caballos no se había dado cuenta de que no había grano para los caballos cuando volvieran. Y en eso que llegaron, fue al comercio de ellos mismos y no encontró grano para darles a los caballos que habían llegado. Se fue a otro comercio que estaba inmediato y allá encontró que no había más que una tinaja de salvado. Trujo la tinaja de salvado y cuando llegó a la casa de su amo vació el salvado en otra cubeta para mojarlo y dárselo a los caballos. Al vaciar la tinaja notó que estaba un bulto algo grande como un empaque envuelto en unos trapos en el fondo de la tinaja. Lo cogió, lo examinó y vido que alguna cosa contenía. Hizo por quitarle bien el salvado para que quedara limpio y fue a presentarlo a su amo que estaba cenando.

—Mi señor, mire qué bulto he encontrado dentro de una tinaja que he comprado al otro comerciante.

—¿Qué es lo que hablas de tinaja?

—Sí —le dijo—, que he hallado este envoltorio dentro de una tinaja llena de salvado.

Lo tomaron y los tres hombres allí mismo curiosamente estuvieron desenvolviendo con muy buen cuidado los trapos y descubrieron que allí estaban los otros ciento noventa que el molinero les había dicho que había perdido. Y aquí acabó de probar el molinero a sus amigos que él había tratado siempre con la verdad y que él no estaba mintiéndoles.

Y se pusieron a reflejar si era el dinero o la suerte lo que le ayudó al molinero levantarse.

Ampliemos nuestra comprensión

Discusión de grupo.   Siéntate con tus compañeros de equipo y discutan lo siguiente: ¿Están de acuerdo con el desenlace del cuento? ¿Creen que es cierto lo que comunica esta historia? Sinteticen las ideas del grupo para leerlas a toda la clase.

Enfoque lingüístico.   En este cuento notarás el uso de vocablos que no son comunes hoy en día. Es parte de la vitalidad de un idioma el que se encuentre en constante proceso de cambio. A medida que surgen nuevas realidades, los idiomas deben acuñar nuevos vocablos que las describan. Por ejemplo, la palabra *computadora* es un término nuevo que surgió a raíz de los avances tecnológicos. Igualmente, viejos términos van modernizándose o desaparecen por completo. Pregúntale a una persona adulta, qué significan las palabras *vitrola* y *radiola*, términos que generaban mucha emoción en los años 50 y 60. Cuando una palabra cae en desuso, se le conoce con el nombre de *arcaísmo*.

En el cuento que acabas de leer se utilizan los arcaísmos *vido* y *asina*. Trabajando con un(a) compañero(a), localicen estas palabras en el texto y decidan cuáles son los términos que las reemplazan actualmente.

Galería de arcaísmos.   Para este trabajo debes realizar una breve entrevista a una persona mayor, uno de tus abuelos, por ejemplo, o a un(a) vecino(a). El objetivo de tu entrevista es lograr que recuerden un objeto o actividad que ya no existan y el vocablo que se usaba para designarlos. En una tarjeta, escribe la palabra y una pequeña descripción. Luego, decora el papel con diseños de varios colores. Estas tarjetas se exhibirán en la cartelera bajo el título *Galería de arcaísmos*.

Lema ilustrado.   Trabajando con un(a) compañero(a), piensen en una frase que represente alguna enseñanza o advertencia sugerida por la historia. Escríbanla en una tira de papel y decórenla. No se enfoquen en el personaje central únicamente; pueden también escoger lemas que se desprendan del punto de vista de los demás personajes. Escriban el nombre del personaje debajo del lema.

Por ejemplo:

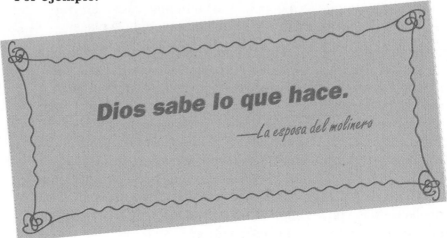

Dios sabe lo que hace.
—La esposa del molinero

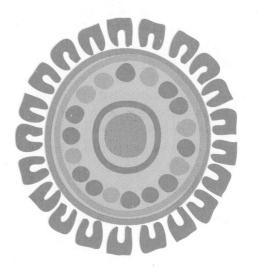

Alistémonos para leer

En el universo todo se encuentra íntimamente relacionado, aunque no sea inmediatamente aparente. En el siguiente cuento esta interrelación se presenta en un futuro imaginado. Ray Bradbury, el autor del cuento, es un famoso escritor de ciencia-ficción.

Apuntes literarios

La ciencia-ficción. La ciencia-ficción es un género literario que se basa en los progresos alcanzados por la ciencia en cada momento y crea situaciones fantásticas en las que el (la) autor(a) imagina nuevos adelantos científicos y técnicos.

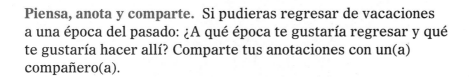

Piensa, anota y comparte. Si pudieras regresar de vacaciones a una época del pasado: ¿A qué época te gustaría regresar y qué te gustaría hacer allí? Comparte tus anotaciones con un(a) compañero(a).

Leamos activamente

Primera parte

Lectura en voz alta.   Leerán la primera parte del cuento (p. 195) en voz alta bajo la dirección del (de la) maestro(a).

Discusión de grupo.   En grupos de cuatro discutan las siguientes preguntas y en sus cuadernos tomen notas de las ideas generadas por el grupo.

1. El objetivo del safari es asegurarse de que no se vaya a alterar el hábitat. ¿Cómo creen que pudo lograrse este objetivo en un safari en el pasado?

2. ¿Qué consecuencias traería una alteración en el estado de las cosas? Imaginen y compartan algunos ejemplos.

Segunda parte

Lectura.   El (La) maestro(a) leerá en voz alta el segundo fragmento del cuento (p. 199).

Hacer predicciones.   Anota unas ideas sobre lo que te imaginas que va a suceder ahora. Luego compártelas con un(a) compañero(a).

Tercera parte

Lectura silenciosa.   Lee silenciosamente el final del cuento (p. 201).

El ruido de un trueno

Ray Bradbury

Primera parte

El anuncio en la pared parecía temblar bajo una móvil película de agua caliente. Eckels sintió que parpadeaba, y el letrero ardió en la momentánea oscuridad:

> SAFARI EN EL TIEMPO, S.A.
> SAFARIS A CUALQUIER AÑO DEL PASADO
> USTED ELIGE EL ANIMAL;
> NOSOTROS LO LLEVAMOS ALLI,
> USTED LO MATA.

Eckels tragó saliva. Los músculos alrededor de la boca formaron una sonrisa, mientras la mano se movió con un cheque de 10 mil dólares ante el hombre del escritorio.

—¿Este safari garantiza que yo regrese vivo?

—No garantizamos nada —dijo el oficial— excepto los dinosaurios. Se volvió. Éste es el señor Travis, su guía para el Safari en el pasado. Él le dirá a qué debe disparar y en qué momento. Si desobedece usted sus instrucciones hay una multa de otros 10 mil dólares, además de una posible acción del gobierno, a la vuelta.

Eckels miró, en el otro extremo de la vasta oficina, la confusa maraña zumbante de claves y cajas de acero, y el aura ya anaranjada, ya plateada, ya azul. Era como el sonido de una gigantesca hoguera donde ardía el tiempo, todos los años y todos los calendarios de pergamino, todas las horas apiladas en llamas.

El roce de una mano, y ese fuego se volvería maravillosamente, en un instante, sobre sí mismo. Eckels recordó las palabras de los anuncios en la carta: De las brasas y cenizas, del polvo y los carbones, como doradas

«Inquietos luceros», Orlando Agudelo-Botero

salamandras, saltarán los viejos años, los verdes años; las rosas endulzarán el aire, las canas se volverán negro ébano, las arrugas desaparecerán; todo regresará volando a la semilla; huirá de la muerte, retornará a sus principios. Los soles se elevarán en los cielos occidentales y se pondrán en orientes gloriosos, las lunas se devorarán al revés a sí mismas, todas las cosas se meterán unas en otras como cajas chinas, los conejos entrarán en los sombreros, todo volverá a la fresca muerte, la muerte en la semilla, la muerte verde, al tiempo anterior al comienzo. Bastará el más leve roce de una mano.

—¡Infierno y condenación! —murmuró Eckels. Una verdadera máquina del tiempo. Lo hace pensar a uno. Si las elecciones hubieran salido mal ayer, yo quizás estaría aquí, huyendo de los resultados. Gracias a Dios, ganó Keith. Será un buen presidente.

—Sí —dijo el hombre del escritorio—. Tenemos suerte. Si Deutscher hubiese ganado, tendríamos la peor de las dictaduras. Es el antípoda: militarista, inhumano, antiintelectual. La gente nos llamó, ya sabe usted, bromeando pero no enteramente. Decían que si Deutscher resultase electo se irían a vivir a 1492. Por supuesto, no nos ocupamos de organizar evasiones, sino safaris; de todos modos, el presidente es Keith. Ahora la única preocupación de usted estriba en...

Eckels terminó la frase:

—Matar mi dinosaurio.

—Un *Tyrannosaurus rex*: el Lagarto del Trueno, el más terrible monstruo de la historia. Firme este permiso. Si le pasa algo, no somos responsables. Estos dinosaurios son voraces.

Eckels enrojeció, enojado.

—¿Trata de asustarme?

—Francamente, sí. Vamos a darle a usted la más endemoniada emoción que un cazador pueda pretender: lo enviaremos 60 millones de años atrás, para que disfrute de la mayor cacería de todos los tiempos.

—¡Buena suerte! —dijo el hombre del mostrador—. El señor Travis está a su disposición.

Cruzaron el salón, llevando los fusiles, hacia la máquina, hacia el metal plateado y la luz rugiente.

Primero un día y luego una noche y luego un día, luego una noche, y luego día-noche-día-noche-día. Una semana, un mes, un año, ¡una década! 2055... 2019... ¡1999!... ¡1957!... ¡Desaparecieron! La máquina rugió.

Se pusieron los cascos de oxígeno y probaron los intercomunicadores.

Eckels se balanceaba en el asiento, con su rostro pálido y duro. Sintió un temblor en los brazos y bajó los ojos y vio que sus manos apretaban el fusil. Había otros cuatro hombres en la máquina: Travis, jefe del safari; su asistente, Lesperance, y dos cazadores: Billings y Kramer. Se miraron unos a otros, y los años llamearon alrededor.

—¿Estos fusiles pueden matar a un dionosaurio?

—Si da usted en el sitio preciso —dijo Travis por el radio del casco—. Algunos dinosaurios tienen dos cerebros: uno en la cabeza, otro en la columna espinal.

La máquina aulló. El tiempo era una película que corría hacia atrás. Pasaron soles, y luego 10 millones de lunas.

—Los cazadores de todos los tiempos nos envidiarían: África al lado de esto, parece Illinois —dijo Eckels.

El sol se detuvo en el cielo.

La niebla que había envuelto la máquina se desvaneció. Se encontraban en los viejos tiempos (muy viejos en verdad), tres cazadores y dos jefes de safari con sus metálicos rifles azules en las rodillas.

—Cristo no ha nacido aún —dijo Travis—. Moisés no ha subido a la montaña a hablar con Dios. Las Pirámides están todavía en espera de ser. Recuerden que Alejandro, César, Napoleón, Hitler... no han existido.

Los hombres asintieron con movimientos de cabeza.

—Eso —señaló Travis— es la jungla de 60 millones dos mil cincuenta y cinco años antes del presidente Keith.

Mostró un sendero de metal que se perdía en la vegetación salvaje, sobre pantanos humeantes, entre palmeras y helechos gigantescos.

—Y eso —dijo— es el Sendero, instalado por la empresa Safari en el Tiempo, para su provecho. Flota 10 centímetros del suelo. No toca ni siquiera una brizna, una flor o un árbol. Es de un metal antigravitatorio. El propósito del Sendero es impedir que toque usted de algún modo este mundo del pasado. No se salga del Sendero. Repito. No se salga de allí. ¡Por ningún motivo! Si se cae del Sendero, multa. Y no tire contra ningún animal que nosotros no aprobemos.

—¿Por qué? —preguntó Eckels.

Estaban en la antigua selva. Unos pájaros lejanos gritaban en el viento, y había un olor de alquitrán y viejo mar salado, hierbas húmedas, y flores de color de sangre.

—No queremos cambiar el futuro. Este mundo del pasado no es el nuestro. Una máquina del tiempo es un asunto delicado. Podemos matar, inadvertidamente, un animal importante, un pajarito, un coleóptero, aun una flor, destruyendo así un eslabón importante en la evolución de las especies.

Segunda parte

—No me parece muy claro —dijo Eckels.

—Muy bien —continuó Travis—; digamos que accidentalmente matamos aquí un ratón. Eso significa destruir las futuras familias de tal individuo, ¿entiende?

—Entiendo.

—¡Y todas las familias de las familias de ese individuo! ¡Con sólo un pisotón, aniquila usted primero uno, luego una docena, y luego mil, un millón, un billón de posibles ratones!

—Bueno, ¿y eso qué?

—¿Eso qué? —gruñó suavemente Travis—. ¿Qué pasa con los zorros que necesitan esos ratones para sobrevivir? Por falta de diez ratones muere un zorro. Por falta de diez zorros, un león muere de hambre. Por falta de un león, especies enteras de insectos, buitres, infinitos miles de millones de formas de vida son arrojadas al caos y la destrucción. Eventualmente, todo se reduce a eso: 59 que hay en todo el mundo, sale a cazar un jabalí o un tigre para alimentarse. Pero usted, amigo, ha aplastado con el pie todos los tigres de esa zona, al haber pisado un ratón. Así que el hombre de las cavernas se muere de hambre y un hombre de las cavernas, no olvide, no es un hombre que pueda desperdiciarse, ¡no! Es toda una futura nación. De él nacerán 10 hijos, de éstos nacerán 100 más y así, hasta llegar a nuestros días. Destruya a este hombre, y aniquila usted una raza, un pueblo: toda una historia viviente. Es como asesinar a uno de los nietos de Adán. El pie que ha puesto usted sobre el ratón desencadenará así un terremoto, y sus efectos sacudirán nuestra Tierra y nuestros destinos a través del tiempo, hasta sus raíces. Con la muerte de ese hombre de las cavernas, mil millones de otros hombres no saldrán nunca de la matriz. Quizá Roma no se alce jamás sobre las siete colinas. Quizás Europa sea para siempre un bosque oscuro, y sólo crezca Asia, saludable y prolífica. Pise usted un ratón, y aplastará las Pirámides y dejará su huella, como un abismo en la eternidad: la reina Isabel no nacerá nunca. Washington no cruzará el Delaware, nunca habrá un país llamado Estados Unidos. Tenga cuidado. No se salga del Sendero. ¡Nunca pise afuera!

—Ya veo —dijo Eckels—. Ni siquiera debemos pisar la hierba.

—Correcto. Al aplastar ciertas plantas quizá sólo sumemos factores infinitesimales; pero un pequeño error aquí, se multiplicará por 60 millones de años hasta alcanzar proporciones extraordinarias. Por supuesto, quizá nuestra teoría esté equivocada. Quizá nosotros no podamos cambiar el tiempo, quizá sólo pueda cambiarse de modos muy sutiles. Quizás un ratón muerto aquí provoque un desequilibrio entre los insectos de allá, una desproporción más tarde en la población, una mala cosecha luego, una depresión, hambres colectivas, y, finalmente, un cambio en la conducta social de alejados países. O aun algo mucho más sutil: quizá sólo un suave aliento, un murmullo, un cabello, polen en el aire, un cambio tan, tan leve, que uno podría notarlo sólo mirando de muy cerca. ¿Quién lo sabe? Nuestra teoría no es más que una hipótesis; pero mientras no sepamos con seguridad si nuestros viajes por el tiempo pueden terminar en un gran estruendo o un imperceptible crujido, se debe tener mucho cuidado. Esta máquina, este sendero, nuestros cuerpos y nuestras ropas han sido esterilizados, como usted sabe, antes del viaje. Llevamos estos cascos, provistos de oxígeno, con el objeto de no introducir nuestras bacterias en una antigua atmósfera.

—¿Cómo sabremos qué animales podemos matar?

—Están marcados con pintura roja —dijo Travis.

Se prepararon para dejar la máquina.

La jungla era alta, ancha; era todo el mundo, para siempre. Sonidos como música o como lonas voladoras llenaban el aire, pterodáctilos que volaban con cavernosas alas grises, murciélagos gigantescos nacidos del delirio de una noche febril. Eckels, guardando el equilibrio en el estrecho Sendero, apuntó con su rifle, bromeando.

—¡No haga eso! —dijo Travis—. ¡No apunte, ni siquiera en broma! Si se le dispara el arma...

La jungla vibraba llena de gorjeos, crujidos, murmullos, y suspiros. De pronto, todo cesó, como si alguien hubiese cerrado una puerta. Silencio. El ruido de un trueno. De la niebla, a cien metros de distancia, salió el Tyrannousaurus.

—¡Mi madre! —murmuró Eckels.

—¡*Christ!*...

Venía a grandes trancos, sobre sus patas aceitosas y elásticas. Se alzaba a 10 metros por encima de la mitad de los árboles, aquel gran dios del mal, apretando las delicadas garras como manos de relojero, contra el oleoso pecho de reptil. Cada pata era un pistón, quinientos kilos de huesos blancos, hundidos en gruesas cuerdas de músculo, encerrados en una vaina de piel centelleante y áspera, como la cota de malla de un guerrero terrible: cada muslo, una tonelada de carne, marfil y acero.

Tercera parte

—¡Nos vio!

—¡Ahí está la pintura roja, en el pecho!

El Lagarto del Trueno se incorporó; su armadura brilló como mil monedas verdes que, embarradas, humeaban. En el barro se movían diminutos insectos, de modo que todo él parecía retorcerse y ondular, aun cuando no se moviera. Un hedor de carne cruda cruzó la jungla, al resoplar la bestia...

—¡Sáquenme de aquí! —gritó Eckels—. Siempre tuve buenos guías, buenos safaris, y protección. Esta vez me he equivocado. Me he encontrado con la horma de mi zapato, y lo admito. ¡Esto es demasiado para mí!...

—No corra —dijo Lesperance—. Vuélvase. Ocúltese en la máquina.

—Sí...

Eckels dio unos pocos pasos, parpadeando, arrastrando los pies.

—¡Por ahí no!

El monstruo, al advertir un movimiento, se lanzó hacia adelante con un aullido terrible: en cuatro segundos cubrió 100 metros. Los rifles se alzaron y llamearon. De aquellas fauces salió un torbellino que envolvió al grupo humano en un olor de barro y sangre vieja. Los brillantes colmillos al sol, la bestia rugía.

Eckels, sin mirar atrás, caminó ciegamente hasta el borde del Sendero, con el rifle que le colgaba de los brazos. Salió y caminó por la jungla. Los pies se le hundieron en un musgo verde.

Se sintió solo, alejado de lo que ocurría atrás.

Los rifles dispararon otra vez. El ruido se perdió en aullidos y truenos. La gran palanca de la cola del reptil se alzó, sacudiéndose: los árboles estallaron en pavorosas nubes de hojas y ramas. El monstruo retorció sus finas garras de joyero y las bajó como para acariciar a los hombres, para partirlos en dos, aplastarlos como cerezas, meterlos entre sus colmillos y en la rugiente garganta; sus ojos de canto rodado bajaron a la altura de aquéllos, que vieron allí sus propias imágenes. Dispararon entonces sus armas contra las pestañas metálicas y los brillantes iris negros.

Cual un ídolo de piedra, como el desprendimiento de una montaña, el Tyrannosaurus cayó: con un trueno, se abrazó a unos árboles, los arrastró en su caída. Torció y quebró el sendero de metal. Los hombres retrocedieron, alejándose. El cuerpo golpeó el suelo: 10 toneladas de carne fría y pétrea. Ya no se movió. Una fuente de sangre le brotó de la garganta. En alguna parte, adentro, estalló un saco de fluidos. Unas bocanadas nauseabundas empaparon a los cazadores, que se quedaron mirándolo, rojos y resplandecientes. El trueno se apagó. La jungla estaba en silencio…

—Ahí está —Lesperance miró su reloj—. Justo a tiempo. Ése es el árbol gigantesco que originalmente debía caer y matar al monstruo—. Miró a los dos cazadores: —¿Quieren la fotografía-trofeo?

—¿Cómo?

—No podemos llevar un trofeo al futuro. El cuerpo tiene que quedarse aquí donde hubiese muerto originalmente, de modo que los insectos, los pájaros y las bacterias puedan vivir de él, como estaba previsto. Todo debe mantener su equilibrio. Dejamos el cuerpo, pero podemos llevar una foto con ustedes al lado.

Los dos hombres trataron de pensar, aunque —finalmente— sacudieron la cabeza.

Caminaron a lo largo del Sendero de metal. Después se dejaron caer cansadamente en los almohadones de la máquina. Miraron otra vez al monstruo caído, el monte paralizado, donde unos raros pájaros-reptiles y unos insectos dorados trabajaban ya en la humeante armadura.

Un sonido en el piso de la Máquina del Tiempo los endureció. Eckels estaba allí, temblando.

—Lo siento —dijo al fin.

—¡Levántese! —gritó Travis—. ¡Vaya por el Sendero, solo! —dijo, apuntando con el rifle. Usted no volverá a la Máquina. ¡Lo dejaremos aquí!

Lesperance tomó a Travis por el brazo: —Espera...

—¡No te metas en esto! —Travis se sacudió apartando la mano—. Este hijo de perra casi nos mata. Pero eso no es todo... ¡Diablos, no!... ¡sus zapatos! ¡Míralos!: Salió del Sendero. ¡Estamos arruinados! ¡La multa que nos impondrán! ¡Decenas de miles de dólares! Garantizamos que nadie dejaría el Sendero, y él lo dejó. ¡Ah, grandísimo bruto! Tendré que informar, pues pueden quitarnos la licencia. ¡No sabe lo que le ha hecho al Tiempo, a la Historia!

—Cálmate. Sólo pisó un poco de barro...

—¿Cómo podemos saberlo? —gritó Travis—. ¡No sabemos nada! ¡Fuera de aquí, Eckels!

—Pagaré cualquier cosa: ¡cien mil dólares! —contestó Eckels, rebuscando en su chaqueta.

Furioso, Travis miró la libreta de cheques de Eckels y escupió.

—Vaya. Es allí. El monstruo está junto al Sendero. Métale los brazos, hasta los codos, en las fauces, y vuelva.

—¡Eso no tiene sentido!

—¡El monstruo está muerto, cobarde! ¡Las balas! No podemos dejar aquí las balas; no pertenecen al pasado, y pueden cambiar algo. Tome mi cuchillo. ¡Extráigalas!

La jungla estaba viva otra vez, con los viejos temblores y los gritos de los pájaros. Eckels se volvió lentamente a mirar al primitivo vaciadero de basura, la montaña de pesadilla y terror. Luego, como un sonámbulo, se fue arrastrando los pies...

Regresó temblando, cinco minutos más tarde, con los brazos empapados y rojos hasta los codos. Extendió las manos: en cada una, un montón de balas. Luego cayó. Permaneció en el suelo, sin moverse.

—No había por qué obligarlo a eso —dijo Lesperance.

—¿No? Es demasido pronto para saberlo —Travis tocó con el pie el cuerpo inmóvil—. Vivirá. La próxima vez no buscará cacerías como ésta...

—Hizo una seña, con el pulgar, a Lesperance—. Enciende. Volvamos a casa... 1492... 1776... 1812...

Se limpiaron las caras y manos. Se cambiaron camisas y pantalones. Eckels se había incorporado y se paseaba, sin hablar. Travis lo miró furiosamente durante 10 minutos.

—¡No me mire así! —gritó por fin Eckels—. ¡No hice nada malo!...

—¿Quién puede decirlo?

—Salí del Sendero, eso es todo, traje un poco de barro en los zapatos: ¿Qué quiere que haga? ¿Que me arrodille y rece?

—Quizá lo necesitemos. Se lo advierto, Eckels: todavía puedo matarlo. Tengo listo el fusil.

—Soy inocente. ¡No he hecho nada!

1999... 2000... 2055... La máquina se detuvo.

—Salgamos —ordenó Travis.

El despacho estaba como lo habían dejado, aunque no exactamente. El mismo hombre estaba sentado detrás del mismo escritorio.

Travis miró alrededor, rápidamente.

—¿Todo bien aquí? —estalló.

—Muy bien. ¡Bienvenidos!

Travis no se sintió tranquilo: parecía estudiar hasta los átomos del aire, el modo como entraba la luz del sol por la única ventana alta...

—Muy bien. Eckels; puede salir. No vuelva nunca.

Eckels no se movió.

—¿No me ha oído? —dijo Travis—. ¿Qué mira?

Eckels olía el aire: había un algo, una sustancia química tan sutil, tan leve, que sólo el débil grito de sus sentidos subliminales le advertía que estaba allí. Los colores blanco, gris, azul, anaranjado, de las paredes, del mobiliario, del cielo más allá de la ventana, eran... eran... Se estremeció. Le temblaron las manos. Se quedó oliendo aquel elemento raro, con todos los poros de su piel. Su cuerpo respondió con un grito silencioso. Más allá de ese cuarto, más allá de esa pared, más allá de ese hombre que no era exactamente el mismo hombre detrás del mismo escritorio... se extendía todo un mundo de calles y gente. ¿Qué índole de mundo resultaba ahora? No se podía saber. Podía sentir cómo se movían todos, más allá de los muros, casi como piezas de ajedrez que arrastraba un viento seco...

'Years of Fear," Roberto Matta

Pero había algo más inmediato: el anuncio pintado en la pared de la oficina, el mismo que había leído aquel mismo día, al entrar allí por vez primera; de algún modo, había cambiado:

> SEFARI EN EL TIEMPO, S.A.
> SEFARIS A KUALKUIER AÑO DEL PASADO
> USTE NOMBRA EL ANIMAL
> NOSOTROS LO LLEBAMOS AYI
> USTE LO MATA

Eckels se dejó caer en una silla; tanteó insensatamente el grueso barro de sus botas. Sacó un trozo, temblando.

—No, no puede ser. Algo tan pequeño. No puede ser... ¡no!

Hundida en el barro de las botas, brillante, verde, dorada y negra, había una bella mariposa.

—No... ¡algo tan pequeño! No... ¡una mariposa! —gritó Eckels.

Y cayó al suelo aquella cosa exquisita, pequeña, que podía destruir todos los equilibrios, derribando primero la línea de un pequeño dominó, y luego la de un gran dominó y en seguida la de un gigantesco dominó, a lo largo de los años, a través del Tiempo. La mente de Eckels giró sobre sí misma. La mariposa no podía cambiar las cosas. Matar una mariposa no podía ser tan importante.

Tenía el rostro helado. Preguntó entonces con boca temblorosa:

—¿Quién... quién ganó las elecciones de ayer?

El hombre del mostrador rió.

—¿Se burla de mí? Lo sabe usted muy bien: ¡Deutscher, por supuesto, y no ese condenado Keith, tan enclenque!

Eckels gimió. Cayó de rodillas. Recogió la mariposa dorada, con dedos trémulos:

—¿No podríamos —se preguntó a sí mismo, al mundo, a los oficiales, a la Máquina—, no podríamos llevarla allá, hacerla vivir otra vez? ¿No podríamos empezar de nuevo? ¿No podríamos...?

No se movió más. Con los ojos cerrados, esperó, estremeciéndose. Oyó a Travis gritar: lo vio preparar el rifle, alzar el seguro, y apuntarle...

El ruido de un trueno.

Ampliemos nuestra comprensión

Trabajo en parejas. Lee la anotación de los *Apuntes literarios* de esta lección. Trabajando con un(a) compañero(a), anoten en sus cuadernos tres razones por las cuales podemos clasificar este relato como un cuento de ciencia-ficción.

Diagrama de causa y efecto. En este cuento se da énfasis a las consecuencias que puede tener un cambio en las condiciones físicas del planeta por insignificante que éste sea. Copia en tu cuaderno el siguiente diagrama de causa y efecto y anota algunos de los cambios que se mencionan en el cuento y otros que se te ocurran. En la parte de la derecha anota las posibles consecuencias de tales cambios.

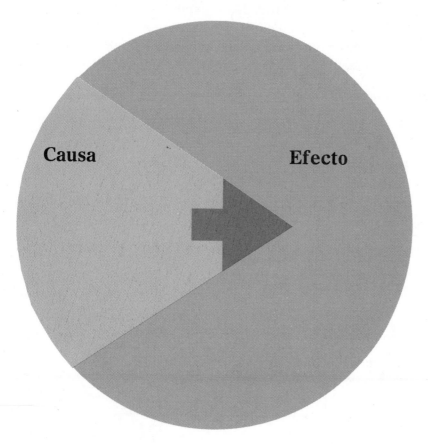

Folleto publicitario.　Imagínate que trabajas en una agencia de viajes que organiza expediciones hacia el pasado. Diseña un folleto de propaganda para una de dichas expediciones. Describe algunas de las actividades incluidas en la oferta, lugares que se visitarán y personajes que se encontrarán. Los personajes, acciones y fechas deben ser históricamente apropiados. Recuerda que un folleto debe ser atractivo pues su objetivo es vender el producto. Incluye dibujos y lenguaje que cautive la imaginación del posible cliente.

Servicio a la comunidad.　A medida que avanza la tecnología, el hombre parece estar destruyendo el delicado equilibrio ecológico de nuestro planeta. Por ejemplo, la tala irresponsable de las selvas tropicales ocasiona una serie de problemas serios en el medio ambiente. Trabajando en equipos de cinco, identifiquen una situación en la escuela, en su vecindario o en la ciudad que les cause preocupación. Expliquen cuáles son las interconexiones entre los diversos hechos y sugieran un plan de acción que cambie el curso de los eventos de manera positiva. Con sus compañeros de clase organicen una campaña para empezar a poner en práctica el plan de acción que desarrollaron. Utilicen el siguiente formato para desarrollar el plan.

Cómo mejorar las condiciones de nuestro medio ambiente

1. Situaciones que nos preocupan:

En el hogar	En la escuela	En la comunidad
_____	_____	_____

2. El problema más importante para nosotros es:

Problema: _____　　Solución: _____

Cuatro maneras en que podemos ayudar:

1. _____　　3. _____

2. _____　　4. _____

3. Distribúyanse las responsabilidades entre los miembros del grupo.

Nombre del alumno	Acción a emprenderse	Plazo para realizarla
_____	_____	_____

Alistémonos para leer

El siguiente cuento del escritor mexicano Juan José Arreola parte de un incidente cotidiano y trivial que va siendo elaborado hasta ser una situación absurda y asfixiante. Si bien los eventos narrados se desarrollan en el mundo de la fantasía, el cuento no deja de tener una base y un comentario real acerca de lo absurdo de ciertas situaciones.

Escritura rápida.   El (La) maestro(a) compartirá contigo una situación en la que se enfrentó a una maquinaria burocrática dentro de la cual los trámites se prolongan injustificadamente. Piensa en una situación similar que te haya ocurrido o de la cual hayas escuchado y relátala, escribiendo en tu cuaderno por cinco minutos.

Leamos activamente

Primera parte
Lectura silenciosa.   Lee la primera parte del cuento (p. 211) silenciosamente.

Cuadro de dos columnas.   Con un(a) compañero(a) anticipen qué creen que va a pasar luego en la historia. Anoten sus predicciones en la primera columna del siguiente cuadro.

Lo que pienso que va a suceder	Lo que sucedió

Segunda parte
Lectura en parejas.   Por turnos lean en parejas el final del cuento (p. 214).

El guardagujas

Juan José Arreola

Primera parte

El forastero llegó sin aliento a la estación desierta. Su gran valija, que nadie quiso conducir, le había fatigado en extremo. Se enjugó el rostro con un pañuelo, y con la mano en visera miró los rieles que se perdían en el horizonte. Desalentado y pensativo consultó su reloj: la hora justa en que el tren debía partir.

Alguien, salido de quién sabe dónde, le dio una palmada muy suave. Al volverse, el forastero se halló ante un viejecillo de vago aspecto ferrocarrilero. Llevaba en la mano una linterna roja, pero tan pequeña, que parecía de juguete.

Miró sonriendo al viajero, y éste le dijo ansioso su pregunta:

—Usted perdone, ¿ha salido ya el tren?

—¿Lleva usted poco tiempo en este país?

—Necesito salir inmediatamente. Debo hallarme en T. mañana mismo.

—Se ve que usted ignora por completo lo que ocurre. Lo que debe hacer ahora mismo es buscar alojamiento en la fonda para viajeros —. Y señaló un extraño edificio ceniciento que más bien parecía un presidio.

—Pero yo no quiero alojarme, sino salir en el tren.

—Alquile usted un cuarto inmediatamente, si es que lo hay. En caso de que pueda conseguirlo, contrátelo por mes, le resultará más barato y recibirá mejor atención.

—¿Está usted loco? Yo debo llegar a T. mañana mismo.

—Francamente, debería abandonarlo a su suerte. Sin embargo, le daré unos informes.

—Por favor...

—Este país es famoso por sus ferrocarriles, como usted sabe. Hasta ahora no ha sido posible organizarlos debidamente, pero se han hecho ya grandes cosas en lo que se refiere a la publicación de itinerarios y a la expedición de boletos. Las guías ferroviarias comprenden y enlazan todas las poblaciones de la nación; se expenden boletos hasta para las aldeas más pequeñas y remotas. Falta solamente que los convoyes cumplan las indicaciones contenidas en las guías y que pasen efectivamente por las estaciones. Los habitantes del país así lo esperan; mientras tanto, aceptan las irregularidades del servicio y su patriotismo les impide cualquier manifestación de desagrado.

—Pero ¿hay un tren que pase por esta ciudad?

—Afirmarlo equivaldría a cometer una inexactitud. Como usted puede darse cuenta, los rieles existen, aunque un tanto averiados. En algunas poblaciones están sencillamente indicados en el suelo, mediante dos rayas de gis. Dadas las condiciones actuales, ningún tren tiene la obligación de pasar por aquí, pero nada impide que eso pueda suceder. Yo he visto pasar muchos trenes en mi vida y conocí algunos viajeros que pudieron abordarlos. Si usted espera convenientemente, tal vez yo mismo tenga el honor de ayudarle a subir a un hermoso y confortable vagón.

—¿Me llevará ese tren a T.?

—¿Y por qué se empeña usted en que ha de ser precisamente a T.? Debería darse por satisfecho si pudiera abordarlo. Una vez en el tren, su vida tomará efectivamente algún rumbo. ¿Qué importa si ese rumbo no es el de T.?

—Es que yo tengo un boleto en regla para ir a T. Lógicamente, debo ser conducido a ese lugar, ¿no es así?

—Cualquiera diría que usted tiene razón. En la fonda para viajeros podrá usted hablar con personas que han tomado sus preocupaciones, adquiriendo grandes cantidades de boletos. Por regla general, las gentes previsoras compran pasajes para todos los puntos del país. Hay quien ha gastado en boletos una verdadera fortuna...

—Yo creí que para ir a T. me bastaba un boleto. Mírelo usted...

—El próximo tramo de los ferrocarriles nacionales va a ser construido con el dinero de una sola persona que acaba de gastar su inmenso capital en pasajes de ida y vuelta para un trayecto ferroviario cuyos planos, que incluyen extensos túneles y puentes, ni siquiera han sido aprobados por los ingenieros de la empresa.

—Pero el tren que pasa por T. ¿ya se encuentra en servicio?

—Y no sólo ése. En realidad, hay muchísimos trenes en la nación, y los viajeros pueden utilizarlos con relativa frecuencia, pero tomando en cuenta que no se trata de un servicio formal y definitivo. En otras palabras, al subir a un tren, nadie espera ser conducido al sitio que desea.

—¿Cómo es eso?

—En su afán de servir a los ciudadanos, la empresa se ve en el caso de tomar medidas desesperadas. Hace circular trenes por lugares intransitables. Esos convoyes expedicionarios emplean a veces varios años en su trayecto, y la vida de los viajeros sufre algunas transformaciones importantes. Los fallecimientos no son raros en tales casos, pero la empresa, que todo lo ha previsto, añade a esos trenes un vagón capilla ardiente y un vagón cementerio. Es razón de orgullo para los conductores depositar el cadáver de un viajero —lujosamente embalsamado— en los andenes de la estación que prescribe su boleto. En ocasiones, estos trenes forzados recorren trayectos en que falta uno de los rieles. Todo un lado de los vagones se estremece lamentablemente con los golpes que dan las ruedas sobre los durmientes. Los viajeros de primera —es otra de las previsiones de la empresa— se colocan del lado en que hay riel. Los de segunda padecen los golpes con resignación. Pero hay otros tramos en que faltan ambos rieles; allí los viajeros sufren por igual, hasta que el tren queda totalmente destruido.

—¡Santo Dios!

—Mire usted: la aldea de F. surgió a causa de uno de esos accidentes. El tren fue a dar en un terreno impracticable. Lijadas por la arena, las ruedas se gastaron hasta los ejes. Los viajeros pasaron tanto tiempo juntos, que de las obligadas conversaciones triviales surgieron amistades estrechas. Algunas de esas amistades se transformaron pronto en idilios, y el resultado ha sido F., una aldea progresista llena de niños traviesos que juegan con los vestigios enmohecidos del tren.

—¡Dios mío, yo no estoy hecho para tales aventuras!

—Necesita usted ir templando su ánimo; tal vez llegue usted a convertirse en un héroe. No crea que faltan ocasiones para que los viajeros demuestren su valor y sus capacidades de sacrificio. En una ocasión, doscientos pasajeros anónimos escribieron una de las páginas más gloriosas en nuestros anales ferroviarios. Sucede que en un viaje de prueba, el maquinista advirtió a tiempo una grave omisión de los constructores de la línea. En la ruta faltaba un puente que debía salvar un abismo. Pues bien, el maquinista, en vez de poner marcha hacia atrás, arengó a los pasajeros y obtuvo de ellos el esfuerzo necesario para seguir adelante. Bajo su enérgica dirección, el tren fue desarmado pieza por pieza y conducido en hombros al otro lado del abismo, que todavía reservaba la sorpresa de contener en su fondo un río caudaloso. El resultado de la hazaña fue tan satisfactorio que la empresa renunció definivamente a la construcción del puente, conformándose con hacer un atractivo descuento en las tarifas de los pasajeros que se atrevan a afrontar esa molestia suplementaria.

—¡Pero yo debo llegar a T. mañana mismo!

Segunda parte

—¡Muy bien! Me gusta que no abandone usted su proyecto. Se ve que es usted un hombre de convicciones. Alójese por de pronto en la fonda y tome el primer tren que pase. Trate de hacerlo cuando menos; mil personas estarán para impedírselo. Al llegar un convoy, los viajeros, exasperados por una espera demasiado larga, salen de la fonda en tumulto para invadir ruidosamente la estación. Frecuentemente provocan accidentes con su increíble falta de cortesía y de prudencia. En vez de subir ordenadamente se dedican a aplastarse unos a otros; por lo menos, se impiden mutuamente el abordaje, y el tren se va dejándolos amotinados en los andenes de la estación. Los viajeros, agotados y furiosos, maldicen su falta de educación, y pasan mucho tiempo insultándose y dándose golpes.

—¿Y la policía no interviene?

—Se ha intentado organizar un cuerpo de policía en cada estación, pero la imprevisible llegada de los trenes hacía tal servicio inútil y sumamente costoso. Además, los miembros de ese cuerpo demostraron muy pronto su venalidad, dedicándose a proteger la salida exclusiva de pasajeros adinerados que les daban a cambio de ese servicio todo lo que llevaban encima. Se resolvió entonces el establecimiento de un tipo especial de escuelas, donde los futuros viajeros reciben lecciones de urbanidad y un entrenamiento adecuado, que los capacita para que puedan pasar su vida en los trenes. Allí se les enseña la manera correcta de abordar un convoy, aunque esté en movimiento y a gran velocidad. También se les proporciona una especie de armadura para evitar que los demás pasajeros les rompan las costillas.

—Pero, una vez en el tren, ¿está uno a cubierto de nuevas dificultades?

—Relativamente. Sólo le recomiendo que se fije muy bien en las estaciones. Podría darse el caso de que usted creyera haber llegado a T., y sólo fuese una ilusión. Para regular la vida a bordo de los vagones demasiado repletos, la empresa se ve obligada a echar mano de ciertos expedientes. Hay estaciones que son pura apariencia: han sido construidas en plena selva y llevan el nombre de alguna ciudad importante. Pero basta poner un poco de atención para descubrir el engaño. Son como las decoraciones del teatro, y las personas que figuren en ellas están rellenas de aserrín. Esos muñecos revelan fácilmente los estragos de la intemperie, pero son a veces una perfecta imagen de la realidad: llevan en el rostro las señales de un cansancio infinito.

—Por fortuna, T. no se halla muy lejos de aquí.

—Pero carecemos por el momento de trenes directos. Sin embargo, bien podría darse el caso de que usted llegara a T. mañana mismo, tal como desea. La organización de los ferrocarriles, aunque deficiente, no excluye la posibilidad de un viaje sin escalas. Vea usted, hay personas que ni siquiera se han dado cuenta de lo que pasa. Compran un boleto para ir a T. Pasa un tren, suben, y al día siguiente oyen que el conductor anuncia: «Hemos llegado a T.» Sin tomar precaución alguna, los viajeros descienden y se hallan efectivamente en T.

—¿Podría yo hacer alguna cosa para facilitar ese resultado?

—Claro que puede usted. Lo que no se sabe es si le servirá de algo. Inténtelo de todas maneras. Suba usted al tren con la idea fija de que va a llegar a T. No converse con ninguno de los pasajeros. Podrían desilusionarlo con sus historias de viaje, y hasta se daría el caso de que lo denunciaran.

—¿Qué está usted diciendo?

—En virtud del estado actual de las cosas los trenes viajan llenos de espías. Estos espías, voluntarios en su mayor parte, dedican su vida a fomentar el espíritu constructivo de la empresa. A veces uno no sabe lo que dice y habla sólo por hablar. Pero ellos se dan cuenta en seguida de todos los sentidos que puede tener una frase, por sencilla que sea. Del comentario más inocente saben sacar una opinión culpable. Si usted llegara a cometer la menor imprudencia, sería aprehendido sin más; pasaría el resto de su vida en un vagón cárcel, en caso de que no le obligaran a descender en una falsa estación, perdida en la selva. Viaje usted lleno de fe, consuma la menor cantidad posible de alimentos y no ponga los pies en el andén antes de que vea en T. alguna cara conocida.

—Pero yo no conozco en T. a ninguna persona.

—En ese caso redoble usted sus precauciones. Tendrá, se lo aseguro, muchas tentaciones en el camino. Si mira usted por las ventanillas, está expuesto a caer en la trampa de un espejismo. Las ventanillas están provistas de ingeniosos dispositivos que crean toda clase de ilusiones en el ánimo de los pasajeros. No hace falta ser débil para caer en ellas. Ciertos aparatos, operados desde la locomotora, hacen creer, por el ruido y los movimientos, que el tren está en marcha. Sin embargo, el tren permanece detenido semanas enteras, mientras los viajeros ven pasar cautivadores paisajes a través de los cristales.

—¿Y eso qué objeto tiene?

—Todo esto lo hace la empresa con el sano propósito de disminuir la ansiedad de los viajeros y de anular en todo lo posible las sensaciones de traslado. Se aspira a que un día se entreguen plenamente al azar, en manos de una empresa omnipotente, y que ya no les importe saber a dónde van ni de dónde vienen.

—Y usted, ¿ha viajado mucho en los trenes?

—Yo, señor, sólo soy un guardagujas. A decir verdad, soy un guardagujas jubilado, y sólo aparezco aquí de vez en cuando para recordar los buenos tiempos. No he viajado nunca, ni tengo ganas de hacerlo. Pero los viajeros me cuentan historias. Sé que los trenes han creado muchas poblaciones además de la aldea de F., cuyo origen le he referido. Ocurre a veces que los tripulantes de un tren reciben órdenes misteriosas. Invitan a los pasajeros a que desciendan de los vagones, generalmente con el pretexto de que admiren las bellezas de un determinado lugar. Se les habla de grutas, de cataratas o de ruinas célebres: «Quince minutos para que admiren ustedes la gruta tal o cual», dice amablemente el conductor. Una vez que los viajeros se hallan a cierta distancia, el tren escapa a todo vapor.

—¿Y los viajeros?

—Vagan desconcertados de un sitio a otro durante algún tiempo, pero acaban por congregarse y se establecen en colonia. Estas paradas intempestivas se hacen en lugares adecuados, muy lejos de toda civilización y con riquezas naturales suficientes. Allí se abandonan lotes selectos, de gente joven, y sobre todo con mujeres abundantes. ¿No le gustaría a usted acabar sus días en un pintoresco lugar desconocido, en compañía de una muchachita?

El viejecillo hizo un guiño, y se quedó mirando al viajero con picardía, sonriente y lleno de bondad. En ese momento se oyó un silbido lejano. El guardagujas dio un brinco, lleno de inquietud, y se puso a hacer señales ridículas y desordenadas con su linterna.

—¿Es el tren? —preguntó el forastero.

El anciano echó a correr por la vía, desaforadamente. Cuando estuvo a cierta distancia, se volvió para gritar:

—¡Tiene usted suerte! Mañana llegará a su famosa estación. ¿Cómo dice usted que se llama?

—¡X! —contestó el viajero.

En ese momento el viejecillo se disolvió en la clara mañana. Pero el punto rojo de la linterna siguió corriendo y saltando entre los rieles, imprudentemente, al encuentro del tren.

Al fondo del paisaje, la locomotora se acercaba como un ruidoso advenimiento.

Ampliemos nuestra comprensión

Cuadro de dos columnas. Completa la segunda columna del cuadro. Compara tus predicciones con los eventos que se narran en la segunda parte del cuento.

Selección y comentario. La historia narra con lujo de detalles una serie de acciones extraordinaras. Desde tu punto de vista ¿cuáles son las tres situaciones más absurdas que se presentan? Resúmelas y coméntalas en tu cuaderno.

Síntesis: Titulares periodísticos. Hay muchas maneras en que podemos explicar lo que sucede en el cuento. Piensa en dos de ellas y anótalas en tu cuaderno. En grupos de cuatro, compartan sus explicaciones y después de escuchar las diversas versiones, seleccionen las que les parezcan más interesantes y conviértanlas en titulares de un periódico sensacionalista—por ejemplo: «CAOS EN LA RED FERROVIARIA: PASAJEROS CRUZAN ABISMO CON TREN A CUESTAS», «RED FERROVIARIA: ¿FANTASÍA O PESADILLA?». Transfieran sus titulares a un cartelón que luego será colocado junto a la sección «Cartas al Editor».

Comentario personal. En este cuento el autor hace una crítica a la ineficacia imperante en ciertos sistemas. En uno o dos párrafos explica lo que el autor está tratando de expresar e indica si estás de acuerdo con esa crítica o no.

Alistémonos para leer

¿**C**uántas veces ocurre un «milagro» que nos hace recapacitar ycambiar de curso? Uno de esos incidentes es el tema que desarrolla con gran destreza la escritora cubana, radicada en los Estados Unidos, Ana Alomá Velilla. Sin caer en la ingenuidad ni la evasión, «El sendero interior» explora problemáticas y soluciones que tienen un gran efecto en la vida cotidiana.

Trabajo de equipo: Ideas novedosas solamente. En grupos, anoten tres ideas de lo que se imaginan que va a tratar el cuento «El sendero interior». Los grupos comparten sus ideas siguiendo la técnica de las ideas novedosas solamente. El (La) maestro(a) les explicará los procedimientos para esta actividad.

Entrevista en tres etapas. Seguramente conoces a alguien que, por lograr una ambición, olvida otros aspectos importantes de su vida. Siguiendo los procedimientos que te explicará el (la) maestro(a), conversa con tus compañeros acerca de las siguientes preguntas:

1. ¿Quién es esa persona?

2. ¿Cuál es la ambición que la domina?

3. ¿Qué es lo que pospone en favor de esa ambición? Da ejemplos.

Leamos activamente

Lectura en grupos. Lean el cuento en grupos, turnándose para leer, comentar y anticipar.

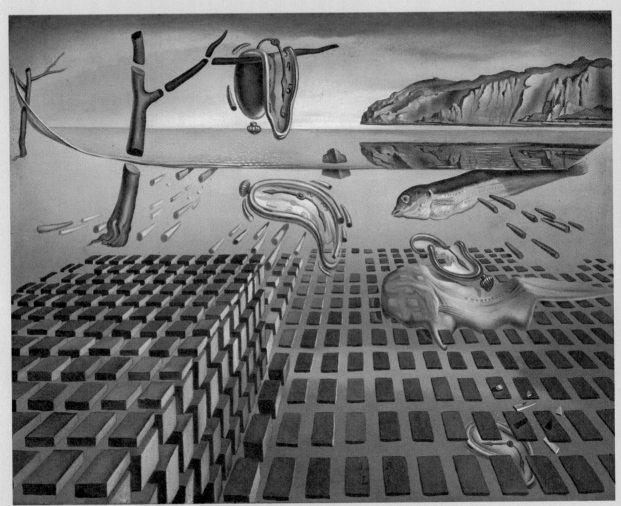

«La desintegración de la persistencia de memoria», Salvador Dalí

El sendero interior

Ana Alomá Velilla

Cuando salió por la mañana para su trabajo, él no pensaba en otra cosa que en obtener la firma del contrato que le proporcionaría una respetable ganancia. Besó distraídamente a su mujer, se despidió de la niña —que como todas las mañanas se dirigió a la ventana para volver a decirle adiós— y fue hasta el garaje para sacar el auto. Cuando ya en la calle se volvió para decir adiós a la niña en la ventana, no la vio. ¡Qué extraño! pensó, la pequeña no se apartaba del cristal hasta que él le devolvía el gesto de despedida. Tal vez la madre la llamara. Y sin más, volvió sus pensamientos al negocio en perspectiva.

Había trabajado tanto y tan intensamente en la consecución de ese contrato, que apenas podía pensar en otra cosa. ¡Innecesariamente! —había dicho su mujer—. Tenemos más que suficiente para vivir… ¡y vivir bien! ¡Te estás matando por gusto! Pero su mujer era de pocas ambiciones.

Al llegar al entronque con la carretera principal, se dio cuenta de que no se había cruzado con ningún auto en las cuadras que había recorrido. ¡Qué bien! se dijo. —He salido antes de la hora de mayor tránsito. Algo más le llamaba la atención, pero no sabía exactamente lo que era. Enfiló la carretera principal y a medida que avanzaba notó que su auto era el único que viajaba por ambas vías. Ningún coche iba o venía.

¡Caramba! —pensó— ¿será un día feriado y no me he dado cuenta? ¡Buena la haría! Repasó mentalmente la fecha. Miró su reloj pulsera que contenía un calendario. 25 de abril. Nada, ni fecha nacional ni internacional. ¿Dónde estaba la gente? De repente cayó en cuenta de lo que le molestaba. La gente. No había visto ni un alma en todo el trayecto. ¡Pero qué raro! se dijo.

En esa condición llegó a la oficina. Nadie, nadie en el vestíbulo. Tomó el elevador y subió hasta el cuarto piso. La recepcionista no estaba, pero ésta siempre llegaba tarde. Encendió las luces y se dirigió a su oficina. Todo estaba en orden. Sobre su escritorio, el contrato que había preparado para la firma. La lista de llamadas telefónicas que debía hacer ese día. Miró el reloj. Las nueve y cinco. Su socio debía estar ya en su despacho. Tomó el intercomunicador y llamó. No hubo respuesta. Salió al vestíbulo para preguntar a la recepcionista si había recibido algún recado. No había llegado todavía. ¿Y su secretaria? ¿Dónde estaba todo el mundo? Salió al pasillo a mirar a las otras oficinas. Sombra y silencio. Las luces no estaban prendidas. No se oía el teclear de las máquinas de escribir, ni se veía el entra y sale familiar de las oficinas de negocios. Volvió a su oficina y se asomó a una ventana. Vacío. Nadie transitaba por las calles. El semáforo de la esquina cambiaba inútilmente sus luces. Ningún automóvil presente para obedecer sus señales. Confundido decidió llamar a su casa. Nadie acudió al timbre intermitente del teléfono. Su mujer no pensaba salir. ¿Le pasaría algo a la niña? Alarmado llamó a su vecino. Otra vez el resultado fue el mismo. Nadie respondió al teléfono. Quedó un momento quieto, desorientado. Súbitamente sintió pánico. Un miedo hueco y frío se asentó en su estómago. Buscó la puerta y corrió escaleras abajo incapaz de enfrentar la caja vacía del ascensor. En aquella calma y soledad, devoró las millas que le separaban de su casa. No había nadie para interponerse en su camino. Se tiró del auto jadeando como si hubiera recorrido el camino a pie. Entró llamando a la esposa. Luego gritó el nombre de la niña. Pero nadie respondió. Recorrió la casa, ya en orden, sin encontrarlas. Salió al jardín, pero no se atrevió a llamar a las casas vecinas. Sabía el resultado. ¡Vacías! Regresó a su casa. Entró en su cuarto totalmente desconcertado, con una presión cada vez mayor en el cerebro. El nudo que le agarrotaba la garganta finalmente se deshizo en lágrimas. Se sentó al borde de la cama y se quedó inmóvil, atontado, sin poder coordinar sus pensamientos ni tomar una decisión. La presión en el pecho se le hacía intolerable. ¡Dios! gritó. Estuvo mucho, mucho rato luchando con una pléyade de sentimientos encontrados, sin saber a dónde acudir ni qué hacer. Así, y poco a poco, comenzó a sentir que una mitad de él caminaba hacia dentro de sí mismo. Cansado, pero consciente, comenzó a descubrir vastas regiones ignoradas hasta ahora. Todo aparecía en calma. Sintió que algo de esa quietud penetraba su persona. No sabía hacia dónde iba, pero caminaba instintivamente, más hacia dentro cada vez. Tuvo la sensación de que no estaba solo. Presencias invisibles pero amables le acompañaban. Todo lo de afuera había dejado de existir, excepto el deseo de estar con su mujer y su hija. Al fin, distinguió una región de aguas tranquilas, cristalinas. Una serenidad inefable penetraba el paisaje. Vio con asombro a la otra mitad de sí mismo esperándole junto al lago. Avanzó sin temor. Por un instante sus dos mitades se miraron profundamente. Luego sintió que se fundían en una sola. Experimentó una paz y una felicidad como no había sentido en largos años y supo que ello le haría volver continuamente a ese lugar. Como en sueños, oyó una vocesita llamándole. Descorrió rápidamente el camino porque reconoció esa voz y esa persona. Sintió sobre su hombro la suave presión de una mano pequeña.

—Papá, ¿cuándo llegaste? No te vimos entrar. No sabíamos que habías regresado.

Había regresado. Sin contestar, abrazó estrechamente a la criatura. No entendía lo sucedido. Pero no importaba. Más adelante trataría de buscar una explicación. O tal vez nunca lo intentara. Por el momento, al menos, era suficiente con haber regresado.

Diagrama «mente abierta».   Tu maestro(a) te entregará un diagrama de «mente abierta». Divídelo por la mitad con una línea vertical. En el hemisferio de la izquierda representa los pensamientos y sentimientos del protagonista al salir de casa y, en el de la derecha, muestra los cambios que se operan en su actitud y en su manera de ver las cosas cuando regresa a casa al final de la historia. Puedes usar dibujos, símbolos, palabras o citas del libro.

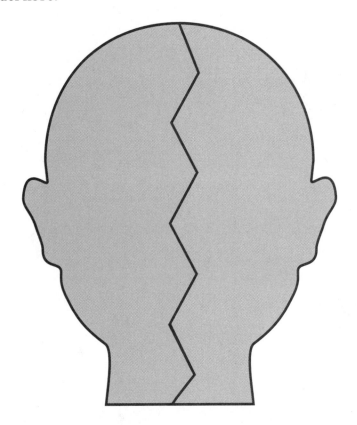

Composición: Ensayo de interpretación y evaluación.   En un breve ensayo explica cómo interpretas y evalúas la situación del protagonista y el cambio que se opera en él. Usa ejemplos y citas del texto para sustentar tus ideas.

Alistémonos para leer

En algunos casos los poetas envuelven la realidad en una atmósfera de ensueño en que la ambigüedad juega un papel importante; tal es el caso del poema «El extranjero» del escritor colombiano Eduardo Carranza. En otros, como en la poesía antillana representada por Luis Palés Matos y América González, se crea un ambiente de fiesta y fantasía mediante un derroche de ritmo y colorido.

Escritura en el diario. A veces recordamos vivencias de nuestro pasado y nos parece que fueron sólo un sueño. Personas o lugares que conocimos en nuestra infancia, paseos que solíamos hacer... Piensa en alguna experiencia personal de la cual conservas vagos recuerdos y cuéntala en tu diario. Comparte luego tu relato con un(a) compañero(a).

Leamos activamente

Lectura del (de la) maestro(a). Tu maestro(a) leerá en voz alta el poema «El extranjero» de Eduardo Carranza. Escucha atentamente y trata de apreciar la suave cadencia y musicalidad de este poema.

Lectura silenciosa. Lee silenciosamente el poema.

"Jacques Lipchitz (Portrait of a Young Man)," 1914
Oil on canvas 25-5/8″ x 21-5/8″
The Museum of Modern Art, New York. Gift of T. Catesby Jones.
Photograph © 1996 The Museum of Modern Art, New York.

El extranjero

Eduardo Carranza

Me asomo a este recuerdo desde fuera
como uno que llega de lejos
después de muchos años, a su antigua casa
y sube la calle casi andando con el corazón
y, casi furtivo, en la noche
se acerca a la ventana iluminada
y mira, desde fuera, lo suyo tan ajeno,
mira lo conocido, tan extraño.

Los dos que están allí, dentro, como alelados,
como escuchándose mutuamente el corazón
no pueden verme desde la estancia iluminada
porque es de noche y está oscuro
en las calles de la pequeña ciudad antigua.
Y los dos son ya transparentes.
Pero se sabe que, ligeramente inclinados,
escuchan una mutua melodía
y ella sonríe como prolongando la luna.

El fuego está encendido y todo está en suspenso.
Las cosas esperan algo inminente, al otro instante,
y callan como recordando
algo que acaba de pasar ha mucho tiempo.

Hay un perfume.
Mi frente toca el cristal
y mi rostro se deshace y confunde
con el pasado y el futuro, con los dos seres transparentes,
con el fuego, con el libro entreabierto.
En los rincones se agrupan las palabras
como a veces en los nostálgicos poemas,
y brillan los besos apenumbrados
levemente cubiertos de tiempo y de silencio.

Me asomo a este recuerdo alzándome
en puntillas sobre el corazón:

¡Oh, Dios clemente! Dime
si el fantasma soy yo, en la noche oscura,
o lo es el de la estancia iluminada.

Piensa, anota y comparte. Después de leer el poema, piensa unos minutos y contesta en tu cuaderno las siguientes preguntas. Al terminar comparte tus respuestas con un(a) compañero(a).

■ ¿Qué te comunica este poema? (mensaje, sentimientos)

■ ¿Qué preguntas le harías al autor?

Trabajando individualmente reflexiona y comenta qué diferencias y semejanzas encontraron en sus respuestas a las preguntas anteriores. ¿En qué forma cambió tu interpretación del poema después de intercambiar ideas con tu compañero(a)?

Trabajo de equipo. El (La) maestro(a) asignará a cada grupo uno de los siguientes poemas. Trabajando en equipo sigan el procedimiento siguiente:

1. Lean el poema silenciosamente.

2. Anoten en una o dos oraciones su primera reacción al poema.

3. Lean el poema en voz alta. Deben turnarse para que todos los miembros del grupo lean una parte.

4. Compartan y comenten sus reacciones al poema.

"The Lindy Hop," Miguel Covarrubias

Danza negra

Luis Palés Matos

Calabó y bambú.
Bambú y calabó.
El gran Cocoroco dice: tu-cu-tú.
La gran Cocoroca dice: to-co-tó.
Es el sol de hierro que arde en Tombuctú.
Es la danza negra de Fernando Póo.
El cerdo en el fango gruñe: pru-pru-prú.
El sapo en la charca sueña: cro-cro-cró.
Calabó y bambú.
Bambú y calabó.

Rompen los junjunes en furiosa ú.
Los bongos trepidan con profunda ó.
Es la raza negra que ondulando va
en el ritmo gordo del mariyandá.
Llegan los botucos a la fiesta ya.
Danza que te danza la negra se da.

Calabó y bambú.
Bambú y calabó.

El gran Cocoroco dice: tu-cu-tú.
La gran Cocoroca dice: to-co-tó.
Pasan tierras rojas, islas de betún;
Haití, Martinica, Congo, Camerún;
las papiamentosas antillas del ron
y las patualesas islas del volcán,
que en el grave son
del canto se dan.

Calabó y bambú.
Bambú y calabó.
Es el sol de hierro que arde en Tombuctú.
Es la danza negra de Fernando Póo.
El alma africana que vibrando está
en el ritmo gordo del mariyandá.

Calabó y bambú.
Bambú y calabó.
El gran Cocoroco dice: tu-cu-tú.
La gran Cocoroca dice: to-co-tó.

Maracas

América González

Maracas, maracas, ¡qué lindas maracas!
maracas alegres que marcan el ritmo
con dulce sonar,
Maracas cubanas que endulzan la vida,
que brincan y cantan, que ríen y lloran
en su repicar.

Son dulces y suaves, rítmicas y alegres,
claras, bulliciosas, y con su cadencia
marcan el compás.
Cuando en el guateque repican sonoras
junto a las guitarras, se nos incorpora
su alegre sonar.

Maracas de Cuba, mis dulces maracas,
junto con las claves y el güiro sonoro
te quiero escuchar.
¡Y aquél que esté triste, que venga a mi Cuba
a oír un cubano tocar las maracas,
y revivirá!

"The Last Serenade," Emilio Pettoruti

Ampliemos nuestra comprensión

Poesía coral editada.   En grupos de cuatro seleccionen uno de los poemas de esta lección. Usando el texto original del poema, sin cambiar las palabras, hagan una presentación coral. Pueden repetir frases o estrofas, así como quitarlas, pero no inventar nuevas. Usen su creatividad artística: pónganle ritmo, música y expresión corporal al poema.

Poema reconstruido.   Relee los tres poemas de esta lección. Selecciona las imágenes, palabras o versos que más te han impactado e intégralas para crear un nuevo poema.

Conclusión de la unidad

Síntesis y conexión de conceptos

Los críticos literarios opinan.   Imagínate que tienes que producir un cuadro de evaluación de los cuentos de esta unidad. En el siguiente cuadro califícalos de una a cuatro estrellas según tu opinión. Cuatro estrellas significan *me encantó;* tres estrellas, *me gustó;* dos estrellas, *me pareció regular* y una, *no me gustó.* Escribe dos o tres oraciones que expliquen tu clasificación en la columna de la derecha.

Ejemplo: El siguiente (p. 236) es un ejemplo basado en el cuento de Julio Ramón Ribeyro que aparece en la segunda unidad.

Título	Calificación	Comentario
«Los gallinazos sin plumas»	★★★★	Es un cuento hermoso y desgarrador. Presenta una realidad cada vez más generalizada. Todo el mundo debe leerlo.

Tabulación y consenso.   En sus grupos de cuatro, sumen las calificaciones que le dieron a cada cuento; luego divídanla entre cuatro para sacar el promedio y organizar una lista de los cuentos de la unidad, según su grado de popularidad. Lean los comentarios individuales de la tercera columna y, de común acuerdo, escriban una versión del grupo que combine las ideas de los miembros del equipo. Presenten la información en una hoja que colocarán bajo el título «La opinión de los críticos», junto a las otras secciones del periódico mural que han elaborado en esta unidad.

Entrevista semi-estructurada.   Imagínate que eres un(a) periodista y tienes la oportunidad de publicar una entrevista con un personaje de tu escuela o de la comunidad en el periódico local. Escoge al personaje que quieres entrevistar. Prepara una serie de preguntas para hacerle. Recuerda que en una entrevista semi-estructurada no tienes que seguir las preguntas al pie de la letra. A medida que transcurre la entrevista puedes cambiarlas, alterar el orden o añadir nuevas preguntas.

Al escribir tu trabajo para el periódico considera los siguientes aspectos:

1. Introducción: breve presentación del entrevistado
2. Desarrollo: preguntas y respuestas de la entrevista
3. Conclusión: opinión personal sobre la persona entrevistada

«Autorretrato con collar de espinas y colibrí», Frida Kahlo

Cuarta unidad

Las mujeres en primer plano

Voces

Hay tantas voces en mí
tantas voces que bajan
a beber de mis sueños
en noches de invierno.

Lucha Corpi

A través de la historia son muchos los papeles que ha desempeñado la mujer según el contexto geográfico, social y familiar en el que se ha desenvuelto. En muchos casos, a pesar de su importante aporte, la mujer ha sido relegada a un plano secundario. Las selecciones de esta unidad nos invitan a que re-examinemos esta situación.

Alistémonos para leer

«Me han pasado cosas como si fuera una película» es un testimonio de la vida y lucha de una campesina guatemalteca, Rigoberta Menchú, quien, gracias a su labor política en favor de su gente, ganó el premio Nobel de la Paz en 1992. El texto seleccionado es un recuento de su vida tomado de una entrevista que realizó César Chelala.

Cuadro anticipatorio.   Copia el siguiente cuadro en tu cuaderno. En la columna de la izquierda anota lo que sepas acerca de Guatemala y de la situación de los indígenas en ese país. En la columna de la derecha, escribe una o dos preguntas cuyas respuestas te gustaría conocer. Con otro(a) estudiante, compartan sus anotaciones.

Lo que sé	Lo que me gustaría saber

Diario de doble entrada.   Copia el siguiente cuadro en tu cuaderno. Lee silenciosamente las dos primeras páginas del texto; selecciona incidentes que te impacten, bien sea positiva o negativamente y regístralos en la primera columna. En la segunda columna anota tus reacciones y sentimientos; comenta además cómo crees tú que hubieras reaccionado de haberte sucedido algo similar.

Citas o incidentes sacados del texto	Mis reacciones

Cuatro en turno.   Trabajando con otros tres compañeros, comparte tu cuadro de doble entrada. Presta especial atención a las diversas reacciones presentadas para que incorpores nuevas perspectivas.

Lectura en voz alta.   En el mismo grupo, continúen la lectura en voz alta, turnándose un párrafo por estudiante hasta terminar.

Cuadro de doble entrada.   Trabajando individualmente, termina tus anotaciones en el cuadro de doble entrada.

«Me han pasado cosas como si fuera una película»

Rigoberta Menchú

Revisado por Alicia Partnoy

Yo soy Rigoberta Menchú; soy indígena del pueblo quiché en Guatemala. La mía ha sido una larga vida; me han pasado cosas como si fuera una película. Mis padres han sido muertos por la represión; no tengo casi ningún familiar vivo o si lo tengo no sé de ellos. Me ha tocado vivir en carne propia lo que a muchos, muchos guatemaltecos les ha tocado vivir.

Nosotros fuimos una familia muy pobre. Mis padres durante toda su vida trabajaron cortando algodón, cortando café. Vivíamos un poco (como cuatro meses al año) en el altiplano de Guatemala, donde mi padre tenía un pequeño pedazo de tierra; pero eso nos alcanzaba muy poco tiempo para vivir en el altiplano y luego teníamos que bajar a las fincas a buscar comida.

Según me cuenta... me contaba mi madre, durante todo el tiempo que estuvo embarazada conmigo estuvo en la finca cortando café y algodón. Me pagaban veinte centavos en ese entonces, hace muchos años, cuando comencé a trabajar en mi pueblo en Guatemala. Allí los pobres, los niños, no hemos tenido oportunidad de escuelas, no hemos tenido oportunidad de realizar otra vida que el trabajo para poder comer y ayudar a que nuestros padres compren medicinas para nuestros otros hermanitos. Fuimos 9 hermanos. Dos de mis hermanos se murieron en la finca cortando café. Se enfermaron y no pudieron curarlos. Uno de ellos murió así. El otro se murió cuando el terrateniente mandó fumigar el algodón y nosotros estábamos adentro del algodón. Mi hermanito se intoxicó, no hubo forma de curarlo y se murió en la finca, donde lo enterramos.

Nosotros no sabíamos por qué ocurrían esas cosas. Es un milagro que nosotros nos hayamos salvado varias veces. Cuando nos enfermábamos mi madre buscaba hojas de plantas para curarnos. Los indígenas en Guatemala todavía dependemos mucho de la naturaleza. Mi madre nos curaba muchas veces con hojas de plantas, con raíces. Así logramos llegar a ser grandes. A los diez años yo comencé a trabajar más en colaboración con mi comunidad, donde mi padre era un dirigente católico. Él era un dirigente maya, indígena, regional, conocido por todos los indios de la región.

Mi padre poco a poco nos involucró en las tareas de la comunidad, en el respeto de la comunidad. Y así crecimos nosotros con esta conciencia. Mi padre era catequista y nosotros, sus hijos, comenzamos a desenvolvernos en la religión católica y comenzamos a ser catequistas. En Guatemala cuando uno es catequista es a la vez dirigente de la comunidad, y lo que uno hace especialmente es predicar el Evangelio.

Poco a poco fuimos creciendo y realmente podemos decir que nosotros no empezamos a luchar hace poco, sino que hace veintidós años que mi padre luchó por las tierras. Los terratenientes querían quitarnos nuestra tierra, nuestra pequeña tierra, y mi padre entonces peleaba por ella. Así, se iba a hablar con los alcaldes, con los jueces en distintas partes de Guatemala. Después mi padre se integró al INTA, que es la institución de transformación agraria en Guatemala. Durante muchos años mi padre fue engañado. Él no hablaba el español. Ninguno de nosotros hablaba el español. Entonces a mi padre lo hacían viajar para firmar unos papeles, cartas, telegramas, a todas partes de Guatemala, lo que significaba que tenía que sacrificarse no sólo él sino toda la comunidad para pagar los pasajes. Todo esto nos creó a nosotros una conciencia desde muy chiquitos.

En los últimos años mi padre fue encarcelado muchas veces, la primera de ellas en el año 1954. Cuando mi padre cayó en la cárcel era acusado como un hombre que causaba desorden en la población. Cuando mi padre estaba encarcelado nos despojaron de nuestras casas, quemaron nuestras ollas. Nosotros no usamos cosas de hierro o de aluminio. En nuestra comunidad nosotros usamos ollas de barro, que hacemos nosotros mismos con la tierra. Pero el ejército lo quebró todo y era realmente difícil para nosotros comprender esta situación.

Mi padre fue sentenciado entonces a 18 años de prisión, pero no los hizo porque nosotros pudimos trabajar con abogados para sacar a mi padre. A raíz de eso mi madre tuvo que ir a trabajar como sirvienta en la ciudad de Santa Cruz del Quiché, y todos los hijos tuvimos que bajar a trabajar en las fincas. Después de un año y dos meses mi padre salió de la cárcel y regresó a casa con más valor para seguir luchando y con mucha cólera por lo que había pasado.

Poco después mi padre fue torturado por los guardaespaldas de los terratenientes. Llegaron unos hombres armados a mi casa y lo sacaron a mi padre sin que nosotros supiéramos quiénes eran esos señores. Nosotros entonces nos movilizamos con la comunidad y encontramos a mi padre tirado en el camino, lejos, como a dos kilómetros de la casa. Mi padre estaba muy golpeado y casi medio vivo. Los sacerdotes de la región tuvieron que movilizarse para llevar a mi padre al hospital. Estuvo seis meses en el hospital cuando escuchamos que lo iban a sacar porque lo iban a matar. Hacían bulla los terratenientes y nos llegaban las informaciones por medio de sus mozos, que también son indígenas, y con quienes nos queríamos mucho. Así es que a mi padre tuvimos que buscarle otro lugar, un lugar privado que le buscaron los sacerdotes para que se curara. Pero ya mi padre no podía hacer trabajos difíciles como hacía antes. Poco después mi padre se dedicó exclusivamente a trabajar por la comunidad, viajando, viviendo en la tierra.

Pasaron varios años y nuevamente en el año 1977 mi padre fue sentenciado a muerte. Cayó otra vez en la cárcel. Cuando fuimos a verlo a la cárcel de Pantán nos dijeron que no querían que nosotros viéramos a mi padre porque había cometido muchos delitos. Mi madre fue a Santa Cruz a buscar abogados y por medio de ellos supimos que mi padre iba a ser fusilado. Cuando lo iban a matar, muchos sindicatos, estudiantes, campesinos y algunos sacerdotes se movilizaron para que dejaran a mi padre en libertad. Mi padre salió en libertad, pero antes de salir lo amenazaron diciéndole que de todas maneras lo iban a matar por comunista. Desde ese momento mi padre tuvo que desarrollar sus actividades en forma secreta, tuvo que cambiar su ritmo de vida y vivir escondido en varias casas. Estuvo en varias casas en el Quiché y después se fue a la ciudad capital. De modo que se convirtió en un dirigente de lucha y tuvo que luchar por los campesinos. Fue entonces que mi padre dijo «Tenemos que luchar como cristianos», y de allí surgió la idea, junto con otros catequistas, de hacer organizaciones cristianas que participaran en el proceso.

Para nosotros siempre fue algo misterioso que mi padre pudiera desarrollar todas esas actividades que fueron muy importantes, a pesar de ser analfabeto; y nunca pudo leer o escribir en su vida. Todos sus hijos fuimos perseguidos por esas actividades de mi padre, y realmente la pobreza no nos ayudaba a defendernos, porque eran esas condiciones muy tristes para nosotros.

Todas esas actividades de mi padre nos habían creado un resentimiento porque no podíamos recibir el cariño de nuestros padres, porque éramos muchos hijos y la preocupación más grande era la de sobrevivir. Encima de todo esto estaban los problemas de la tierra, que a mi padre lo ponían muy mal. Hacía muchos años habían caído piedras de las montañas y nos habíamos visto obligados a bajar de donde vivíamos. Cuando bajamos y cultivamos nuevas tierras aparecían los terratenientes con documentos y nos decían que las tierras eran de ellos antes de que nosotros viniéramos. Pero nosotros sabíamos muy bien que la tierra no tenía dueño cuando nosotros llegamos allí.

No pudieron agarrar a mi padre pero en el año 1979 secuestraron a uno de mis hermanitos. No supimos quién lo hizo. Sólo supimos que eran cinco hombres armados, con sus rostros cubiertos. Como mi padre no podía salir, salimos nosotros con mi madre y miembros de la comunidad a reclamar al ejército, pero ellos decían que no sabían nada de lo que había pasado. Fuimos a la alcaldía, fuimos a todas las cárceles de Guatemala, pero no lo encontramos. Después de muchos viajes por todas partes mi madre estaba muy angustiada. Él es un hermano que costó mucho que sobreviviera y por eso para mi madre era muy difícil de aceptar.

En esa fecha el ejército publicó un boletín diciendo que iba a haber un concilio de guerrilleros. Dijeron que tenían en su poder unos guerrilleros y que los iban a castigar en público. Mi madre dijo: «Ojalá que aparezca mi hijo. Ojalá que mi hijo esté allí. Quiero saber qué pasó con él». Entonces fuimos a ver qué pasaba. Caminamos un día y casi toda la noche para trasladarnos al otro pueblo. Cuando llegamos al lugar había un oficial del ejército que estaba a cargo de dar un discurso. Había cientos de soldados que tenían rodeado casi todo el pueblo y que habían juntado a la gente para que presenciaran lo que iban a hacer. Había indígenas de otras partes como así también indígenas del lugar. Al rato llegó un camión del ejército con 20 personas torturadas de distintas formas. Entre ellos reconocimos a mi hermanito, quien junto con los demás prisioneros habían sido torturados durante quince días.

Cuando mi madre vio a mi hermanito ella casi se expuso, pero nosotros tuvimos que tranquilizarla diciéndole que si se exponía se iba a morir allí mismo por ser familia de los guerrilleros. Nosotros estábamos llorando pero también estaba llorando casi todo el resto de la población al ver el estado de las personas torturadas. A mi hermanito le habían sacado las uñas, le habían cortado parte de las orejas y otras partes del cuerpo, los labios, y estaba lleno de cicatrices e hinchado por todas partes. Entre los prisioneros había una mujer a quien le habían cortado parte de los pechos y otras partes del cuerpo.

El capitán nos dio un discurso muy largo, de casi tres horas, en el cual constantemente amenazaba al pueblo diciendo que si se metían con el comunismo les iba a pasar lo mismo que les pasó a los prisioneros torturados. Luego nos explicaron uno por uno los distintos tipos de torturas que les habían aplicado a los prisioneros. Después de tres horas el militar mandó al ejército a que desnudaran a los torturados y dijo: «Todavía falta una parte del castigo». Mandó atar a los prisioneros en unos postes. El pueblo no sabía qué hacer y a mi madre le daba ataque de desesperación en esos momentos. Y todos nosotros no sabíamos cómo soportar esa situación. El militar mandó cubrir a los prisioneros con gasolina y les prendieron fuego, uno por uno.

Entrevista realizada por César Chelala

Apuntes literarios

El testimonio. «Me han pasado cosas como si fuera una película» es una obra de testimonio. Éste es un género literario nuevo que presenta las siguientes características:

1. Es un texto producido en colaboración. Hay un(a) **narrador(a)**, que generalmente es una persona de procedencia humilde, y un(a) **redactor(a)** que es un profesional.

2. El redactor entrevista al narrador, selecciona los detalles más importantes, y tiene el control del texto final.

3. El tema es un problema social crítico.

4. La obra presenta una perspectiva colectiva, es decir, el narrador se convierte en la voz de todo un pueblo o de una comunidad.

Dos otros ejemplos de obras de testimonio son *Me llamo Rigoberta Menchú y así me nació la conciencia* y *¡Aquí también, Domitila!*

¿Puedes explicar por qué la obra que acabas de leer es una obra de testimonio?

Ampliemos nuestra comprensión

Discusión de grupo.   En grupos de cuatro, compartan sus anotaciones en el cuadro de doble entrada. De común acuerdo seleccionen los cuatro incidentes que les parezcan más dramáticos y discutan sus reacciones a esos incidentes.

Discusión de estereotipos.   Trabajando en compañía de otros tres alumnos, genera una lista de cinco o seis aseveraciones acerca de los estereotipos que normalmente se tienen respecto al papel de la mujer en el hogar, el trabajo y la sociedad. Por ejemplo: El papel de la mujer no es tomar la iniciativa sino apoyar las ideas de otros. Obviamente no es necesario que ustedes compartan las opiniones manifestadas. Nuestro objetivo es iniciar un examen de creencias comúnmente compartidas en la sociedad.

Ideas novedosas solamente.   Siguiendo la técnica de «Ideas novedosas solamente» cubran todas las ideas generadas por la clase.

Análisis de la problemática.   Rigoberta toma conciencia de que es necesario luchar por el cambio social, después de analizar su realidad. El reconocimiento de que vive en una sociedad injusta, la lleva a abrazar una vida de dedicación a la causa de los derechos humanos de los indígenas y campesinos de su país. Al mismo tiempo su decisión implica la renuncia personal a una vida familiar normal. Dentro del contexto tradicional en que se desenvuelve la vida de Rigoberta Menchú, es especialmente admirable que, siendo mujer, ocupe una posicion de liderazgo en la lucha por la reivindicación del indígena. Lee la siguiente cita de la obra *Me llamo Rigoberta Menchú y así me nació la conciencia.* A medida que la leas, reflexiona acerca de las tensiones que, como mujer, tiene que enfrentar Rigoberta en su vida.

>   «...llegó un momento en que yo ya estaba clara... precisamente cuando ya empecé mi vida de revolucionaria. Estaba clara que yo estaba luchando por un pueblo y estaba luchando por los muchos niños que no tienen qué comer... para mí es más fácil caer en cualquier lugar, en cualquier momento, sin dejar ninguna persona sufriendo. Sería triste

para mí, aunque el pueblo se encargue de mi hijo, de mis semillas, porque nunca se consigue la ternura de una madre en otra persona, por más que la persona se encargue y se interese por la criatura... Yo soy humana y soy una mujer: no puedo decir que yo rechazo la idea del matrimonio, pero mi tarea principal, pienso, es primero mi pueblo y después mi alegría personal...»

Rigoberta Menchú

Revisión de estereotipos. Examinen las diversas aseveraciones hechas por la clase acerca del papel de la mujer en la sociedad. Discutan aquéllas con las que Rigoberta Menchú no estaría de acuerdo. Comenten las razones de Menchú y agreguen y justifiquen sus propias opiniones.

Taller de composición

Ensayo de reflexión. En un momento de su vida Rigoberta Menchú tuvo que tomar una decisión entre su felicidad personal a través del matrimonio y la lucha por su pueblo. Su opción implica un sacrificio. En tu propia vida ¿te has encontrado alguna vez en una disyuntiva entre tu bien personal y el bien de otros? ¿Qué camino tomaste? ¿Implicó algún sacrificio? De no encontrar una experiencia relevante en tu pasado, proyéctate hacia el futuro y especula en qué condiciones estarías dispuesto a hacer un sacrificio por otros. Escribe un ensayo presentando la situación y justificando tus acciones.

Diseño de güipil.   Guatemala es un hermoso país rico en arte y tradiciones. Uno de los más bellos ejemplos del arte popular es el «güipil», una fina blusa tejida en telar de cintura, que utilizan cotidianamente las mujeres indígenas. En la foto de esta página puedes apreciar el colorido y los diseños geométricos y de flores de algunos güipiles. Partiendo del concepto tradicional, diseña y colorea tu propio güipil.

Cuadro anticipatorio.   Ahora que ya has terminado esta lección, revisa el cuadro anticipatorio que llenaste al comienzo y anota algunos otros datos que has aprendido acerca de Guatemala y la situación de los indígenas en ese país. Examina también las preguntas que habías escrito para ver si han sido contestadas a través de la lección. En caso contrario, discútelas con tu maestro(a) o busca su respuesta en la biblioteca de la escuela. De igual manera agrega una o dos preguntas acerca del tema que te haya causado inquietud. No tienes que responderlas de inmediato, pero te pueden servir para guiar tu curiosidad en el futuro.

2

Alistémonos para leer

En el siguiente cuento del escritor Jim Sagel, «Zapatos de huevo», se destaca el papel de la madre dentro de la familia como el personaje que mantiene la armonía y la paz familiar.

Predicción en base al título.   A veces el título de una obra nos sugiere pensamientos, sentimientos, preguntas. ¿Qué te sugiere el título de este cuento? Comparte tus ideas con un(a) compañero(a).

Escritura rápida.   En tu cuaderno escribe acerca de las siguientes preguntas:

> ¿A quién de los miembros más inmediatos de tu familia consideras él (la) más fuerte? ¿En qué forma se manifiesta esta fortaleza? Da ejemplos específicos. Al terminar comparte tus anotaciones con un(a) compañero(a).

Apuntes literarios

Personajes.   Uno de los elementos claves de una obra narrativa son los personajes. Éstos son cada uno de los seres humanos, sobrenaturales o simbólicos, que toman parte en la acción de una obra literaria.

Motivos de los personajes.   Por lo general, los escritores tratan de crear personajes que parezcan reales, con los mismos sentimientos y comportamiento de los seres humanos. No siempre el (la) escritor(a) nos dice directamente cómo se siente un personaje o qué motivos lo llevan a actuar de una determinada manera. ¿Cómo podemos averiguarlo?

Existen tres maneras de conocer a un personaje:

1. a través de sus acciones y de sus palabras.

2. por lo que los otros personajes nos dicen de él o de ella.

3. por las descripciones directas del (de la) autor(a).

En esta unidad trata de enfocar tu atención principalmente en los personajes femeninos, su problemática, sus sentimientos, valores y actitudes.

Leamos activamente

Red de personajes.   Copia el siguiente cuadro en tu cuaderno.

Personaje	Características	Acciones
La mamá		
El papá		
El tío Plácido		
La tía Juana		

Comprensión auditiva.   Tu maestro(a) tocará la grabación de la primera parte del cuento. Debes escuchar atentamente. Al terminar de escuchar la grabación, en grupos de cuatro, completen la información requerida.

Lectura en grupos.   En sus grupos de cuatro continúen la lectura de la siguiente parte del cuento, turnándose de manera que cada alumno(a) lea un párrafo cada vez. Sigan completando el cuadro de común acuerdo.

Lectura silenciosa.   Termina de leer el cuento silenciosamente y completa el resto de la información en el cuadro «Red de personajes».

Zapatos de huevo

Jim Sagel

Primera parte

Pasó durante el tiempo de las goteras. Había llovido por cuatro días seguidos, y parecía que todavía iba a seguir. Y ahora, en el cuarto día, las goteras habían empezado —gotas de agua cayendo del techo por toda la casa. Ya mi papá había echado un terregal arriba del techo— hasta miedo le había dado que las vigas se iban a quebrar. Pero, con tanta lluvia, pues el agua tenía que pasar.

Éramos una familia muy unida, sí —pero encerrados todos juntos por tantos días— pues, estaba duro. Especialmente para una joven de diez años que ya le gustaba imaginarse mujer y que necesitaba estar solita de vez en cuando. Y luego, en aquellos tiempos —igual que hoy en día— la mujer hacía todo el trabajo en la casa. Nosotras aceptábamos eso —¿qué más íbamos a hacer?— pero cuando todos los hombres se quedaban adentro de la casa, emporcándola y luego estorbándonos para limpiarla, pues se ponía doble de trabajoso. Y mi papá —él era el peor. Era la clase de hombre que siempre tenía que estar ocupado— todo el tiempo trabajando afuera. Todavía cuando me acuerdo de él, lo veo con una herramienta en la mano —un hacha, una pala, un martillo— él siempre andaba con algún negocio. Y cuando llegaban estos tiempos de las goteras —o las nevadas que nos encerraban cada invierno— pues, mi papá se ponía tan nervioso que casi no lo aguantaba uno. Se ponía de muy mal humor y caminaba de un cuarto al otro, como un león enjaulado. Y nos maltrataba a todos nosotros —pero más a mamá, pobrecita— tanto que trabajaba y luego también tenía que aguantar todas las quejas de él en silencio.

Pero yo le ayudaba a mi mamá —pues, ya tenía diez años. Yo ya no era una muchachita. Ya le ayudaba con la casa y también hacía de cenar. Ésa era la única ocasión que mi papá me halagaba. Decía que yo hacía papas fritas mejor que cualquier otra mujercita. Eso sí me gustaba —cuando él decía que «mejor que cualquier *mujercita*». Yo quería ser adulta en

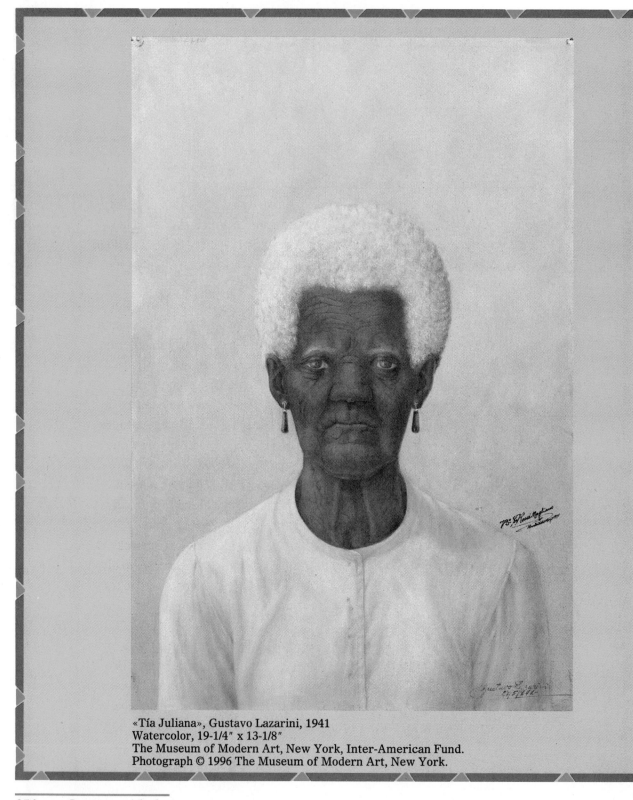

«Tía Juliana», Gustavo Lazarini, 1941
Watercolor, 19-1/4" x 13-1/8"
The Museum of Modern Art, New York, Inter-American Fund.
Photograph © 1996 The Museum of Modern Art, New York.

aquellos tiempos —ahora diera mi vida por volver a ser una muchacha, pero eso es otra historia.

Bueno —la lluvia había caído por cuatro días y ya teníamos ollitas y botes por toda la casa llenándose con las gotas que salían del techo, cuando mi tía Juana y mi tío Plácido llegaron. Mis tíos tenían un techo peor que el nuestro y ya no podían quedarse dentro de su casa.— Es la misma cosa que afuera —dijo mi tía Juana. Y aunque mi mamá está muy contenta de ver a su hermana, mi papá se puso hasta más genioso. Bien sabía yo su opinión de su cuñado— pues, le había oído cuando le decía a mi mamá que el Plácido era un hombre que no servía para nada. Y yo sabía qué estaba pensando —que si mi tío Plácido hubiera compuesto su techo en lugar de gastar su tiempo con sus «tonterías», pues, entonces no hubieran llegado aquí.

Pero aquí estaban ya, y yo tuve que dejarles mi cama a mis tíos. Me mudé para la cocina donde no estaba goteando tan malamente. Y mi cama nueva, pues, era una zalea. Nuestra casa —como todas las casas en aquellos tiempos— no era ni tan grande. Y luego éramos muchos para poder acomodar a mis tíos. Pero nunca hubo preguntas. Eran familia y necesitaban nuestra ayuda. Y nosotros les ayudamos —era nuestro modo de vivir entonces.

Y, a pesar de lo mal que mi papá pensaba de mi tío Plácido, de suerte que estaba con nosotros. Así, a lo menos, mi papá tenía alguien con quien podía platicar y el tiempo, tan siquiera, se pasaba un poco más rápido para él. Porque si había una cosa que sí le gustaba más que trabajar con sus caballos, pues era *hablar* de ellos —tanto orgullo que tenía por ellos. Y sí, eran los mejores caballos de Coyote— no había duda de eso— y yo no sé qué tantas veces mi papá le platicó la historia de su «Morgan» a mi tío Plácido. Ése era su favorito, quizás, porque ya hacía años que ese caballo se había muerto, y mi papá todavía hablaba de él. Yo misma ya sabía todo el cuento de memoria.

Una vez prendió su Morgan con un caballo nuevo que todavía no sabía jalar. Y él mismo tuvo la culpa, mi papá repetía a mi tío Plácido, porque fue y le echó demasiada carga al carro —pura leña verde, sabes. Y luego tuvieron que subir unas laderas bárbaras para sacar el carro de allí— y su pobre Morgan jalando todo ese peso solo. Pues, el otro no le ayudaba nada. Pero ese caballo, ¡mejor se mataba que rajarse! Y ya cuando llegaron, pues el pobre andaba muy enfermo —y, en dos días se murió. Seguro que se había destripado con ese jalón tan terrible— y, ¡qué tristeza! —no había caballo más fuerte que aquel Morgan, mi papá le decía a mi tío.

Y mi tío Plácido —bueno él nomás decía que sí, que sí, mientras trabajaba en sus rompecabezas. Ésas eran las «tonterías» que para mi papá eran una pérdida de tiempo. Sin embargo, le gustaban a mi tío Plácido como a mi papá los caballos. Y era un hombre muy sabio mi tío, sabes, para poder hacer esas cosas. Pues agarraba un cartón y lo cortaba en pedazos de todos tamaños y luego los ponía pa'trás. Algunas veces los hacía de madera que componía con su navajita —y luego molestaba a todos que los hiciera— tú sabes, que uno pusiera los pedazos en su propio lugar. Cuando empezaba con eso, mi papá miraba pa'fuera más que nunca y decía a mi mamá que iba a salir, pero ella no lo permitía. —No 'nito— le decía —, te vas a enfermar. ¿Qué tienes?

Ésa era la única ocasión cuando mi mamá mandaba a mi papá, sabes. Ella no sabía mucho de los animales ni del rancho, pero de la enfermedad — eso sí. Pues, estaba obligada a saber. No había doctores ni hospitales entonces, y luego ella con una familia de ocho hijos, pues tenía que ser la médica de la casa. Y ¡cómo sabía ella de las yerbas!— ooh, todas clases de remedios que hacía a uno tomar. Siempre me repugnaban a mí —¡tan amargosas que eran algunas!— pero ahora tengo que agradecerle porque nos crió a todos nosotros con esos tés tan agrios y mordaces. Me acuerdo que cuando yo le daba guerra para tomar algún remedio, pues nomás me agarraba de las narices. Me abría boca y échamelo.

Segunda parte

Y mi mamá se puso más ocupada que nunca con los remedios cuando su hermana llegó en aquel tiempo de las goteras. Mi tía Juana, ves, era una hipocondríaca. Así decían todos —hasta mi mamá lo sabía, yo creo. Mi tía siempre andaba con alguna queja —tú sabes, dolor de esto y del otro, y ahora que se encontraba rodeada de toda la familia, pues, se falteó peor que nunca. Bueno tenía a todos para darle simpatía, sabes, y mientras que la lluvia seguía cayendo igual que las goteras adentro, mi tía Juana se quejaba a cada uno de nosotros de sus dolores tan fuertes de cabeza. Y mi mamá le preparaba un remedio nuevo cada rato, se me hacía —inmortal, oshá, poléo, ruda— pero parecía que nada le ayudaba. Eso también le hacía la vida pesada a mi papá, y si mi tía Juana no le daba suficiente pena a mi mamá, pues mi papá le acababa de apenar con sus quejas sobre su cuñada. Cada rato le decía a mi mamá que la Juana lo hacía de adrede, y que si mi mamá no le diera tanta atención, pues pronto sanaría. Pero mi mamá, lo aceptaba todo en silencio. Y me acuerdo que yo, en aquellos tiempos, creía que ella era débil —que no tenía el valor de responderle. No fue hasta años después que entendí que ella era la fuerte— que no peleaba por causa de la familia. Ella nos perdonaba por todas nuestras estupideces y faltas, y siempre hallaba el buen lado de cada uno.

Y así le decía a mi papá cuando se quejaba tanto de mi tía Juana —y un modo muy propio escogió para explicarle.— Ella es la misma cosa que tú —le decía—. No puede quedarse quieta, sin hacer nada. Es muy duro para ella estarse en una casa ajena sin sus quehaceres. Es nerviosa nomás —lo mismo que tú. Por eso se enferma tanto.

Bueno, ¿qué le podía contestar mi papá a eso?

Otra maña también tenía mi tía Juana. Era tartamuda —quizás siempre había sido. Y, para mí a lo menos, su modo de pronunciar las palabras me daba tanta risa que no me importaban todas sus «enfermedades». Risa en secreto, seguro —porque eso era una cosa de muchísima importancia entonces, sabes —uno siempre respetaba a sus mayores, especialmente la gente anciana. Pero no podía esconder una sonrisa cuando ella decía: —Vamos a mealos, litas, pa'acostalos.

Y ella se acostaba muy re-temprano, sabes —nomás se hacía oscuro y ya se acostaba. Y luego se levantaba con las meras gallinas. Yo me acuerdo que la primera mañana que pasaron con nosotros, ya pa' cuando yo me levanté, ella estaba planchando. —Ya yo laví y planchí y el Placidí todavía durmiendo —me dijo—. Ay pelo ¡qué dolo' de cabeza me 'ta dando, hijita.

Luego mi mamá se levantó a hacer el almuerzo. Después de almorzar, mi papá vació todas las ollas de agua afuera y entró a avisarnos que todavía seguía mal el tiempo. Luego se puso a hacer un cabrestito de cerdas trenzadas. Mi tío Plácido acabó otro rompecabezas y se lo enseñó a mi tía, pero ella dijo: —No me gutan etas tontelías —y me imaginé que ella había oído a mi papá, porque así decía él también— que esas cosas que hacía mi tío eran «puras tonterías». Pero mi mamá le dijo que mi tío Plácido era muy inteligente para poder pensar todas esas cosas.

Bueno —así pasaron días, uno atrás del otro, y todavía la lluvia metida y las gotas sonando en las ollas, marcando los segundos como un reloj incansable. Pero lo que me acuerdo más que nada —todavía tantos años después— son las noches, porque en las noches mis papaces y mis tíos se juntaban a jugar a la baraja. Mis hermanos se iban al otro cuarto a platicar y jugar sus propios juegos, y a veces me gustaba juntarme con ellos —especialmente cuando mi hermano Belarmio tocaba la guitarra. Pero ellos —como eran puros hombre, y mayores que yo, pues nunca me querían allí. Bueno, pero a mí me cuadraba más quedarme con los adultos de todos modos —para escucharlos, sabes. Jugaban a la rondita y me daba risa con mi tía Juana porque se enojaba tanto con mi tío Plácido. Ella decía que él robaba «grano» todo el tiempo, y luego se excitaba tanto cuando le ofrecía la chanza de darle un portazo. —¡Polazo!— gritaba ella, y tiraba su baraja sobre la de él con toda su fuerza. Y, en aquellos ratitos, mientras jugaba, ella se olvidaba de sus «dolores» y jugaba con una energía bárbara.

Jugaban todas las noches y algunas veces casi hasta la madrugada, porque mi papá era demasiado terco, y si él no ganaba pues tenían que jugar hasta que, a lo menos, se habían quedado a mano. Y se divertían mucho, sabes —apostaban pollo y platicaban muy bonito, con mi tío Plácido «curando» las barajas con su «brujería» que tanto coraje le daba a mi tía. —Cruz de macho—... si me dejas perder, te empacho —decía. —Cruz de encino—... si me dejas perder, te empino.

Y sabes que casi siempre él y mi mamá ganaban cuando hacía eso.

Tercera parte

Pero lo mejor de todo era cuando acababan el juego. Luego mi mamá y mi tía hacían café y buñuelos y se ponían a sabrosear y platicar. Yo ya me había acostado para esas horas, pero estaba cerca de la mesa y, aunque cerraba los ojos, no me dormía. Era entonces que mitoteaban y platicaban de los parientes y vecinos. Era una noche de esas cuando aprendí yo que mi tía Elena se había casado con su primer esposo con la esperanza de que se muriera. ¡Sí! Era en los tiempos de la guerra mundial, y mi tía se casó con aquel hombre el día antes de que se fuera para la guerra. Ni lo quería, decían, pero estaba convencida que nunca volvería de la guerra —bueno, era un hombre chaparrito y tan saludable. Y quizás mi tía se casó con él porque esperaba su pensión. Luego, ¿sabes qué pasó? Pues, ni lo aceptaron en el ejército —yo no sé si no era grande suficiente o enfermo o qué, pero el cuento es que él volvió— presto. Y mi tía Elena, pues lo dejó, ya que no iba a sacar su dinerito.

También se ponían a hablar de la brujería algunas noches, pero eso no le gustaba a mi papá. Para él, la brujería era nomás otra «tontería». Él nunca había visto ninguna de esas cosas, «ni una pura bola de lumbre» —y él sí se había paseado a caballo por todas estas partes en la noche, y toda la vida también. Pero siempre mi mamá y mis tíos platicaban de las brujas y ¡cómo me espantaba yo! Acostada allí con los ojos apretados y el sonido constante de las gotas en las ollas —pues, muy bien podía imaginar las caras desfiguradas y horribles de las brujas malditas— y sus gatos negros y sus tecolotes. Platicaban de aquella viaje allá en el Cañón de las Grullas —la Petra— que por tradición o por prueba, no sé cuál, tenía la fama de ser una esclava del diablo. Y mi tía hablaba de aquel velorio cuando la Petra trajo una olla de frijoles que nadien atocó —y luego pa' la siguiente mañana ya estaban pudridos y agusanados. Y luego platicaban de unas cosas tan escariotas que yo casi no las podía creer. Como cuando la Petra se enamoró de un hombre casado de las Polvaderas. Y cuando él no quería dejar a su mujer por ella, pues lo embrujó con un cigarro que le dio, y el pobre hombre se hizo mujer. Ooh —cosas increíbles— pero tan mágicas, ¡tan misteriosas para una niña de diez años!

Y yo no sé, pero yo creo que siempre sabía que alguna cosa iba a pasar entonces, en ese año de las goteras tan malas. Es una habilidad que yo siempre he tenido. Ni yo misma la entiendo, pero en veces puedo sentir lo que va a suceder. Y la misma cosa entonces —nomás que era la primera vez que me pegó tan fuerte, y no entendí lo que estaba sintiendo.

Ya había hecho seis días que mis tíos habían estado con nosotros —y todavía lloviendo. Oh —se quitaba por ratitos, pero luego pronto empezaba a caer otra vez. Y las goteras de adentro —pues, nunca paraban. Ya le estaban dando dolores de cabeza a mi tía Juana más fuertes que nunca, y mi mamá ya estaba bien apenada. Y ese día, al fin decidió de darle otra clase de remedio, porque mi tía dijo que tenía calentura también —y sí, parecía que tenía fiebre. De modo que mi mamá batió unos blanquillos que le puso en la cabeza y en los pies, amarrándole éstos con unas garras. Le dijo que

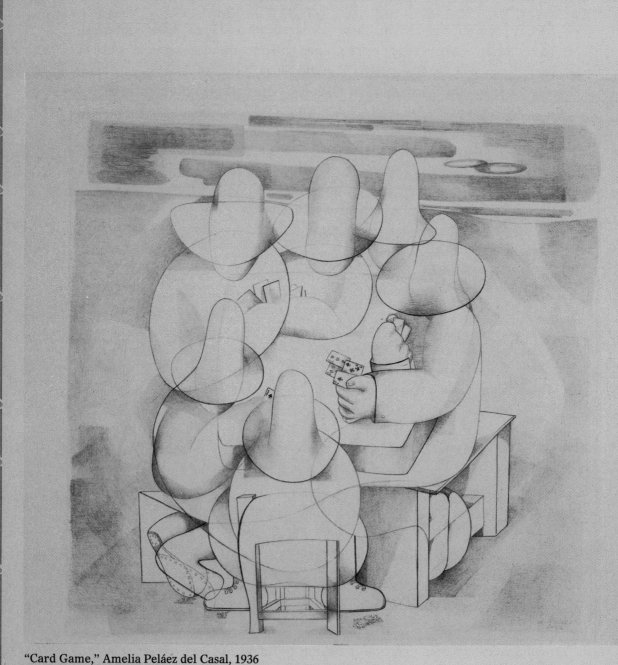

"Card Game," Amelia Peláez del Casal, 1936
Pencil, 25-3/8″ x 26-3/8″
The Museum of Modern Art, New York. Inter-American Fund.
Photograph © 1996 The Museum of Modern Art, New York.

se acostara en el cuarto de atrás. Bueno, la acostaron y, yo no sé qué pasó, pero yo creo que era causa de su nerviosidad —pues, era que pensaba que mis papaces estaban platicando de ella. Nunca supe —pero el cuento es que cuando nos sentamos a cenar, mi hermano Eduardo gritó: —¡Aquí viene mi tía Juana gateando con los zapatos de huevo a greña!

Corrimos pa'llá —y sí, mi tía Juana venía a gatas por el corredor con los «zapatos de huevo» levantaditos atrás. Pues, imposible no reírnos —¡tan curiosa que se miraba! Y toda la noche seguimos riéndonos cada vez que alguien mencionaba «zapatos de huevo». Hasta la mañana, cuando mi tía amaneció muerta.

Nunca supimos qué le había pasado. En aquel entonces, sin doctores, pues la gente nomás decía que «le dió un torzón y se murió». Y esa misma mañana, después de diez días de lluvia, el cielo abrió y el sol salió. La velamos en casa, y aunque la lluvia se había quitado, todavía seguían cayendo algunas gotitas adentro de la casa. Pero nadien las notaba como se mezclaban con las lágrimas.

Mi tío Plácido, me acuerdo, se quedó sentado todo el día con el cuerpo, mirándolo con una intensa confusión casi como si fuera otro rompecabezas que, después de una larga contemplación, tal vez podría resolverlo.

No hay que decir que todos nosotros andábamos con un sentimiento grande por habernos reído de ella —mi papá peor que nadien. Pero entonces pensé —y todavía pienso— que era bueno que nos habíamos reído tanto. Para mí era como un último regalo de mi tía tartamuda que, a pesar de todos sus dolores y quejas, siempre sabía divertir a la gente.

Pues, mira. Ya después de tantos años —con mi mamá y papá también muertos ya— todavía me acuerdo de mi tía Juana y aquel tiempo de las goteras. Y aunque ya no cae agua por aquí, y hasta la casa de mis papaces se ha deshecho con el tiempo, mi tía Juana todavía viene gateando a greña por mi memoria. En sus zapatos —sus zapatitos de huevo.

Ampliemos nuestra comprensión

Escritura en el diario.   La narradora del cuento dice: «Y me acuerdo que yo, en aquellos tiempos, creía que ella era débil —que no tenía el valor de responderle. No fue hasta años después que entendí que *ella* era la fuerte— que no se peleaba por causa de la familia.» ¿Estás de acuerdo con ella? ¿Crees tú que realmente la madre en este cuento es la persona más fuerte de la familia? ¿Qué hace que cambie la percepción que la narradora tiene de su madre? Escribe tus reflexiones en tu diario, dando ejemplos que justifiquen tu respuesta.

Monólogos colaborativos.   El (La) maestro(a) asignará a cada grupo un personaje del cuento. Colaborativamente ustedes deben preparar un monólogo en el cual discutan lo que el personaje está pensando respecto a la situación familiar. En este monólogo se pueden expresar dudas, ideas contradictorias, interrogantes, etc.

Escenas congeladas.   El (La) maestro(a) se paseará por la clase y tocará a un(a) alumno(a) en el hombro. Ésta será la señal para que el personaje que el (la) alumno(a) representa cobre vida y actúe su monólogo. De esta manera se cubrirán todos los personajes del cuento.

Reflexión analítica.   Dentro de cada familia existe una cultura familiar constituida por normas, valores, patrones de comportamiento, maneras de ver las cosas. Si bien es verdad que estas reglas rara vez son mencionadas explícitamente, todos las entienden y respetan. Trabajando en sus grupos, revisen sus anotaciones en «la red de personajes» y discutan cuáles son las responsabilidades de cada uno de los miembros de esta familia y cuáles son las normas que regulan sus interacciones. El producto final de la discusión será una lista de las reglas que rigen el comportamiento de esta familia. Por ejemplo:

- Hay conversaciones de adultos en que los chicos no participan.
- El juego no podía terminar mientras el papá estuviera perdiendo.

Taller de composición

Ensayo de comparación y contraste.   Piensa en tu propia familia y anota algunas de las normas que rigen dentro de ella. Utiliza todas las notas que tienes de esta lección para escribir un ensayo en que compares la familia del cuento con la tuya propia.

Revisión de un(a) compañero(a).   Intercambia tu composición con la de un(a) compañero(a). Cada uno de ustedes debe leer el ensayo de su compañero(a) y escribirle un comentario que le pueda ayudar a mejorar su composición.

LECCIÓN

3

Alistémonos para leer

Los siguientes cuatro poemas plasman la rebeldía de sus autoras frente a la condición de sumisión a que se ve relegada la mujer. Es de especial importancia notar que la mexicana Sor Juana Inés de la Cruz escribe su poema en pleno siglo XVII durante la época de la colonia. Las otras poetisas, la argentina Alfonsina Storni, la puertorriqueña Antonia Darder y la chicana Gloria Velásquez, son contemporáneas.

Si te pudiera decir...   Imagínate que a la madre de la narradora del cuento «Zapatos de huevo» le es posible decirle a su esposo claramente y sin temor a represalias lo que ella piensa de su relación con él. ¿Qué crees que le diría y en qué tono se lo diría? En sus grupos escriban unas tres o cuatro ideas como si fuera un pequeño monólogo. Luego lo compartirán con el resto de la clase.

Leamos activamente

Rompecabezas de lectura.   El procedimiento para la realización de esta actividad es el siguiente:

Primera etapa

1. El (La) maestro(a) divide la clase en grupos de cuatro y le asigna uno de los poemas a cada grupo.

2. Cada alumno(a) lee silenciosamente el poema que le corresponde y anota en su cuaderno las respuestas a las siguientes dos preguntas.

   ■ ¿Cómo ve la autora la presencia del hombre en su vida? ¿Qué piensa ella de los hombres en general?

   ■ ¿Qué preguntas tengo yo acerca de este poema? (¿Tendré razón en pensar que...?, ¿Qué querrá decir...?)

Lectura a cuatro voces. Lean el poema en voz alta. Cada alumno(a) leerá las palabras impresas en un color diferente en el texto.

Cuatro en turno. En sus grupos, tomando turnos, compartan primero las respuestas a la primera pregunta. Luego, siguiendo el mismo procedimiento, compartirán las preguntas que les sugirió el poema.

Discusión de grupo. Se abre una discusión general del grupo acerca de la imagen de la mujer que presenta el poema.

Diagrama «mente abierta». En un diagrama como el que aparece a continuación representa las ideas y sentimientos expresados por la poetisa. Puedes usar dibujos, símbolos o palabras y frases del poema.

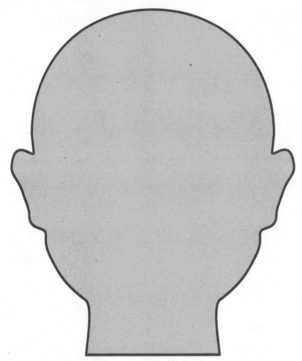

Rompecabezas de lectura

Segunda etapa

1. Los estudiantes se reorganizan en nuevos grupos llamados *grupos base*.

2. Cada estudiante lee su poema y lo explica usando su diagrama de mente abierta.

«Muchacha ayacuchana», José Sabogal, 1937
Oil on wood, 30" x 30"
Lent anonymously, courtesy of The Museum of Modern Art, New York
Photograph © 1996 The Museum of Modern Art, New York

Hombres necios...

Sor Juana Inés de la Cruz

Hombres necios que acusáis
a la mujer sin razón,
sin ver que sois la ocasión
de lo mismo que culpáis.

Si con ansia sin igual,
solicitáis su desdén,
¿por qué queréis que obren bien,
si las incitáis al mal?

Combatís su resistencia,
y luego con gravedad
decís que fue liviandad
lo que hizo la diligencia.

¿Qué humor puede ser más raro
que el que falto de consejo,
él mismo empaña el espejo,
y siente que no esté claro?

Con el favor y el desdén,
tenéis condición igual
quejándoos si os tratan mal,
burlándoos si os quieren bien.

Opinión ninguna gana,
pues la que más se recata,
si no os admite, es ingrata,
y si os admite, es liviana.

Siempre tan necios andáis,
que con desigual desdén,
a una culpáis por cruel,
y a otra por fácil culpáis.

¿Pues cómo ha de estar templada
la que vuestro amor pretende,
si la que es ingrata ofende,
y la que es fácil enfada?

Dan vuestras amantes penas,
a sus libertades alas,
y después de hacerlas malas,
las queréis hallar muy buenas.

¿Pues para qué os espantáis
de la culpa que tenéis?
Queredlas cual las hacéis,
o hacedlas cual las buscáis.

Dejad de solicitar,
y después, con más razón,
acusaréis la afición
de la que os fuere a rogar.

Bien con muchas armas fundo
que lidia vuestra arrogancia,
pues en promesa e instancia
juntáis diablo, carne y mundo.

Dueña del camino

Antonia Darder

Compañero
ya no quiero impresionarte
con mi cuerpo o mi mente
o enseñarte que soy fuerte
ni tomar tus chistesitos
o hacerme tu tontita

Ya no quiero ser esclava
por tus besos y sonrisas
o crear tus buen' aspectos
ni buscar el gran respeto
o hacerme tu juguete

ya no quiero andar mi vida
con el hombre como guía

quiero en vez tomar mis pasos
bien o mal yo los jalo
y con esos aceptamos
que la fuerza compañero
se logra sólo en la gente
al tomar su propia mente

y así lo haré...

Superwoman

Gloria Velásquez

Soy la superwoman Chicana
      planchando ropa,
      lavando trastes,
      cuidando niños
sin decir nada.

Soy la super-liberated Chicana
      asistiendo a clases,
      escribiendo papeles,
      discutiendo la psicología,
sin decir nada.

Soy la super-macha Chicana
      arreglándote tu cafecito,
      trayéndote tu periódico,
      haciéndote tu comida,
sin decir nada.

Soy la super-pendeja Chicana
      bien, pero rebién
      cansada,
      oprimida, y
      ahuitada.

Olmec jade pectoral

"The Courtship," Nívea González

Tú me quieres blanca

Alfonsina Storni

Tú me quieres alba;
me quieres de espumas;
me quieres de nácar,
Que sea azucena,
sobre todas, casta.
De perfume tenue.
Corola cerrada.

Ni un rayo de luna
filtrado me haya.
Ni una margarita
se diga mi hermana.
Tú me quieres nívea,
tú me quieres blanca,
tú me quieres alba.

Tú que hubiste todas
las copas a mano,
de frutos y mieles
los labios morados.
Tú que en el banquete
cubierto de pámpanos,
dejaste las carnes
festejando a Baco.
Tú que en los jardines
negros del Engaño
vestido de rojo
corriste al Estrago.

Tú que el esqueleto
conservas intacto
no sé todavía
por cuáles milagros,
me pretendes blanca
(Dios te lo perdone)
me pretendes casta
(Dios te lo perdone)
¡me pretendes alba!

Huye hacia los bosques
vete a la montaña;
límpiate la boca;
vive en las cabañas;
toca con las manos
la tierra mojada;
alimenta el cuerpo
con raíz amarga;
bebe de las rocas
duerme sobre escarcha;
renueva tejidos
con salitre y agua;
habla con los pájaros
y lévate al alba.
Y cuando las carnes
te sean tornadas,
y cuando hayas puesto
en ellas el alma
que por las alcobas
se quedó enredada,
entonces, buen hombre,
preténdeme blanda,
preténdeme nívea,
preténdeme casta.

Ampliemos nuestra comprensión

Escritura de un poema.   Cada uno de nosotros juega distintos papeles en el trato con los demás. Uno es el de conciliador, otro el de pleitista, otro el de gracioso, etc. Explora tus papeles dentro de la familia, la sociedad o con tus amigos. Relee silenciosamente los cuatro poemas de esta lección. Utilízalos como modelo para escribir tu propio poema en el que expreses tu aceptación o rechazo de dichos papeles y los sentimientos que esto te produce.

Cuadro de comparación y contraste.   Revisa los *Apuntes literarios* de la *Primera unidad* acerca de la poesía lírica: tono, rima, metáfora, símil e imágenes. Luego copia en tu cuaderno un cuadro como el que aparece a continuación, escoge dos de los poemas de esta lección y haz un estudio comparativo de ellos.

Elementos del poema	Poema	Poema
Tema (¿De qué trata el poema?)		
Figuras literarias (¿Usa la poetisa metáforas o símiles? Escribe algunas.)		
Rima (¿Tiene rima el poema? Anota ejemplos de palabras que riman.)		
Tono (¿Qué sentimiento predomina en el poema?)		

4

Alistémonos para leer

¿**M**ejora la situación femenina a medida que se asciende de clase social? Ésta es la pregunta que explora la escritora Bárbara Mújica en el cuento «La despedida». Los siguientes textos de la lección son fragmentos de ensayos de distintos escritores en los que se analiza el fenómeno del «machismo» y «el marianismo».

Exploración de un concepto. En un pequeño ensayo explica qué significa para ti «el machismo». Da ejemplos de situaciones y personas que puedan aclarar este concepto.

Cuatro en turno. En grupos de cuatro compartan sus ensayos. Discutan luego las ideas presentadas en las cuatro composiciones. Como tarea, revisen sus ensayos y escriban una copia en limpio del mismo incluyendo las ideas que se generaron en el grupo.

Piensa, anota y comparte. Piensa un minuto en la siguiente pregunta. Anota tus ideas en tu cuaderno y luego compártelas con un(a) compañero(a).

¿Crees que el machismo afecta más a las mujeres pobres o a las mujeres de clase media?

Leamos activamente

Lectura dramatizada. En grupos de cuatro, lean la primera parte del cuento distribuyéndose los roles de: Rosa (un[a] estudiante lee la parte narrativa de Rosa y otro[a] lee la parte hablada), Alberto y la señora Carolyn.

Discusión de grupo. En sus grupos discutan las siguientes preguntas:

- ¿Están de acuerdo con la conducta de los dos maridos? Den razones para sustentar sus ideas.
- ¿Cómo hubieran reaccionado ustedes si estuvieran en la posición de Rosa y de Carolyn?

Lectura silenciosa. Termina de leer el cuento silenciosamente.

"Mother and Child from Tehuantepec, Oaxaca, Mexico," Tina Modotti, c. 1929
gelatin-silver print, 8-5/16″ x 6″
The Museum of Modern Art, New York. Anonymous gift.
Transparency © 1995 The Museum of Modern Art, New York.

La despedida

Bárbara Mújica

Primera parte

Yo no sé exactamente lo que pasó. La verdad es que yo me llevaba bien con la señora. Era una mujer resimpática, bien tranquila. No sé por qué después las cosas se echaron a perder.

Empecé a trabajar en aquella casa hace como seis meses. Fue una tremenda suerte haber encontrado a la señora Carolyn porque no todo el mundo está dispuesto a tomar a una mujer como yo, con una guagua. La prueba es que desde entonces no trabajo, excepto los martes y los viernes, cuando le plancho a la alemana que vive en la Massachusetts Avenue.

La señora Carolyn me puso las cosas bien claras desde el principio. Trabajaba, me dijo, y necesitaba que alguien le hiciera el aseo y se ocupara del niño… Billy se llamaba… tenía dos años y era un amor de chicoco… La niña… se llamaba Pámela… no era problema porque estaba más grande e iba al colegio. Lo importante, me dijo la señora, era que yo estuviera allí temprano, a las ocho, porque ella no podía llegar tarde a la oficina. No le importaba que yo llevara a Bertito, me dijo, porque le serviría de compañero a su hijito. Me pagaba treinta y cinco dólares al día.

—Pide cuarenta —me dijo Alberto.

—No —le dije. —Con los treinta y cinco estoy bien. Después me subirá.

—La Chely gana cuarenta y dos.

—La Chely no anda acarreando una guagua mientras trabaja —le dije. —Además, ella habla bastante inglés. Puede trabajar en cualquier casa. La ventaja aquí es que la señora Carolyn sabe castellano.

—¿Ah sí? —me dijo. —¿Qué tal habla?

—Chapurrea no más.

—Ya.

Pero nos entendemos, y eso es lo principal. Otra cosa, Alberto, cuando una está aquí de ilegal, no puede pedir la luna.

—La Chely está aquí de ilegal. Todo el mundo está aquí de ilegal.

—Deja las cosas como están —le dije. —La señora Carolyn es rebuena persona. Me gusta.

—¿Y el tipo?

—¿Qué tipo?

—Él, pu'. El marido de ella.

—¿Qué tiene?

—¿Él anda en pelota mientras vos estái allí con el cabro?

—¿Estái loco? ¿Cómo se te ocurre?

Más tarde llamé a la señora Carolyn y le pregunté lo de la plata. Ella me dijo que por el momento no podía pagarme más. Me dijo que para ellos treinta y cinco dólares eran un montón, que su esposo le había dicho que era absurdo pagarle esa cantidad a una mujer que venía a trabajar con una guagua en brazos, pero que ella entendía mi situación porque también era una mujer con niños que tenía que trabajar.

—Se está aprovechando de vos —me dijo Alberto. —Igual te podría pagar los cuarenta.

—No entendí —le expliqué. Esta gente no es rica.

—No fueran ricos, no tomarían a una empleada.

—No es cierto, Alberto —le dije. —Ella me contó que con los dos trabajando apenas les alcanzaba la plata para pagar la renta.

La verdad es que la mujer me daba pena. Entre el trabajo y los niños y el marido, andaba medio vuelta loca. Era secretaria o algo así. Trabajaba en una empresa donde escribía a máquina y llevaba las cuentas.

—Mire, Rosa —me dijo un día la señora Carolyn. Mi marido está quejándose. No le gusta que venga con el bebé. Le dije que el niño no molesta, que usted lo deja en la andadera todo el día, pero él dice que más adelante, cuando empiece a caminar, va a destruirle todos los juguetes a Billy.

—No es cierto, señora —le dije. —Tendré mucho cuidado.

—Mire —me dijo. Sería tal vez más conveniente que usted llegara a las ocho y cuarto. Mi marido parte a las ocho… o a veces aún más temprano. Así no la vería… digo… no se ofenda, Rosa… lo único que quiero yo es evitar un conflicto. Ya sabe que a usted la estimo mucho… y la necesito.

—Sí, señora —le dije. —Entiendo.

—Pero no llegue después de las ocho y cuarto —me dijo. —Porque yo no puedo llegar tarde a la oficina. Y antes de ir a trabajar tengo que llevar a la Pámela al colegio.

A Alberto le pareció rebién el arreglo. —Ya que no tení que estar allí tan temprano —me dijo —podí llevarme a mí al trabajo.

—No voy a alcanzar...

—Demás alcanzái. ¿A vos te parece justo que tengamos un solo auto y siempre te lo lleví vos? Ten un poco de consideración, por favor, Rosa. Estoy harto ya de tomar el micro.

Alberto trabaja de portero en un edificio que está en la Connecticut Avenue. Es un solo bus... el L2... no es complicado... pero para evitar boches prometí dejarlo a él antes de ir a Bethesda, donde vive la señora Carolyn.

La primera vez que hice esa maroma me enredé bastante y no llegué al trabajo hasta un cuarto para las nueve. A la señora Carolyn la encontré en lágrimas.

—Pensaba que usted ya no venía — me dijo.

Me lancé a darle una explicación pero ella estaba demasiado trastornada para escucharme. Agarró a la Pámela y salió corriendo.

Al día siguiente también llegué tarde, esta vez porque Alberto se demoró en vestirse y en desayunar. Ella no dijo nada pero vi que estaba muy molesta. Al volver de la oficina entró a la cocina donde yo estaba dándole de comer a Bertito.

—Rosa —me dijo. —Usted sabe que yo no puedo permitir que usted aparezca a un cuarto para las nueve. Dos días seguidos he llegado tarde a la oficina. Esto no puede seguir. Me van a echar. Yo le expliqué cuál era mi situación cuando la tomé.

Alberto se puso furioso cuando le dije que ya no iba a poder llevarlo al trabajo.

—Vos soi una gran egoísta —me gritó.

—¿Qué querí que te diga? —le contesté. —La patrona dice que tengo que llegar temprano. Si te parece bien, te llevo a las siete y media. Así estoy donde ella a las ocho y cuarto.

—Muy temprano para mí.

—Pues, mala pata. No son tantas las opciones. Vos demás podí tomar un bus, porque trabajas en pleno centro, mientras que yo tengo que llevar el auto porque el micro no llega a esa parte de Bethesda.

Después de eso hice un esfuerzo por llegar siempre a tiempo aunque dos o tres veces me atrasé porque con una guagua es bien difícil. A veces se llena de pichí justo a la hora de partir o, qué sé yo, a veces devuelve la comida...

Un día no sólo llegué tarde sino que pa' más remate la guagua estaba bien resfriadita. Al principio ella no dijo nada pero miró a Bertito como si fuera un gusano y entonces miró a su niño y respiró. «Bueno», parece que estaba pensando, «¿qué se le puede hacer?» Esa noche me llamó y me dijo que Billy estaba empezando a toser y que por favor no fuera con Bertito al día siguiente.

—¿Y cómo se las va a arreglar usted? —le pregunté.

—Tendré que tomar el día no más —me dijo.

—Pero a usted le pagan igual, ¿no es cierto? —le pregunté.

—No —me dijo, bien cortante.

Después me explicó que su esposo se había puesto a rabiar como un demonio porque ella había tenido que quedarse en casa con el mocoso y me pidió que por favor, que no volviera a venir con la guagua resfriada.

—¿Y qué voy a hacer si un día Bertito amanece con catarro? —le pregunté.

—No sé —me dijo. —Cuestión suya. Tendría que encontrar con quién dejarlo.

Yo no sé si estaba realmente enfadada o si solamente estaba preocupada o tal vez cansada. Estaba parpadeando muy rápido y me pareció que estaba tratando de contener las lágrimas.

Después de eso todo anduvo bien por un tiempo. Claro que hubo uno que otro incidente. Una vez Bertito rompió el juguete favorito de Billy. Yo estaba bien asustada, y la señora Carolyn salió corriendo a reemplazarlo antes de que llegara su esposo y se diera cuenta.

—¿Para qué se lo vamos a mencionar a Charles? —me dijo sonriendo. —*What he doesn't know won't hurt him.*

Yo no entendí exactamente lo que quería decir con eso pero sí me di cuenta de que ella estaba tratando de protegerme y de protegerse a sí misma.

En diciembre la señora me llamó a la cocina y me dijo que pensaba darme cinco días de vacaciones: el 24, 25 y 26 de diciembre y entonces el Año Nuevo y el día anterior. Esos eran los días que le daban a ella en la oficina, me dijo. Yo estaba contenta y le di las gracias.

—Pídele toda la semana del 24 —me dijo Alberto. —A mí me dan toda la semana. Así podemos ir a Nueva York a visitar a mi hermano Fernando.

—No puedo —le dije. —Ella tiene que trabajar los otros días. A ella no le dan toda la semana libre.

—Pucha —dijo él. —¡Cómo dejái que esa gente se aproveche! Dile a la vieja que tení que tomar toda la semana no más. Si no le gusta que se vaya a la mierda.

—¿Y si me echa?

—Qué te va a echar. Te necesita. ¿Dónde más va a encontrar alguien que se encargue del mocoso y le limpie la casa por treinta y cinco pesos al día?

—No sé —le dije. —No me gusta ponerle problemas. Se ha portado rebien conmigo.

Yo pensaba que la señora Carolyn se iba a enojar cuando le pedí el tiempo, pero me dijo que no me preocupara, que su esposo no trabajaba esa semana, la semana del 24, y a lo mejor él se podía encargar de Billy y de la Pámela, que también estaba de vacaciones del colegio. Se lo agradecí mucho.

Pero después, esa noche, me llamó por teléfono y me dijo que cuando le había propuesto a su marido que se ocupara de los niños para que yo pudiera ir a Nueva York a visitar a mi cuñado, él había puesto un grito en el cielo, que había dicho que era el colmo, que no solamente yo cobraba un dineral y llegaba con mi mocoso mugriento y enfermizo sino que ya me estaba dando aires de ejecutiva y pidiendo vacaciones pagadas y... qué sé yo... me dijo un montón de cosas más que yo no entendí.

Total, me fui con Alberto de todos modos, y cuando volví me fijé que la señora se había puesto algo seca conmigo... aunque ella sabía muy bien que yo no tenía la culpa.

Segunda parte

Mientras tanto Alberto seguía fregando por lo de la plata.

—Treinta y siete al día aunque sean —me dijo.

—Es que me da pena —le dije.

—Es que nosotros necesitamos la plata.

—La tendríamos si vos tuvierai más cuidado —le dije. —¿Quién te dijo que salierai a comprar un estéreo? Pucha, si hace un año que no me compro un vestido.

—Esa es cosa aparte.

Esperé un par de días porque pensaba que la señora podía estar molesta todavía por la talla de las vacaciones. Entonces le pregunté cuándo podía esperar un aumento.

—Aunque sean un par de dólares al día —le dije. —Diez dólares más a la semana.

Ella dijo que encontraría la manera de conseguírmelos.

—Por favor, no se lo menciones a Charles —me dijo. —Los sacaré del dinero que me da para el mercado.

A mí no me importaba de adónde diablos los sacara. Lo único que quería yo era que Alberto dejara de molestar. Además, yo estaba trabajando muchas horas. Los malditos dos dólares al día me los merecía. Se suponía que yo me fuera a las cuatro, cuando ella llegaba del trabajo, pero por esa época mi hijito Berto estaba empezando a negarse a estar el día entero en la andadera. Ya caminaba y se metía en todo, no me dejaba hacer nada en la casa. Entonces muchas veces me quedaba hasta las cuatro y media o aún hasta las cinco para terminar de barrer o de sacudir... aunque no tenía la obligación de hacerlo... ¿me entiende?... porque el arreglo era que me fuera a las cuatro... pero me daba pena dejarla así con todo el aseo por hacer porque a veces venía agotada de la oficina. Tengo que reconocer que la señora Carolyn trabajaba bien duro, tan duro como yo.

Pero la talla es que se acostumbró a que me quedara hasta más tarde, y eso es lo que no me gustó. Empezó a llegar tarde siempre los martes, porque decía que estaba tomando una clase de ejercicios aeróbicos... baile y ejercicios combinados o no sé qué cosa... y que por favor me quedara hasta las cinco. Decía que le hacía falta hacer ejercicio porque tenía un trabajo muy sedentario, y eso es muy malo para la salud. «Le haría bien limpiar su propia casa si lo que necesita es hacer ejercicio», pensé.

Yo le dije que sí, que me quedaría, pero después me arrepentí porque a Alberto le cayó remal que yo llegara siempre tarde los martes. A Alberto le gusta que la comida esté en la mesa las ocho y si salgo a las cinco no llego a casa hasta las cinco y media o un cuarto para las seis. Y entre bañar a Bertito y darle de comer y hacer la cena... pues a veces me atraso y no alcanzo a tenerlo todo listo cuando llega Alberto.

—¿Y cómo que está tomando una clase? —me dijo.

—Sí —le dije. —La señora Carolyn insiste en que una mujer necesita eso. A lo mejor yo también debería tomar una clase de baile. ¿No veí como todas las americanas salen a trotar por la mañana? Se cuidan el cuerpo. No es como en los países de uno, donde la mujer de cuarenta años ya está vieja y gorda. La gringa es bien admirable.

—¿Y no dijistes que no tenían plata?

—¿Y?

—Pues, esas clases cuestan plata. ¿Qué? ¿Vos creí que es gratis?

Las cosas se echaron a perder definitivamente el día en que el señor no fue a trabajar. Estaba leyendo el periódico en el comedor cuando yo llegué.

—*Goo mornee* —le dije. Desgraciadamente nunca aprendí a pronunciar muy bien en inglés.

—*Good morning* —me dijo. Pero no me miró.

—¿Se encuentra usted mal hoy? —le pregunté. Me pareció bien raro que no fuera a trabajar. Él no me contestó. Siguió mirando el diario y sorbiendo su café… si es que se le puede llamar café a esa agua sucia que toman los gringos…

Esa mañana me fue mal en todo. Bertito se había puesto increíblemente travieso. Apenas yo guardaba una cacerola, él la sacaba. Yo estaba tratando de distraerlo a él cuando Billy se acercó a la escalera. La verdad es que ni siquiera lo vi caerse, pero de repente oímos un grito y era que Billy se había tirado de cabeza por los peldaños. Bajé corriendo. Se había golpeado pero no pareció demasiado serio. Su papá lo examinó por todos lados. A mí me miró refeo, como si hubiera tenido la culpa yo. Le acarició la nuca y le dijo que no llorara, que se portara como un hombrecito. Dentro de poco el niño dejó de llorar. Le pregunté al señor si iba a llevarlo a la sala de emergencia para que lo chequearan. Él dijo que no, que no le parecía necesario. El cabro ya estaba jugando en su cuarto, riéndose con un disco del Pato Donald. Fuera hijo mío, lo habría llevado a la clínica por si acaso.

—Rosa —me dijo el señor cuando la crisis había pasado —tengo que hacer un viaje de negocios la semana que viene.Voy a partir el lunes. Necesito que usted me lave y planche todas las camisas para que yo pueda hacer las maletas. «¿Me entiende, Rosa?»

A mí me carga que la gente me diga «¿Me entiende, Rosa?» como si fuera una idiota. Es cierto que no domino bien el inglés, pero no soy tonta, comprendo cuando me hablan. Bueno, él fue a su cuarto y se vistió y partió. Los dos niños no hicieron más que chillar ese día. Primero Berto le agarraba un juguete al otro y éste se ponía a gritar. Entonces Billy le daba una cachetada a Bertito o le tiraba el avioncito o le quitaba la frazadita. Estaba muy sublevado, a lo mejor por la caída. La verdad es que se me olvidaron las camisas.

Esa noche estábamos saliendo Alberto y yo cuando sonó el teléfono. Era la señora Carolyn.

—Charles está furioso —explicó. —Dijo que le pidió a usted que se ocupara de sus camisas y aquí están las camisas sin lavar.

—Ah —le dije. —No tuve tiempo.

—Bueno, Rosa —me respondió. —A usted le pagamos por hacer ciertas cosas y no podemos aceptar que no las haga.

—Mire, señora —le dije. —Pasaré mañana sábado en algún momento. ¿Está bien?

—Bueno —dijo. —No se olvide.

—¡Mierda! —dijo Alberto. —¡Vai a pasar el sábado planchando? ¿Y a mí me pensái dejar solo con el cabro?

—¿Qué se le puede hacer? Llevo al niño conmigo, si querí.

—Bueno —dijo, calmándose. —Por lo menos serán unos pesos extras. Cóbrale bien caro, ¿oístes? No es como si el sábado no fuera un día feriado.

El sábado estuvimos ocupadísimos Alberto y yo. Fuimos a Silver Spring a comprar una alfombra para el líving. ¿No ve que es el único día que tenemos para ocuparnos de nuestras cosas? También fuimos al mercado y llevamos la ropa sucia al laundromat porque no tenemos máquina en el departamento. Cenamos con un chico que trabaja con Alberto y con la polola de él... una niña relinda... uruguaya... Fuimos a un pequeño restaurante chileno que hay en el centro y comimos empanadas y pastel de choclo. Llegué donde la señora Carolyn como a las diez de la noche.

Él abrió la puerta. Tenía cara de pocos amigos.

—Carolyn ya lavó las camisas —me djo. —Sólo necesito que usted me las planche.

—Menos mal —le dije. Sólo tengo una hora. Mi marido regresa por mí a las once.

Bajé al basement y me puse a trabajar. Me había dejado doce camisas pero sólo logré planchar ocho.

—¿No va usted a terminar? —me preguntó la señora Carolyn.

—No puedo —le expliqué. —Alberto ya debe de estar esperándome en el auto delante de la casa.

Y entonces le dije: —Ah, señora Carolyn, usted me debe treinta y dos dólares.

—¿Y cómo?

—Por las camisas. Alberto me dijo que le cobrara cuatro pesos por camisa.

La señora Carolyn se puso lívida.

—¿Y usted piensa que le voy a pagar extra por hacer lo que debería haber hecho ayer? ¿Cómo se le ocurre? Mire Rosa —me dijo. Apenas podía articular las palabras. Era como si se le atragantaran. —Nosotros hemos sido bien flexibles con usted. Dejamos que venga con su niño, y no crea que yo no sé que usted se pasa el día entero tonteando con él en vez de limpiar la casa.

—Yo pongo un día bien largo, señora —le dije.

Allí es donde perdió la calma. Empezó a enredarse con el español... a decir dos palabras en inglés y una en castellano.

—¡Un día bien largo! —balbuceó.

Y entonces se descolgó con una gorda. —Pedazo de mierda —gritó. —Pedazo de mierda (o algo por el estilo, sólo reconocí la palabra «*shit*» y algunas otras barbaridades). ¿Tú pones un día bien largo? Tú trabajas unas dos horas al día en esta casa. El resto del tiempo estás cambiándole los pañales sucios a tu mocoso. Nosotros le pagamos exactamente lo que pagaríamos a una mujer americana que hablara inglés y que pudiera llamar al doctor en una emergencia, que no estuviera aquí de ilegal, que pusiera ocho horas de trabajo... y tú te portas como una mierda con nosotros. ¡Porquería!

—Algo así me dijo.

Entonces se echó a llorar.

Don Charles se metió la mano al bolsillo y sacó treinta y dos dólares.

La señora Carolyn seguía: —Y tú piensas que te vamos a pagar un día entero por una hora de trabajo que hiciste. Si hemos estado esperándote todo el día. Ni siquiera llamaste. No sabíamos si venías o si no venías. Y de repente apareces a las diez de la noche y haces un par de cosas y exiges que te paguemos casi un día entero. Por Dios, Rosa, por Dios.

Hipaba mientras hablaba. Ya no estaba gritando.

—Cálmate —le dijo él. —No te aflijas, Carolyn. Total, ¿qué se le puede esperar a una mujer así? Por una mujer así no vale la pena afligirse.

—Tome —dijo, tendiéndome el dinero. —Y no vuelva.

—No se preocupe —le dije. —No pienso volver.

A mí también se me llenaban los ojos de lágrimas.

Al subir al auto le conté a Alberto lo que había pasado.

—No importa —me dijo. —Encontrarás otro trabajo.

Pero me di cuenta de que no estaba nada contento porque la que realmente mantiene a la familia soy yo. Él no gana casi nada allí donde trabaja.

—No sé por qué esto tuvo que pasar —le dije.

—Cosas de mujeres —contestó Alberto. —No pueden estar sin armar boches... siempre peleando...

—Y justo ahora —dije. —Justo cuando el señor se va de viaje. ¿Qué va a hacer la señora Carolyn? No puede faltar al trabajo...

—Que se las arregle como pueda.

Pero la verdad es que me da pena esa mujer. Muchas veces pienso en ella y me pregunto cómo le ha ido, si encontró a otra muchacha o si deja a Billy en una guardería... pobre niño... era un amor de chicoco... y ella... era redije, resimpática. Me gustaba trabajar en su casa. A veces tengo ganas de llamarla para ver cómo está... pero sé que no se puede. Es una lástima. De veras. Es una lástima.

Ampliemos nuestra comprensión

Diagramas de Venn. Utiliza un diagrama de Venn para comparar a los dos personajes femeninos del cuento. En otro, analiza a los dos personajes masculinos.

Doctora Solución: dos cartas. Imagínate que en el periódico local se publica una columna titulada «Dra. Solución», a quien se le presentan toda clase de problemas y quien responde con consejos acertados. Escribe una carta desde el punto de vista de uno de los personajes del cuento explicando tu problema. No te olvides que debes mantener el punto de vista del personaje. El (La) maestro(a) recogerá las cartas y las distribuirá para que cada alumno(a) conteste una desde el punto de vista de la Dra. Solución.

Rompecabezas de lectura. Copia el siguiente cuadro en tu cuaderno.

¿Qué dicen los expertos?

	Concepto que presenta	Tres ideas que discute	Impacto que tienen esas ideas
Octavio Paz			
S. Reyes Nevares			
Labarca y Halty (1er fragmento)			
Labarca y Halty (2º fragmento)			

Lectura y toma de notas. En grupos de cuatro cada estudiante leerá en silencio uno de los siguientes textos. A medida que lee, debe completar la parte del cuadro (¿Qué dicen los expertos?) que corresponda. Luego comparten sus anotaciones y completan las otras secciones del cuadro.

«Máscaras mexicanas» (fragmento)

Octavio Paz

La actitud de los españoles frente a las mujeres es muy simple y se expresa, con brutalidad y concisión en dos refranes «La mujer en casa y con la pata rota» y «Entre santa y santo, pared de cal y canto». La mujer es una fiera doméstica lujuriosa y pecadora de nacimiento, a quien hay que someter con el palo y conducir con el «freno de la religión«. De ahí que muchos españoles consideran a las extranjeras y especialmente a las que pertenecen a países de raza o religión diversas a las suyas como presa fácil. Para los mexicanos la mujer es un ser oscuro, secreto y pasivo. No se le atribuyen malos instintos, se pretende que ni siquiera los tiene. Mejor dicho no son suyos sino de la especie. La mujer encarna la voluntad de la vida que es por esencia impersonal, y en este hecho radica su imposibilidad de tener una vida personal. Ser ella misma, dueña de su deseo, su pasión o su capricho, es ser infiel a sí misma.

...La mujer mexicana, como todas las otras, es un símbolo que representa la estabilidad y continuidad de la raza. A su significación cósmica se alía la social: en la vida diaria su función consiste en hacer imperar la ley y el orden, la piedad y la dulzura. Todos cuidamos que nadie «falte el respeto a las señoras», noción universal, sin duda, pero que en México se lleva hasta las últimas consecuencias. Gracias a ella se suavizan muchas de las asperezas de nuestras relaciones de «hombre a hombre». Naturalmente habría que preguntar a las mexicanas su opinión; ese «respeto» es a veces una hipócrita manera de sujetarlas e impedirles que se expresen. Quizás muchas preferirían ser tratadas con menos «respeto» (que, por lo demás, se les concede solamente en público) y con más libertad y autenticidad. Esto es, como seres humanos y no como símbolos o funciones. Pero,¿cómo vamos a consentir que ellas se expresen, si toda nuestra vida tiende a paralizarse en una máscara que oculte nuestra intimidad?

El laberinto de la soledad

El machismo en México

Salvador Reyes Nevares

¿Qué es el machismo? ¿Cómo es el individuo contaminado de machismo?

El machista es un hombre que se da importancia, pero no de cualquier modo: su importancia proviene de su poderío sexual. Puede conceder que intelectualmente no descuella gran cosa, puede estar de acuerdo en que no tiene una gran habilidad en el trabajo, en que es mediocre para todo, menos en su papel de macho.

El machista es muy hombre con las mujeres, pero también es muy hombre a la hora de ingerir licores y en el momento de la pelea. La borrachera del varón despierta en las mujeres reacciones: las aterroriza, las escandaliza, las enfada. Lo que hay en el fondo de la conducta machista es una frase: «Para que vean que no me importa lo que ella quiera. Yo hago lo que me da la gana». Hay un propósito obsesivo de probar que se es libre respecto a la mujer y que ésta se encuentra absolutamente sometida.

El machista pretende autoafirmarse. ¿Delante de quién? Delante de sus prójimos que lo contemplan. ¿Respecto a quién? Respecto a una mujer.

Ahora bien, ¿cuál es el tipo de reacción que se establece entre el hombre y la mujer, para que aquel se convierta en un machista? Por debajo de las autoafirmaciones es fácil distinguir una radical conciencia de debilidad. Ese hombre que bebe para demostrar que es muy macho y que hace lo que le da la gana, en realidad tiene serias dudas. Sospecha que es débil y que está a merced de la mujer. El machista se percata de esa realidad, pero no quiere confesarse a sí mismo que se ha percatado. Él es el fuerte. Es el macho, el jefe, el que manda. Y entonces monta su rudimentario mecanismo de prueba: hace lo que a la mujer no le gusta que haga.

El machista puede tener muy mal gusto, pero logra lo que se propone: la derrota lacrimosa de la hembra. Se consuma con esa derrota, una especie de venganza oscura.

El machismo

Ángela Labarca

Raquel Halty-Pfaff

Toda cultura tiene y refuerza patrones de conducta y prácticas que le son características y que la distinguen de otras culturas. Tanto patrones como prácticas provienen de antiguas tradiciones que afectan no sólo al individuo sino también la lengua, las instituciones, las leyes, los criterios morales, la manera de gobernarse y de asociarse, entre otros. Una tendencia muy importante en la cultura hispana —y en muchas otras culturas— es la preponderancia de lo masculino: **machismo.** El machismo se basa en la idea de la superioridad del hombre y en el culto de la virilidad. Esta tendencia está presente no sólo en la tradición judeocristiana, sino también en la greco-romana y en la oriental. Por ejemplo, las madres a menudo reservan lo mejor para sus hijos varones y restringen a sus hijas; las esposas ignoran a veces las aventuras de sus maridos y hasta justifican su conducta. Además, tanto convenciones sociales como leyes les dan más derechos a los hombres que a las mujeres. Estas prácticas pueden tener un enorme impacto social y político —sobre todo si nunca son cuestionadas en las sociedades más conservadoras.

En una sociedad machista, por ejemplo, generalmente se espera que las mujeres se ajusten a los hombres, que dependan de ellos y que sean sumisas y abnegadas. A las mujeres que se destacan por su capacidad intelectual, artística o profesional a menudo se les critica. Éste ha sido el caso de muchas feministas, escritoras, artistas e intelectuales. Estas actitudes afectan profundamente los papeles de hombres y mujeres, así como la relación entre los sexos. Los hombres que crecen en culturas machistas a veces son agresivos e intransigentes en sus relaciones con otros hombres y condescendientes o agresivos en sus relaciones con las mujeres.

El marianismo

Ángela Labarca

Raquel Halty-Pfaff

El **marianismo** es una tradición que tiende a definir el papel de la mujer en la cultura hispana. El nombre viene del culto a la Virgen María, quien es el modelo de sacrificio y devoción a los hijos y la familia. Esta tendencia significa que una mujer debe sacrificarlo todo por su marido/padre/hermano y sus hijos/hermanos/ahijados y es por tanto unilateralmente responsable de la crianza de los niños y el bienestar del hogar —a pesar de problemas como la infidelidad del marido o el desapego a la casa y los niños. En general, las mujeres piensan que los hombres deben ser perdonados porque son impulsivos y obstinados como niños, además de pecadores. Esta actitud femenina refuerza la preponderancia de los hombres en las sociedades hispanas y además implica que las mujeres usan una o más de las siguientes estrategias en la vida diaria:

- esforzarse por pasar desapercibida en presencia de los hombres
- concordar con las opiniones de los hombres en las situaciones que lo requieran, aún cuando ella piense lo contrario
- no decir «yo», sino «nosotros» y usar otros mecanismos lingüísticos que suavizan la expresión de opiniones
- esconder, postergar o disfrazar los intereses propios
- ocuparse de la casa a la perfección (con sirvientes o familiares) para poder tener también una ocupación o carrera profesional
- seleccionar ocupaciones y carreras eminentemente «femeninas»
- agradar y defender al hombre, no importa lo que él haya hecho

Revisión del ensayo. Después de haber explorado estas ideas, revisa el ensayo que escribiste al comienzo de esta lección y edítalo citando opiniones específicas que apoyas o criticas.

5

Alistémonos para leer

Como *agua para chocolate* es una novela de la escritora mexicana Laura Esquivel. En un estilo lleno de colorido y de sugestivas imágenes culinarias nos presenta la historia de una familia manejada férreamente por una madre dominante y apegada a las tradiciones. El siguiente es el primer capítulo de la novela.

Predicción en base al título. ¿Qué te sugiere el título de esta novela? ¿Cuál crees que pueda ser la temática de esta obra? Comparte tus ideas con un(a) compañero(a).

Entrevista. Con un(a) compañero(a), prepara una entrevista semi-estructurada a un familiar, a un(a) vecino(a) o a un(a) amigo(a) acerca de alguna tradición o costumbre que tengan en su familia. Comiencen por repasar las explicaciones acerca de este tipo de testimonio que aparecen en la página 246 del texto. Luego escriban una introducción y una serie de preguntas para hacerle al (a la) entrevistado(a). Cada estudiante realiza su entrevista como tarea.

Intercambio de ideas. Con un(a) compañero(a) intercambien los resultados de sus entrevistas. A continuación cada estudiante compartirá con la clase la tradición que trajo su compañero(a). Si hay varios estudiantes que han averiguado una misma tradición, bastará con que sólo mencionen de qué se trata sin volverla a relatar en detalle.

Lectura silenciosa. Lee la primera parte del capítulo silenciosamente. A medida que leas, enfoca tu atención en las siguientes preguntas:

- ¿Qué caracteriza a cada una de las hermanas?
- ¿Qué importancia tienen las reglas para la madre?

Discusión de grupo. En el texto la protagonista se hace una serie de preguntas. ¿Cuáles creen ustedes que pueden ser algunas respuestas a esas interrogantes? Discútanlas en sus grupos.

Lectura en voz alta. Terminen de leer el capítulo en voz alta bajo la dirección del (de la) maestro(a).

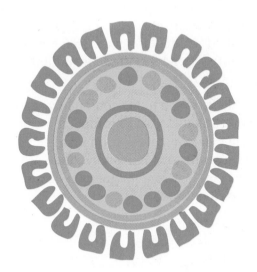

Como agua para chocolate

Novela por entregas

Capítulo 1

ENERO

Tortas de Navidad

Ingredientes

1 Lata de Sardinas	Orégano
1/2 de Chorizo	1 Lata de chiles Serranos
1 Cebolla	10 Teleras

Manera de hacerse:

La cebolla tiene que estar finamente picada. Les sugiero ponerse un pequeño trozo de cebolla en la mollera con el fin de evitar el molesto lagrimeo que se produce cuando uno la está cortando. Lo malo de llorar cuando uno pica cebolla no es el simple hecho de llorar, sino que a veces uno empieza, como quien dice, se pica, y ya no puede parar. No sé si a ustedes les ha pasado pero a mí la mera verdad sí. Infinidad de veces. Mamá decía que era porque yo soy igual de sensible a la cebolla que Tita, mi tía abuela.

Dicen que Tita era tan sensible que desde que estaba en el vientre de mi bisabuela lloraba y lloraba cuando ésta picaba cebolla; su llanto era tan fuerte que Nacha, la cocinera de la casa, que era medio sorda, lo escuchaba sin esforzarse. Un día los sollozos fueron tan fuertes que provocaron que el parto se adelantara. Y sin que mi bisabuela pudiera decir ni pío, Tita arribó a este mundo prematuramente, sobre la mesa de la cocina, entre los olores de una sopa de fideos que se estaba cocinando, los del tomillo, el laurel, el cilantro, el de la leche hervida, el de los ajos y, por supuesto, el de la cebolla. Como se imaginarán, la consabida nalgada no fue necesaria pues Tita nació llorando de antemano, tal vez porque ella sabía que su oráculo determinaba que en esta vida le estaba negado

«Fiesta», Alfonso Ramírez Fajardo, 1942
Watercolor, 18-1/2" x 24-1/4"
The Museum of Modern Art, New York. Inter-American Fund.
Photograph © 1996 The Museum of Modern Art.

el matrimonio. Contaba Nacha que Tita fue literalmente empujada a este mundo por un torrente impresionante de lágrimas que se desbordaron sobre la mesa y el piso de la cocina.

En la tarde, ya cuando el susto había pasado y el agua, gracias al efecto de los rayos del sol, se había evaporado, Nacha barrió el residuo de las lágrimas que había quedado sobre la loseta roja que cubría el piso. Con esta sal rellenó un costal de cinco kilos que utilizaron para cocinar por bastante tiempo. Este inusitado nacimiento determinó el hecho de que Tita sintiera un inmenso amor por la cocina y que la mayor parte de su vida la pasara en ella, prácticamente desde que nació, pues cuando contaba con dos días de edad, su padre, o sea mi bisabuelo, murió de un infarto. A Mamá Elena, de la impresión, se le fue la leche. Como en esos tiempos no había leche en polvo ni nada que se le pareciera, y no pudieron conseguir nodriza por ningún lado, se vieron en un verdadero lío para calmar el hambre de la niña. Nacha, que se las sabía de todas respecto a la cocina —y a muchas otras cosas que ahora no vienen al caso— se ofreció a hacerse cargo de la alimentación de Tita. Ella se consideraba la más capacitada para «formarle el estómago a la inocente criaturita», a pesar de que nunca se casó ni tuvo hijos. Ni siquiera sabía leer ni escribir, pero eso sí sobre cocina tenía tan profundos conocimientos como la que más. Mamá Elena aceptó con agrado la sugerencia pues bastante tenía ya con la tristeza y la enorme responsabilidad de manejar correctamente el rancho, para así poderle dar a sus hijos la alimentación y educación que se merecían, como para encima tener que preocuparse por nutrir debidamente a la recién nacida.

Por tanto, desde ese día, Tita se mudó a la cocina y entre atoles y tés creció de lo más sana y rozagante. Es de explicarse entonces el que se le haya desarrollado un sexto sentido en todo lo que a comida se refiere. Por ejemplo, sus hábitos alimenticios estaban condicionados al horario de la cocina: cuando en la mañana Tita olía que los frijoles ya estaban cocidos, o cuando a medio día sentía que el agua ya estaba lista para desplumar a las gallinas, o cuando en la tarde se horneaba el pan para la cena, ella sabía que había llegado la hora de pedir sus alimentos.

Algunas veces lloraba de balde, como cuando Nacha picaba cebolla, pero como las dos sabían la razón de esas lágrimas, no se tomaban en serio. Inclusive se convertían en motivo de diversión, a tal grado que durante su niñez Tita no diferenciaba bien las lágrimas de la risa de las del llanto. Para ella reír era una manera de llorar.

De igual forma confundía el gozo del vivir con el de comer. No era fácil para una persona que conoció la vida a través de la cocina entender el mundo exterior. Ese gigantesco mundo que empezaba de la puerta de la cocina hacia el interior de la casa, porque el que colindaba con la puerta trasera de la cocina y que daba al patio, a la huerta, a la hortaliza, sí le pertenecía por completo, lo dominaba. Todo lo contrario de sus hermanas, a quienes este mundo les atemorizaba y encontraban lleno de peligros incógnitos. Les parecían absurdos y arriesgados los juegos dentro de la cocina, sin embargo, un día Tita las convenció de que era un espectáculo asombroso el ver cómo bailaban las gotas de agua al caer sobre el comal bien caliente.

Pero mientras Tita cantaba y sacudía rítmicamente sus manos mojadas para que las gotas de agua se precipitaran sobre el comal y «danzaran», Rosaura permanecía en un rincón, pasmada por lo que observaba. En cambio Gertrudis, como todo aquello donde interviniera el ritmo, el movimiento o la música, se vio fuertemente atraída hacia el juego y se integró con entusiasmo. Entonces a Rosaura no le quedó otra que tratar de hacer lo propio, pero como casi no se mojó las manos y lo hacía con tanto miedo, no logró el efecto deseado. Tita entonces trató de ayudarla acercándole las manos al comal. Rosaura se resistió y esta lucha no paró hasta que Tita, muy enojada, le soltó las manos y éstas, por inercia, cayeron sobre el ardiente comal. Además de ganarse una soberana paliza, Tita quedó privada de jugar con sus hermanas dentro de su mundo. Entonces Nacha se convirtió en su compañera de diversión. Juntas se dedicaban a inventar juegos y actividades siempre en relación con la cocina. Como el día en que vieron en la plaza del pueblo a un señor que formaba figuras de animales con globos alargados y se les ocurrió repetir el mecanismo pero utilizando trozos de chorizo. Armaron no sólo animales conocidos sino que además inventaron algunos con cuello de cisne, patas de perro y cola de caballo, por citar sólo algunos.

El problema surgía cuando tenían que deshacerlos para freír el chorizo. La mayoría de las veces Tita se negaba. La única manera en que accedía voluntariamente a hacerlo era cuando se trataba de elaborar las tortas de navidad, pues le encantaban. Entonces no sólo permitía que se desbaratara a uno de sus animales, sino que alegremente observaba cómo se freía.

Hay que tener cuidado de freír el chorizo para las tortas a fuego muy lento, para que de esta manera quede bien cocido, pero sin dorarse excesivamente. En cuanto está listo se retira del fuego y se le incorporan las sardinas, a las que con anterioridad se les ha despojado del esqueleto. Es necesario, también, rasparles con un cuchillo las manchas negras que tienen sobre la piel. Junto con las sardinas se mezclan la cebolla, los chiles picados y el orégano molido. Se deja reposar la preparación antes de rellenar las tortas.

Tita gozaba enormemente este paso ya que mientras reposa el relleno es muy agradable gozar del olor que despide, pues los olores tienen la característica de reproducir tiempos pasados junto con sonidos y olores nunca igualados en el presente. A Tita le gustaba hacer un gran inhalación y viajar junto con el humo y el olor tan peculiar que percibía hacia los recovecos de su memoria.

Vanamente trataba de evocar la primera vez que olió una de estas tortas, sin resultados, porque tal vez fue antes de que naciera. Quizá la rara combinación de las sardinas con el chorizo llamó tanto su atención que la hizo decidirse a renunciar a la paz del éter, escoger el vientre de Mamá Elena para que fuera su madre y de esta manera ingresar a la familia De la Garza, que comía tan deliciosamente y que preparaba un chorizo tan especial.

En el rancho de Mamá Elena la preparación del chorizo era todo un rito. Con un día de anticipación se tenían que empezar a pelar ajos, limpiar chiles y a moler especias. Todas las mujeres de la familia tenían que participar: Mamá Elena, sus hijas Gertrudis, Rosaura y Tita, Nacha la cocinera y Chencha la sirvienta. Se sentaban por las tardes en la mesa del comedor y entre pláticas y bromas el tiempo se iba volando hasta que empezaba a oscurecer. Entonces Mamá Elena decía:

—Por hoy ya terminamos con esto.

Dicen que al buen entendedor pocas palabras, así que después de escuchar esta frase todas sabían qué era lo que tenían que hacer. Primero recogían la mesa y después se repartían las labores: una metía a las gallinas, otra sacaba agua del pozo y la dejaba lista para utilizarla en el desayuno y otra se encargaba de la leña para la estufa. Ese día ni se planchaba ni se bordaba ni se cosía ropa. Después todas se iban a sus recámaras a leer, rezar y dormir. Una de esas tardes, antes de que Mamá Elena dijera que ya se podían levantar de la mesa, Tita, que entonces contaba con quince años, le anunció con voz temblorosa que Pedro Muzquiz quería venir a hablar con ella...

—¿Y de qué me tiene que venir a hablar ese señor?

Dijo Mamá Elena luego de un silencio interminable que encogió el alma de Tita.

Con voz apenas perceptible respondió:

—Yo no sé.

Mamá Elena le lanzó una mirada que para Tita encerraba todos los años de represión que habían flotado sobre la familia y dijo:

—Pues más vale que le informes que si es para pedir tu mano, no lo haga. Perdería su tiempo y me haría perder el mío. Sabes muy bien que por ser la más chica de las mujeres a ti te corresponde cuidarme hasta el día de mi muerte.

Dicho esto, Mamá Elena se puso lentamente de pie, guardó sus lentes dentro del delantal y a manera de orden final repitió:

—¡Por hoy, hemos terminado con esto!

Tita sabía que dentro de las normas de comunicación de la casa no estaba incluido el diálogo, pero aun así, por primera vez en su vida intentó protestar a un mandato de su madre.

—Pero es que yo opino que...

—¡Tú no opinas nada y se acabó! Nunca, por generaciones, nadie en mi familia ha protestado ante esta costumbre y no va a ser una de mis hijas quien lo haga.

Tita bajó la cabeza y con la misma fuerza con que sus lágrimas cayeron sobre la mesa, así cayó sobre ella su destino. Y desde ese momento supieron ella y la mesa que no podían modificar ni tantito la dirección de estas fuerzas desconocidas que las obligaban, a la una, a compartir con Tita su sino, recibiendo sus amargas lágrimas desde el momento en que nació, y a la otra a asumir esta absurda determinación.

Sin embargo, Tita no estaba conforme. Una gran cantidad de dudas e inquietudes acudían a su mente. Por ejemplo, le agradaría tener conocimiento de quién había iniciado esta tradición familiar. Sería bueno hacerle saber a esta ingeniosa persona que en su perfecto plan para asegurar la vejez de las mujeres había una ligera falla. Si Tita no podía casarse ni tener hijos, ¿quién la cuidaría entonces al llegar a la senectud? ¿Cuál era la solución acertada en estos casos? ¿O es que no se esperaba que las hijas que se quedaban a cuidar a sus madres sobrevivieran mucho tiempo después del fallecimiento de sus progenitoras? ¿Y dónde se quedaban las mujeres que se casaban y no podían tener hijos, quién se encargaría de atenderlas? Es más, quería saber, ¿cuáles fueron las investigaciones que se llevaron a cabo para concluir que la hija menor era la más indicada para velar por su madre y no la hija mayor? ¿Se había tomado alguna vez en cuenta la opinión de las hijas afectadas? ¿Le estaba permitido al menos, si es que no se podía casar, el conocer el amor? ¿O ni siquiera eso?

Tita sabía muy bien que todas estas interrogantes tenían que pasar irremediablemente a formar parte del archivo de preguntas sin respuesta. En la familia De la Garza se obedecía y punto. Mamá Elena, ignorándola por completo, salió muy enojada de la cocina y por una semana no le dirigió la palabra.

La reanudación de esta semicomunicación se originó cuando, al revisar los vestidos que cada una de las mujeres había estado cosiendo, Mamá Elena descubrió que aun cuando el confeccionado por Tita era el más perfecto no lo había hilvanado antes de coserlo.

—Te felicito —le dijo—, las puntadas son perfectas, pero no lo hilvanaste, ¿verdad?

—No —respondió Tita, asombrada de que le hubiera levantado la ley del silencio.

—Entonces lo vas a tener que deshacer. Lo hilvanas, lo coses nuevamente y después vienes a que te lo revise. Para que recuerdes que el flojo y el mezquino andan doble su camino.

—Pero eso es cuando uno se equivoca y usted misma dijo hace un momento que el mío era...

—¿Vamos a empezar otra vez con la rebeldía? Ya bastante tenías con la de haberte atrevido a coser rompiendo las reglas.

—Perdóneme, mami. No lo vuelvo a hacer.

Tita logró con estas palabras calmar el enojo de Mamá Elena. Había puesto mucho cuidado al pronunciar el «mami» en el momento y con el tono adecuado. Mamá Elena opinaba que la palabra mamá sonaba despectiva, así que obligó a sus hijas desde niñas a utilizar la palabra «mami» cuando se dirigieran a ella. La única que se resistía o que pronunciaba la palabra en un tono inadecuado era Tita, motivo por el cual había recibido infinidad de bofetadas. ¡Pero qué bien lo había hecho en ese momento! Mamá Elena se sentía reconfortada con el pensamiento de que tal vez ya estaba logrando doblegar el carácter de la más pequeña de sus hijas. Pero desgraciadamente albergó esta esperanza por muy poco tiempo pues al día siguiente se presentó en casa Pedro Muzquiz acompañado de su señor padre con la intención de pedir la mano de Tita. Su presencia en la casa causó gran desconcierto. No esperaban su visita. Días antes, Tita le había mandado a Pedro un recado con el hermano de Nacha pidiéndole que desistiera de sus propósitos. Aquél juró que se lo había entregado a don Pedro, pero el caso es que ellos se presentaron en la casa. Mamá Elena los recibió en la sala, se comportó muy amable y les explicó la razón por la que Tita no se podía casar.

—Claro que si lo que les interesa es que Pedro se case, pongo a su consideración a mi hija Rosaura, sólo dos años mayor que Tita, pero está plenamente disponible y preparada para el matrimonio...

Al escuchar estas palabras, Chencha por poco tira encima de Mamá Elena la charola con café y galletas que había llevado a la sala para agasajar a don Pascual y a su hijo. Disculpándose, se retiró apresuradamente hacia la cocina, donde la estaban esperando Tita, Rosaura y Gertrudis para que les diera un informe detallado de lo que acontecía en la sala. Entró atropelladamente y todas suspendieron de inmediato sus labores para no perderse una sola de sus palabras.

Se encontraban ahí reunidas con el propósito de preparar tortas de navidad. Como su nombre lo indica, estas tortas se elaboran durante la época navideña, pero en esta ocasión las estaban haciendo para festejar el cumpleaños de Tita. El 30 de septiembre cumpliría 16 años y quería celebrarlos comiendo uno de sus platillos favoritos.

—¿Ay sí, no? ¡Su 'amá habla d'estar preparada para el matrimoño, como si juera un plato de enchiladas! ¡Y ni ansina, porque pos no es lo mismo que lo mesmo! ¡Uno no puede cambiar unos tacos por unas enchiladas así como así!

Chencha no paraba de hacer este tipo de comentarios mientras les narraba a su manera, claro, la escena que acababa de presenciar. Tita

conocía lo exagerada y mentirosa que podía ser Chencha, por lo que no dejó
que la angustia se apoderara de ella. Se negaba a aceptar como cierto lo que
acababa de escuchar. Fingiendo serenidad, siguió partiendo las teleras,
para que sus hermanas y Nacha se encargaran de rellenarlas.

De prefencia las teleras deben ser horneadas en casa. Pero si no se
puede lo más conveniente es encargar en la panadería unas teleras
pequeñas, pues las grandes no funcionan adecuadamente para esta receta.
Después de rellenarlas se meten 10 minutos al horno y se sirven calientes.
Lo ideal es dejarlas al sereno toda una noche envueltas en una tela, para
que el pan se impregne con la grasa del chorizo.

Cuando Tita estaba acabando de envolver las tortas que comerían al día
siguiente, entró en la cocina Mamá Elena para informarles que había
aceptado que Pedro se casara, pero con Rosaura.

Al escuchar la confirmación de la noticia, Tita sintió como si el invierno
le hubiera entrado al cuerpo de golpe y porrazo: era tal el frío y tan seco
que le quemó las mejillas y se las puso rojas, rojas, como el color de las
manzanas que tenía frente a ella. Este frío sobrecogedor la habría de
acompañar por mucho tiempo sin que nada lo pudiera atenuar, ni tan
siquiera cuando Nacha le contó lo que había escuchado cuando acompañaba
a don Pascual Muzquiz y a su hijo hasta la entrada del rancho. Nacha
caminaba por delante, tratando de aminorar el paso para escuchar mejor la
conversación entre padre e hijo. Don Pascual y Pedro caminaban
lentamente y hablaban en voz baja, reprimida por el enojo.

—¿Por qué hiciste esto Pedro? Quedamos en ridículo aceptando la boda
con Rosaura. ¿Dónde quedó pues el amor que le juraste a Tita? ¿Qué no
tienes palabra?

—Claro que la tengo, pero si a usted le negaran de una manera rotunda
casarse con la mujer que ama y la única salida que le dejaran para estar
cerca de ella fuera la de casarse con la hermana, ¿no tomaría la misma
decisión que yo?

Nacha no alcanzó a escuchar la respuesta porque el Pulque, el perro
del rancho, salió corriendo, ladrándole a un conejo al que confundió con
un gato.

—Entonces, ¿te vas a casar sin sentir amor?

—No, papá, me caso sintiendo un inmenso e imperecedero amor por Tita.

"Crushed Fruits," Daniel Serra-Badué

Las voces se hacían cada vez menos perceptibles pues eran apagadas por el ruido que hacían los zapatos al pisar las hojas secas. Fue extraño que Nacha, que para entonces estaba más sorda, dijera haber escuchado la conversación. Tita igual le agredeció que se lo hubiera contado pero esto no modificó la actitud de frío respeto que desde entonces tomó para con Pedro. Dicen que el sordo no oye, pero compone. Tal vez Nacha sólo escuchó las palabras que todos callaron. Esa noche fue imposible que Tita conciliara el sueño; no sabía explicar lo que sentía. Lástima que en aquella época no se hubieran descubierto los hoyos negros en el espacio porque entonces le hubiera sido muy fácil comprender que sentía un hoyo negro en medio del pecho, por donde se le colaba un frío infinito.

Cada vez que cerraba los ojos podía revivir muy claramente las escenas de aquella noche de navidad, un año atrás, en que Pedro y su familia habían sido invitados por primera vez a cenar a su casa y el frío se le agudizaba. A pesar del tiempo transcurrido, ella podía recordar perfectamente los sonidos, los olores, el roce de su vestido nuevo sobre el piso recién encerado; la mirada de Pedro sobre sus hombros... ¡Esa mirada! Ella caminaba hacia la mesa llevando una charola con dulces de yemas de huevo cuando la sintió, ardiente, quemándole la piel. Giró la cabeza y sus ojos se encontraron con los de Pedro. En ese momento comprendió perfectamente lo que debe sentir la masa de un buñuelo al entrar en contacto con el aceite hirviendo. Era tan real la sensación de calor que invadía todo su cuerpo que ante el temor de que, como a un buñuelo, le empezaran a brotar burbujas por todo el cuerpo —la cara, el vientre, el corazón, los senos— Tita no pudo sostenerle esa mirada y bajando la vista cruzó rápidamente el salón hasta el extremo opuesto, donde Gertrudis pedaleaba en la pianola el vals Ojos de juventud. Depositó la charola sobre una mesita de centro, tomó distraídamente una copa de licor de Noyó que encontró en su camino y se sentó junto a Paquita Lobo, vecina del rancho. El poner distancia entre Pedro y ella de nada le sirvió; sentía la sangre correr abrasadoramente por sus venas. Un intenso rubor le cubrió las mejillas y por más esfuerzos que hizo no pudo encontrar un lugar donde posar su mirada. Paquita notó que algo raro le pasaba y mostrando gran preocupación la interrogó:

—Qué rico está el licorcito, ¿verdad?

—¿Mande usted?

—Te veo muy distraída Tita, ¿te sientes bien?

—Sí, muchas gracias.

—Ya tienes edad suficiente como para tomar un poco de licor en ocasiones especiales, pilluela, pero dime, ¿cuentas con la autorización de tu mamá para hacerlo? Porque te noto agitada y temblorosa —y añadió lastimeramente—, mejor ya no tomes, no vayas a dar un espectáculo.

¡Nada más eso le faltaba! Que Paquita Lobo pensara que estaba borracha. No podía permitir que le quedara la menor duda o se exponía a que fuera a llevarle el chisme a su mamá. El terror a su madre la hizo olvidarse por un momento de la presencia de Pedro y trató por todos los medios de convencer a Paquita de la lucidez de su pensamiento y de su agilidad mental. Platicó con ella de algunos chismes y bagatelas. Inclusive le proporcionó la receta del Noyó, que tanto la inquietaba. Este licor se fabrica poniendo cuatro onzas de almendras de alberchigo y media libra de almendras de albaricoque en una azumbre de agua, por veinticuatro horas, para que aflojen la piel; luego se pelan, se quebrantan y se ponen en infusión en dos azumbres de agua ardiente por quince días. Después se procede a la destilación. Cuando se han desleído perfectamente dos libras y media de azúcar quebrantada en el agua se le añaden cuatro onzas de flor de naranja, se forma la mezcla y se filtra. Y para que no quedara ninguna duda referente a su salud física y mental, le recordó a Paquita, así como de refilón, que la equivalencia del azumbre es de 2.016 litros, ni más ni menos.

Así que cuando Mamá Elena se acercó a ellas para preguntarle a Paquita si estaba bien atendida, ésta entusiasmada respondió:

—¡Estoy perfectamente! Tienes unas hijas maravillosas. ¡Y su conversación es fascinante!

Mamá Elena le ordenó a Tita que fuera a la cocina por unos bocadillos para repartir entre todos los presentes. Pedro, que en ese momento pasaba por ahí, no por casualidad, se ofreció a ayudarla. Tita caminaba apresuradamente hacia la cocina, sin pronunciar una sola palabra. La cercanía de Pedro la ponía muy nerviosa. Entró y se dirigió con rapidez a tomar una de las charolas con deliciosos bocadillos que esperaban pacientemente en la mesa de la cocina.

Nunca olvidaría el roce accidental de sus manos cuando ambos trataron torpemente de tomar la misma charola al mismo tiempo.

Fue entonces cuando Pedro le confesó su amor.

—Señorita Tita, quisiera aprovechar la oportunidad de poder hablarle a solas para decirle que estoy profundamente enamorado de usted. Sé que esta declaración es atrevida y precipitada, pero es tan difícil acercársele que tomé la decisión de hacerlo esta misma noche. Sólo le pido que me diga si puedo aspirar a su amor.

—No sé qué responderle; deme tiempo para pensar.

—No, no podría, necesito una respuesta en este momento: el amor no se piensa: se siente o no se siente. Yo soy un hombre de pocas, pero muy firmes palabras. Le juro que tendrá mi amor por siempre. ¿Qué hay del suyo? ¿Usted también lo siente por mí?

—¡Sí!

Sí, sí, y mil veces sí. Lo amó desde esa noche para siempre.

Pero ahora tenía que renunciar a él. No era decente desear al futuro esposo de una hermana. Tenía que tratar de ahuyentarlo de su mente de alguna manera para poder dormir. Intentó comer la torta de navidad que Nacha le había dejado sobre su buró, junto con un vaso de leche. En muchas otras ocasiones le había dado excelentes resultados. Nacha, con su gran experiencia, sabía que para Tita no había pena alguna que no lograra desaparecer mientras comía una deliciosa torta de navidad. Pero no en esta ocasión. El vacío que sentía en el estómago no se alivió. Por el contrario, una sensación de náusea la invadió. Descubrió que el hueco no era de hambre; más bien se trataba de una álgida sensación dolorosa. Era necesario deshacerse de este molesto frío. Como primera medida se cubrió con una pesada cobija y ropa de lana. El frío permanecía inamovible. Entonces se puso zapatos de estambre y otras dos cobijas. Nada. Por último, sacó de su costurero una colcha que había empezado a tejer el día en que Pedro le habló de matrimonio. Una colcha como ésta, tejida a gancho, se termina aproximadamente en un año. Justo el tiempo que Pedro y Tita habían pensado dejar pasar antes de contraer nupcias. Decidió darle utilidad al estambre en lugar de desperdiciarlo y rabiosamente tejió y lloró, y lloró y tejió, hasta que en la madrugada terminó la colcha y se la echó encima. De nada sirvió. Ni esa noche ni muchas otras mientras vivió logró controlar el frío.

Ampliemos nuestra comprensión

Trabajo de equipo. Ahora que ya has terminado la lectura del pasaje, siéntate con tus compañeros de grupo y discutan las preguntas de enfoque que aparecen al comienzo de la lectura. Comenten también las siguientes preguntas (deben tomar notas de las ideas generadas en el grupo):

■ ¿Creen que es importante conservar las tradiciones? ¿En qué casos? Den ejemplos específicos.

■ Si estuvieran en el lugar de Tita, ¿qué hubieran hecho? ¿Creen que era posible para ella liberarse de la dominación de su madre? Tengan presente que esta novela se desarrolla en un pueblo pequeño durante la época de la Revolución mexicana de 1910.

Distribuyan las cuatro preguntas entre los miembros del equipo. Cada uno debe usar sus notas y citas del texto para contestar una de las preguntas. Al terminar junten los cuatro trabajos, diseñen una portada con una ilustración, el título del libro, el nombre de la autora y los nombres de los cuatro estudiantes. Éste será el producto final del equipo para entregar al (a la) maestro(a).

Diálogo: lo que nunca se dijo. Formen grupos de cuatro. Divídanse en dos parejas. Dentro de cada pareja, un(a) estudiante asumirá el papel de Mamá Elena y el otro el de Tita. En una hoja de papel que se pasarán de uno a otro en silencio, escribirán el diálogo que ustedes se imaginan podría desarrollarse entre la madre y Tita si ésta última tuviera la libertad de expresar sus ideas y sentimientos abiertamente. Al concluir compartan sus diálogos con la otra pareja del grupo. El (La) maestro(a) llamará a algunas parejas al frente para que representen sus diálogos a la clase.

Trabajo en parejas: análisis del estilo. En la *Unidad tres* estudiamos el «realismo mágico» a través de obras como «El ahogado más hermoso del mundo» de Gabriel García Márquez. Repasen la definición y los ejemplos que analizamos en esa unidad. Luego relean el capítulo primero de *Como agua para chocolate* y busquen algunos ejemplos de este estilo literario. Anoténlos en su cuaderno.

Escena ilustrada. Observen las reproducciones de los cuadros que aparecen en el texto en las páginas 3 y 220. Estos son ejemplos de arte surrealista, que al igual que la literatura del realismo mágico, combina elementos de la realidad y de los sueños. Ilustren una escena evocada por la lectura del primer capítulo tratando de imitar el estilo surrealista. Las ilustraciones serán exhibidas en la cartelera de la clase.

Conclusión de la unidad

Síntesis y conexión de conceptos

¿Quién es este personaje? Todas las selecciones de esta unidad presentan personajes femeninos que o bien desempeñan un papel destacado dentro de la familia o la comunidad, o son objeto de la opresión de otros. En grupos de cuatro, seleccionen cuatro de los personajes femeninos que más les hayan impactado. En varios ramilletes de ideas anoten las características de estos personajes. A continuación, cada miembro del grupo hará un diagrama «mente abierta» de uno de los personajes sin poner el nombre del personaje. Los diagramas serán intercambiados con los de otro grupo y tratarán de adivinar quién es cada uno de los personajes.

Lo que él contestó. Escoge uno de los poemas de esta unidad. Imagínate que eres la voz masculina que va a dar respuesta a las quejas, los reproches o las inquietudes de la poetisa. ¿Qué le dirías? ¿Cómo le explicarías las injusticias y los valores morales distintos con que se juzga a hombres y mujeres? ¿Cómo podrías hacerle comprender que tu posición no ha sido resultado de tu elección personal, sino el producto de la cultura que te rodea? ¿Qué cambios puedes prometerle ahora que has reflexionado acerca de esta situación? (cambios que puedas cumplir) Contéstale a la poetisa en verso o en prosa.

Diagrama de Venn. En un diagrama de Venn compara a la madre del cuento «Zapatos de huevo» con la madre de *Como agua para chocolate*.

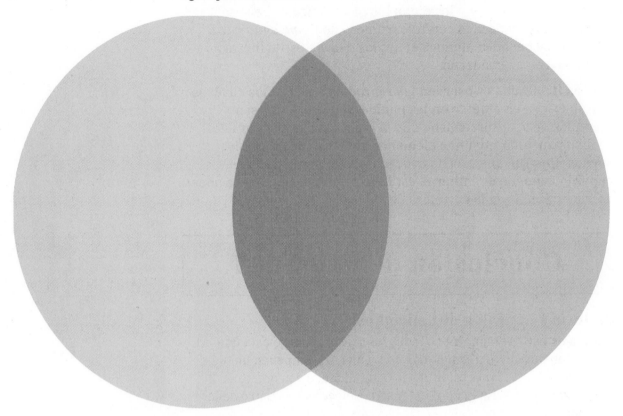

Estás en el banquillo. Esta actividad te va a permitir asumir el papel de uno de los personajes de las historias que has leído en esta unidad. Deberás estudiar muy bien a tu personaje para que puedas contestar las preguntas que te harán otros personajes. Con tus compañeros de grupo escoge a un personaje. Puede ser, por ejemplo, la señora Carolyn, Rosa, Alberto, la narradora de «Zapatos de huevo», su madre, Tita, etc. Cada grupo escoge a un personaje. No puede haber personajes repetidos. Después de decidir qué personaje van a representar deben hacer lo siguiente:

1. Hacer una lista de las características de su personaje. Traten de analizarlo muy bien para que sepan cómo responder a las preguntas de los otros personajes.

2. Escribir dos preguntas que su personaje le haría a cada uno de los personajes escogidos por los otros grupos.

A continuación, cada grupo pasará al frente para responder las preguntas que le harán los otros grupos. Los miembros del grupo que está al frente se turnarán para responder a las preguntas de los otros personajes. Como cada grupo ha preparado dos preguntas para cada personaje, se harán dos rondas de preguntas.

Trabajo de investigación. Haz un trabajo de investigación sobre un personaje femenino que se haya destacado en cualquier campo del saber, del arte o de la vida pública.

«Señora Sabasa García», Francisco de Goya

❧ Quinta unidad ❧

La casa de Bernarda Alba

Dichoso el árbol que es apenas sensitivo,
y más la piedra dura, porque ésta ya no siente,
pues no hay dolor más grande que el dolor de ser vivo,
ni mayor pesadumbre que la vida consciente.

«Lo fatal» de Rubén Darío

*L*a casa de Bernarda Alba es la obra teatral más lograda de la dramaturgia española contemporánea. Si bien es cierto que para entenderla es necesario conocer aspectos del contexto en el cual se desenvuelve, su tema refleja pasiones y conflictos humanos universales.

Alistémonos para leer

Federico García Lorca es conocido como uno de los escritores más destacados de la generación española del 27. *La casa de Bernarda Alba* es la tercera de una trilogía de tragedias que incluye *Bodas de sangre* y *Yerma*. Está basada en un hecho real que observó García Lorca en un pueblo de Andalucía y constituye un «documental fotográfico» de una familia como tantas de la España de su época.

Exploración del título.   En grupos de cuatro discutan ¿qué ideas les sugiere el título *La casa de Bernarda Alba*?

Rompecabezas de predicción.   El (La) maestro(a) le entregará a cada estudiante una tira de papel con un pasaje diferente de la obra. Paséate por el salón de clase y, cada vez que te encuentres con un (una) compañero(a), léele tu cita y escucha la de él (ella). Repitan el proceso hasta que cada estudiante haya tenido la oportunidad de escuchar todas las citas. Luego, trabajando en grupos de cuatro y basándose en lo que han escuchado, especulen sobre qué va a tratar esta obra.

Visualización.   Tu maestro(a) va a leer en voz alta la descripción de la escena donde se desarrolla el primer acto de la obra. Mientras escuchas, cierra los ojos y trata de visualizarla en tu mente.

Leamos activamente

Apuntes literarios

El teatro.   A diferencia de las obras narrativas, las obras de teatro se escriben para ser representadas en un escenario a través del diálogo de los distintos personajes que intervienen en ella. Por lo mismo, cuando uno las lee, debe suplir con la imaginación los detalles que son obvios en una representación teatral. En una escenificación hay muchas maneras de comunicar mensajes: el gesto, la declamación, el vestuario, los decorados y el aparato técnico son elementos de que se vale el (la) autor(a) para expresar su pensamiento.

Las dos grandes clases de composición teatral son la **tragedia** y la **comedia.** El primer término se aplica, de una manera general, a toda obra dramática que representa una acción solemne y que termina casi siempre con una catástrofe. El término *comedia* se refiere a la representación de una pieza que refleja los aspectos jocosos y ridículos de la vida cotidiana y que termina casi siempre alegremente.

Diario de reflexión léxica.   Destina una sección de tu cuaderno para anotar palabras de vocabulario cuyo significado te gustaría conocer. Deberás escoger de tres a cinco palabras en cada acto. En un cuadro de tres columnas como el que aparece a continuación, anotarás las palabras, la frase donde se encuentra cada una de ellas y lo que crees que significa. Usa pistas del contexto para tratar de adivinar el significado. Al final de cada acto, trabajando en parejas o en grupos, compartirás tu lista y discutirás el significado de las palabras.

Palabras	Cita donde se encuentra	Posible significado

Lectura silenciosa.   Lee silenciosamente el primer acto de la obra.

Familiaricémonos con un personaje.   Para esta actividad vas a trabajar en grupos de cuatro. Tu maestro(a) le asignará un personaje diferente a cada grupo. Relean el texto y anoten todo lo que puedan sobre este personaje: ¿quién es? ¿cómo es? ¿cómo actúa? ¿qué piensan los otros personajes de él (ella)? Pueden utilizar un cuadro de dos columnas o cualquier otro diagrama que les parezca conveniente para tomar sus notas. Cada persona deberá hacer sus propias anotaciones. El (La) maestro(a) llamará a un(a) estudiante de cada grupo para que presente a la clase las conclusiones del grupo.

Análisis del ambiente.   Trabajando con un(a) compañero(a), busquen en la lectura pasajes que describan el pueblo donde se desarrollan los hechos. ¿Cómo es el ambiente de este pueblo? ¿Cómo es la gente que vive allí?

Lectura dramatizada.   El (La) maestro(a) asignará a varios alumnos los distintos personajes que intervienen en el primer acto para realizar una lectura dramatizada frente a la clase.

La casa de Bernarda Alba

Federico García Lorca

Personajes

BERNARDA: (60 años)

MARÍA JOSEFA: (madre de Bernarda, 80 años)

ANGUSTIAS: (hija de Bernarda, 39 años)

MAGDALENA: (hija de Bernarda, 30 años)

AMELIA: (hija de Bernarda, 27 años)

MARTIRIO: (hija de Bernarda, 24 años)

ADELA: (hija de Bernarda, 20 años)

LA PONCIA: (criada, 60 años)

CRIADA: (50 años)

PRUDENCIA: (50 años)

MENDIGA

MUJER 1ª

MUJER 2ª

MUJER 3ª

MUJER 4ª

MUCHACHA

MUJERES DE LUTO

El poeta advierte que estos tres actos tienen la intención de un documental fotográfico.

Acto primero

Habitación blanquísima del interior de la casa de Bernarda. Muros gruesos. Puertas con cortinas de yute rematadas con madroños y volantes. Sillas de anea. Cuadros con paisajes inverosímiles de ninfas o reyes de leyenda. Es verano. Un gran silencio umbroso se extiende por la escena. Al levantarse el telón está la escena sola. Se oyen doblar las campanas. Sale la CRIADA.

CRIADA: Ya tengo el doble de esas campanas metido entre las sienes.

LA PONCIA: *(Sale comiendo chorizo y pan.)* Llevan ya más de dos horas de gori-gori. Han venido curas de todos los pueblos. La iglesia está hermosa. En el primer responso se desmayó la Magdalena.

CRIADA: Es la que se queda más sola.

LA PONCIA: Era la única que quería al padre. ¡Ay! ¡Gracias a Dios que estamos solas un poquito! Yo he venido a comer.

"The Lane to Port Llegat with View of Cape Creus," Salvador Dalí

CRIADA: ¡Si te viera Bernarda!...

LA PONCIA: ¡Quisiera que ahora, como no come ella, que todas nos muriéramos de hambre! ¡Mandona! ¡Dominanta! ¡Pero se fastidia! Le he abierto la orza de los chorizos.

CRIADA: *(con tristeza, ansiosa)* ¿Por qué no me das para mi niña, Poncia?

LA PONCIA: Entra y llévate también un puñado de garbanzos. ¡Hoy no se dará cuenta!

VOZ: *(dentro)* ¡Bernarda!

LA PONCIA: La vieja. ¿Está bien cerrada?

CRIADA: Con dos vueltas de llave.

LA PONCIA: Pero debes poner también la tranca. Tiene unos dedos como cinco ganzúas.

VOZ: ¡Bernarda!

LA PONCIA: *(a voces)* ¡Ya viene! *(a la CRIADA)* Limpia bien todo. Si Bernarda no ve relucientes las cosas me arrancará los pocos pelos que me quedan.

CRIADA: ¡Qué mujer!

LA PONCIA: Tirana de todos los que la rodean. Es capaz de sentarse encima de tu corazón y ver cómo te mueres durante un año sin que se le cierre esa sonrisa fría que lleva en su maldita cara. ¡Limpia, limpia ese vidriado!

CRIADA: Sangre en las manos tengo de fregarlo todo.

LA PONCIA: Ella, la más aseada; ella la más decente; ella la más alta. ¡Buen descanso ganó su pobre marido! *(Cesan las campanas.)*

CRIADA: ¿Han venido todos sus parientes?

LA PONCIA: Los de ella. La gente de él la odia. Vinieron a verlo muerto y le hicieron la cruz.

CRIADA: ¿Hay bastantes sillas?

LA PONCIA: Sobran. Que se sienten en el suelo. Desde que murió el padre de Bernarda no han vuelto a entrar las gentes bajo estos techos. Ella no quiere que la vean en su dominio. ¡Maldita sea!

CRIADA: Contigo se portó bien.

LA PONCIA: Treinta años lavando sus sábanas; treinta años comiendo sus sobras; noches en vela cuando tose; días enteros mirando por la rendija para espiar a los vecinos y llevarle el cuento, vida sin secretos una con otra, y sin embargo, ¡maldita sea! ¡Mal dolor de clavo le pinche en los ojos!

CRIADA: ¡Mujer!

LA PONCIA: Pero yo soy buena perra; ladro cuando me lo dicen y muerdo los talones de los que piden limosna cuando ella me azuza; mis hijos trabajan en sus tierras y ya están los dos casados, pero un día me hartaré.

CRIADA: Y ese día…

LA PONCIA: Ese día me encerraré con ella en un cuarto y le estaré escupiendo un año entero. «Bernarda, por esto, por aquello, por lo otro», hasta ponerla como un lagarto machacado por los niños, que es lo que es ella y toda su parentela. Claro es que no le envidio la vida. La quedan cinco mujeres, cinco hijas feas, que quitando Angustias, la mayor, que es la hija del primer marido y tiene dineros, las demás, mucha puntilla bordada, muchas camisas de hilo, pero pan y uvas por toda herencia.

CRIADA: ¡Ya quisiera tener yo lo que ellas!

LA PONCIA: Nosotras tenemos nuestras manos y un hoyo en la tierra de la verdad.

CRIADA: Esa es la única tierra que nos dejan a las que no tenemos nada.

LA PONCIA: (en la alacena) Este cristal tiene unas motas.

CRIADA: Ni con jabón ni con bayeta se le quitan. (Suenan las campanas.)

LA PONCIA: El último responso. Me voy a oírlo. A mí me gusta mucho cómo canta el párroco. En el «Pater Noster» subió, subió la voz que parecía un cántaro de agua llenándose poco a poco; claro es que al final dio un gallo; pero da gloria oírlo. Ahora que nadie como el antiguo sacristán Tronchapinos. En la misa de mi madre, que esté en gloria, cantó. Retumbaban las paredes, y cuando decía Amén era como si un lobo hubiese entrado en la iglesia. (Imitándolo.) ¡Améé-én! (Se echa a toser.)

CRIADA: Te vas a hacer el gaznate polvo.

LA PONCIA: ¡Otra cosa hacía polvo yo! (Sale riendo.)

(La CRIADA limpia. Suenan las campanas.)

CRIADA: (llevando el canto) Tin, tin, tan. Tin, tin, tan. ¡Dios lo haya perdonado!

MENDIGA: *(con una niña)* ¡Alabado sea Dios!

CRIADA: Tin, tin, tan. ¡Que nos espere muchos años! Tin, tin, tan.

MENDIGA: *(fuerte y con cierta irritación)* ¡Alabado sea Dios!

CRIADA: *(iritada)* ¡Por siempre!

MENDIGA: Vengo por las sobras. *(Cesan las campanas.)*

CRIADA: Por la puerta se va a la calle. Las sobras de hoy son para mí.

MENDIGA: Mujer, tú tienes quien te gane. ¡Mi niña y yo estamos solas!

CRIADA: También están solos los perros y viven.

MENDIGA: Siempre me las dan.

CRIADA: Fuera de aquí. ¿Quién os dijo que entraseis? Ya me habéis dejado los pies señalados. *(Se van. Limpia.)* Suelos barnizados con aceite, alacenas, pedestales, camas de acero, para que traguemos quina las que vivimos en las chozas de tierra con un plato y una cuchara. Ojalá que un día no quedáramos ni uno para contarlo. *(Vuelven a sonar las campanas.)* Sí, sí, ¡vengan clamores! ¡Venga caja con filos dorados y toalla para llevarla! ¡Que lo mismo estarás tú que estaré yo! Fastídiate, Antonio María Benavides, tieso con tu traje de paño y tus botas enterizas. ¡Fastídiate! ¡Ya no volverás a levantarme las enaguas detrás de la puerta de tu corral! *(Por el fondo, de dos en dos, empiezan a entrar MUJERES DE LUTO, con pañuelos grandes, faldas y abanicos negros. Entran lentamente hasta llenar la escena. La CRIADA, rompiendo a gritar.)* ¡Ay Antonio María Benavides, que ya no verás estas paredes ni comerás el pan de esta casa! Yo fui la que más te quiso de las que te sirvieron. *(tirándose del cabello)* ¿Y he de vivir yo después de haberte marchado? ¿Y he de vivir?

(Terminan de entrar las doscientas MUJERES y aparece BERNARDA y sus cinco HIJAS.)

BERNARDA: *(a la CRIADA)* ¡Silencio!

CRIADA: *(llorando)* ¡Bernarda!

BERNARDA: Menos gritos y más obras. Debías haber procurado que todo esto estuviera más limpio para recibir al duelo. Vete. No es este tu lugar. *(La CRIADA se va llorando.)* Los pobres son como los animales; parece como si estuvieran hechos de otras sustancias.

MUJER 1ª: Los pobres sienten también sus penas.

BERNARDA: Pero las olvidan delante de un plato de garbanzos.

MUCHACHA: *(con timidez)* Comer es necesario para vivir.

BERNARDA: A tu edad no se habla delante de las personas mayores.

MUJER 1ª: Niña , cállate.

BERNARDA: No he dejado que nadie me dé lecciones. Sentarse. *(Se sientan. Pausa. Fuerte.)* Magdalena, no llores; si quieres llorar te metes debajo de la cama. ¿Me has oído?

MUJER 2ª: *(a BERNARDA)* ¿Habéis empezado los trabajos en la era?

BERNARDA: Ayer.

MUJER 3ª: Cae el sol como plomo.

MUJER 1ª: Hace años no he conocido calor igual. *(Pausa. Se abanican todas.)*

BERNARDA: ¿Está hecha la limonada?

LA PONCIA: Sí, Bernarda. *(Sale con una gran bandeja llena de jarritas blancas, que distribuye.)*

BERNARDA: Dale a los hombres.

LA PONCIA: Ya están tomando en el patio.

BERNARDA: Que salgan por donde han entrado. No quiero que pasen por aquí.

MUCHACHA: *(a ANGUSTIAS)* Pepe el Romano estaba con los hombres del duelo.

ANGUSTIAS: Allí estaba.

BERNARDA: Estaba su madre. Ella ha visto a su madre. A Pepe no lo ha visto ella ni yo.

MUCHACHA: Me pareció...

BERNARDA: Quien sí estaba era el viudo de Darajalí. Muy cerca de tu tía. A ese lo vimos todas.

MUJER 2ª: *(aparte, en voz baja)* ¡Mala, más que mala!

MUJER 3ª: *(lo mismo)* ¡Lengua de cuchillo!

BERNARDA: Las mujeres en la iglesia no deben de mirar más hombre que al oficiante, y ése porque tiene faldas. Volver la cabeza es buscar el calor de la pana.

MUJER 1ª: *(en voz baja)* ¡Vieja lagarta recocida!

LA PONCIA: *(entre dientes)* ¡Sarmentosa por calentura de varón!

BERNARDA: ¡Alabado sea Dios!

TODAS: *(santiguándose)* Sea por siempre bendito y alabado.

BERNARDA: ¡Descansa en paz con la santa compañía de cabecera!

TODAS: ¡Descansa en paz!

BERNARDA: Con el ángel San Miguel y su espada justiciera.

TODAS: ¡Descansa en paz!

BERNARDA: Con la llave que todo lo abre y la mano que todo lo cierra.

TODAS: ¡Descansa en paz!

BERNARDA: Con los bienaventurados y las lucecitas del campo.

TODAS: ¡Descansa en paz!

BERNARDA: Con nuestra santa caridad y las almas de tierra y mar.

TODAS: ¡Descansa en paz!

BERNARDA: Concede el reposo a tu siervo Antonio María Benavides y dale la corona de tu santa gloria.

TODAS: Amén.

BERNARDA: *(Se pone en pie y canta.)* «Requiem aeternam dona eis Domine.»

TODAS: *(de pie y cantando al modo gregoriano)* «Ex lux perpetua luceat eis.» *(Se santiguan.)*

MUJER 1ª: Salud para rogar por su alma. *(Van desfilando.)*

MUJER 3ª: No te faltará la hogaza de pan caliente.

MUJER 2ª: Ni el techo para tus hijas. *(Van desfilando todas por delante de* BERNARDA *y saliendo.)*

(Sale ANGUSTIAS *por otra puerta que da al patio.)*

MUJER 4ª: El mismo trigo de tu casamiento lo sigas disfrutando.

LA PONCIA: *(entrando con una bolsa)* De parte de los hombres esta bolsa de dineros para responsos.

BERNARDA: Dales las gracias y échales una copa de aguardiente.

MUCHACHA: *(a* MAGDALENA*)* Magdalena...

BERNARDA: *(a* MAGDALENA, *que inicia el llanto)* Chiss. *(Salen todas. A las que se han ido.)* ¡Andar a vuestras casas a criticar todo lo que habéis visto! ¡Ojalá tardéis muchos años en pasar el arco de mi puerta!

LA PONCIA: No tendrás queja ninguna. Ha venido todo el pueblo.

BERNARDA: Sí; para llenar mi casa con el sudor de sus refajos y el veneno de sus lenguas.

AMELIA: ¡Madre, no hable usted así!

BERNARDA: Es así como se tiene que hablar en este maldito pueblo sin río, pueblo de pozos, donde siempre se bebe el agua con el miedo de que esté envenenada.

LA PONCIA: ¡Cómo han puesto la solería!

BERNARDA: Igual que si hubiese pasado por ella una manada de cabras. *(LA PONCIA limpia el suelo.)* Niña, dame el abanico.

ADELA: Tome usted. *(Le da un abanico redondo con flores rojas y verdes.)*

BERNARDA: *(Arrojando el abanico al suelo.)* ¿Es este el abanico que se da a una viuda? Dame uno negro y aprende a respetar el luto de tu padre.

MARTIRIO: Tome usted el mío.

BERNARDA: ¿Y tú?

MARTIRIO: Yo no tengo calor.

BERNARDA: Pues busca otro, que te hará falta. En ocho años que dure el luto no ha de entrar en esta casa el viento de la calle. Hacemos cuenta que hemos tapiado con ladrillos puertas y ventanas. Así pasó en casa de mi padre y en casa de mi abuelo. Mientras, podéis empezar a bordar el ajuar. En el arca tengo veinte piezas de hilo con el que podréis cortar sábanas y embozos. Magdalena puede bordarlas.

MAGDALENA: Lo mismo me da.

ADELA: *(agria)* Si no quieres bordarlas, irán sin bordados. Así las tuyas lucirán más.

MAGDALENA: Ni las mías ni las vuestras. Sé que yo no me voy a casar. Prefiero llevar sacos al molino. Todo menos estar sentada días y días dentro de esta sala oscura.

BERNARDA: Esto tiene ser mujer.

MAGDALENA: Malditas sean las mujeres.

BERNARDA: Aquí se hace lo que yo mando. Ya no puedes ir con el cuento a tu padre. Hilo y aguja para las hembras. Látigo y mula para el varón. Eso tiene la gente que nace con posibles. *(Sale ADELA.)*

VOZ: ¡Bernarda! ¡Déjame salir!

BERNARDA: *(en voz alta)* ¡Dejadla ya! *(Sale la CRIADA.)*

CRIADA: Me ha costado mucho sujetarla. A pesar de sus ochenta años, tu madre es fuerte como un roble.

BERNARDA: Tiene a quien parecerse. Mi abuelo fue igual.

CRIADA: Tuve durante el duelo que taparle varias veces la boca con un costal vacío porque quería llamarte para que le dieras agua de fregar siquiera para beber, y carne de perro, que es lo que ella dice que tú le das.

MARTIRIO: ¡Tiene mala intención!

BERNARDA: *(a la CRIADA)* Dejadla que se desahogue en el patio.

CRIADA: Ha sacado del cofre sus anillos y los pendientes de amatista; se los ha puesto; y me ha dicho que se quiere casar. *(Las HIJAS ríen.)*

BERNARDA: Ve con ella y ten cuidado que no se acerque al pozo.

CRIADA: No tengas miedo que se tire.

BERNARDA: No es por eso... Pero desde aquel sitio las vecinas pueden verla desde su ventana. *(Sale la CRIADA.)*

MARTIRIO: Nos vamos a cambiar de ropa.

BERNARDA: Sí, pero no el pañuelo de la cabeza. *(Entra ADELA.)* ¿Y Angustias?

ADELA: *(con intención)* La he visto asomada a las rendijas del portón. Los hombres se acaban de ir.

BERNARDA: ¿Y tú a qué fuiste también al portón?

ADELA: Me llegué a ver si habían puesto las gallinas.

BERNARDA: ¡Pero el duelo de los hombres habría salido ya!

ADELA: *(con intención)* Todavía estaba un grupo parado por fuera.

BERNARDA: *(furiosa)* ¡Angustias! ¡Angustias!

ANGUSTIAS: *(entrando)* ¿Qué manda usted?

BERNARDA: ¿Qué mirabas y a quién?

ANGUSTIAS: A nadie.

BERNARDA: ¿Es decente que una mujer de tu clase vaya con el anzuelo detrás de un hombre el día de la misa de su padre? ¡Contesta! ¿A quién mirabas? *(pausa)*

ANGUSTIAS: Yo...

BERNARDA: ¡Tú!

ANGUSTIAS: ¡A nadie!

BERNARDA: *(avanzando y golpeándola)* ¡Suave! ¡Dulzarrona!

LA PONCIA: *(corriendo)* ¡Bernarda, cálmate! *(La sujeta.)* *(ANGUSTIAS llora.)*

BERNARDA: ¡Fuera de aquí todas! *(Salen.)*

"The Flower Carrier," Diego Rivera

LA PONCIA: Ella lo ha hecho sin dar alcance a lo que hacía, que está francamente mal. Ya me chocó a mí verla escabullirse hacia el patio. Luego estuvo detrás de una ventana oyendo la conversación que traían los hombres, que, como siempre, no se puede oír.

BERNARDA: A eso vienen a los duelos. *(con curiosidad)* ¿De qué hablaban?

LA PONCIA: Hablaban de Paca la Roseta. Anoche ataron a su marido a un pesebre y a ella se la llevaron en la grupa del caballo hasta lo alto del olivar.

BERNARDA: ¿Y ella?

LA PONCIA: Ella, tan conforme. Dicen que iba con los pechos fuera y Maximiliano la llevaba cogida como si tocara la guitarra. ¡Un horror!

BERNARDA: ¿Y qué pasó?

LA PONCIA: Lo que tenía que pasar. Volvieron casi de día. Paca la Roseta traía el pelo suelto y una corona de flores en la cabeza.

BERNARDA: Es la única mujer mala que tenemos en el pueblo.

LA PONCIA: Porque no es de aquí. Es de muy lejos. Y los que fueron con ella son también hijos de forasteros. Los hombres de aquí no son capaces de eso.

BERNARDA: No; pero les gusta verlo y comentarlo y se chupan los dedos de que esto ocurra.

LA PONCIA: Cantaban muchas cosas más.

BERNARDA: *(mirando a un lado y otro con cierto temor)* ¿Cuáles?

LA PONCIA: Me da vergüenza referirlas.

BERNARDA: ¿Y mi hija las oyó?

LA PONCIA: ¡Claro!

BERNARDA: Esa sale a sus tías; blandas y untuosas y que ponían los ojos de carnero al piropo de cualquier barberillo. ¡Cuánto hay que sufrir y luchar para hacer que las personas sean decentes y no tiren al monte demasiado!

LA PONCIA: ¡Es que tus hijas están ya en edad de merecer! Demasiado poca guerra te dan. Angustias ya debe tener mucho más de los treinta.

BERNARDA: Treinta y nueve justos.

LA PONCIA: Figúrate. Y no ha tenido nunca novio…

BERNARDA: (*furiosa*) ¡No ha tenido novio ninguna ni les hace falta! Pueden pasarse muy bien.

LA PONCIA: ¡No he querido ofenderte!

BERNARDA: No hay en cien leguas a la redonda quien se pueda acercar a ellas. Los hombres de aquí no son de su clase. ¿Es que quieres que las entregue a cualquier gañán?

LA PONCIA: Debías haberte ido a otro pueblo.

BERNARDA: Eso. ¡A venderlas!

LA PONCIA: No, Bernarda, a cambiar... Claro que en otros sitios ellas resultan las pobres.

BERNARDA: ¡Calla esa lengua atormentadora!

LA PONCIA: Contigo no se puede hablar. ¿Tenemos o no tenemos confianza?

BERNARDA: No tenemos. Me sirves y te pago. ¡Nada más!

CRIADA: (*entrando*) Ahí está don Arturo, que viene a arreglar las particiones.

BERNARDA: Vamos. (*a la* CRIADA) Tú empieza a blanquear el patio. (*a* LA PONCIA) Y tú ve guardando en el arca grande toda la ropa del muerto.

LA PONCIA: Algunas cosas las podíamos dar.

BERNARDA: Nada, ¡ni un botón! Ni el pañuelo con que le hemos tapado la cara. (*Sale lentamente y al salir vuelve la cabeza y mira a sus* CRIADAS.)

(*Las* CRIADAS *salen después. Entran* AMELIA *y* MARTIRIO.)

AMELIA: ¿Has tomado la medicina?

MARTIRIO: ¡Para lo que me va a servir!

AMELIA: Pero la has tomado.

MARTIRIO: Yo hago las cosas sin fe, pero como un reloj.

AMELIA: Desde que vino el médico nuevo estás más animada.

MARTIRIO: Yo me siento lo mismo.

AMELIA: ¿Te fijaste? Adelaida no estuvo en el duelo.

MARTIRIO: Ya lo sabía. Su novio no la deja salir ni al tranco de la calle. Antes era alegre; ahora ni polvos se echa en la cara.

AMELIA: Ya no sabe una si es mejor tener novio o no.

MARTIRIO: Es lo mismo.

AMELIA: De todo tiene la culpa esta crítica que no nos deja vivir. Adelaida habrá pasado mal rato.

MARTIRIO: Le tiene miedo a nuestra madre. Es la única que conoce la historia de su padre y el origen de sus tierras. Siempre que viene le tira puñaladas en el asunto. Su padre mató en Cuba al marido de su primera mujer para casarse con ella. Luego aquí la abandonó y se fue con otra que tenía una hija y luego tuvo relaciones con esta muchacha, la madre de Adelaida, y se casó con ella después de haber muerto loca la segunda mujer.

AMELIA: Y ese infame, ¿por qué no está en la cárcel?

MARTIRIO: Porque los hombres se tapan unos a otros las cosas de esta índole y nadie es capaz de delatar.

AMELIA: Pero Adelaida no tiene culpa de esto.

MARTIRIO: No. Pero las cosas se repiten. Y veo que todo es una terrible repetición. Y ella tiene el mismo sino de su madre y de su abuela, mujeres las dos del que la engendró.

AMELIA: ¡Qué cosa más grande!

MARTIRIO: Es preferible no ver a un hombre nunca. Desde niña les tuve miedo. Los veía en el corral uncir los bueyes y levantar los costales de trigo entre voces y zapatazos y siempre tuve miedo de crecer por temor de encontrarme de pronto abrazada por ellos. Dios me ha hecho débil y fea y los ha apartado definitivamente de mí.

AMELIA: ¡Eso no digas! Enrique Humanas estuvo detrás de ti y le gustabas.

MARTIRIO: ¡Invenciones de la gente! Una vez estuve en camisa detrás de la ventana hasta que fue de día porque me avisó con la hija de su gañán que iba a venir y no vino. Fue todo cosa de lenguas. Luego se casó con otra que tenía más que yo.

AMELIA: ¡Y fea como un demonio!

MARTIRIO: ¡Qué les importa a ellos la fealdad! A ellos les importa la tierra, las yuntas, y una perra sumisa que les dé de comer.

AMELIA: ¡Ay! *(entra MAGDALENA)*

MAGDALENA: ¿Qué hacéis?

MARTIRIO: Aquí.

AMELIA: ¿Y tú?

MAGDALENA: Vengo de correr las cámaras. Por andar un poco. De ver los cuadros bordados de cañamazo de nuestra abuela, el perrito de lanas y el negro luchando con el león, que tanto nos gustaba de niñas. Aquella era una época más alegre. Una boda duraba diez días y no se usaban las malas lenguas. Hoy hay más finura, las novias se ponen de velo blanco como en las poblaciones y se bebe vino de botella, pero nos pudrimos por el qué dirán.

MARTIRIO: ¡Sabe Dios lo que entonces pasaría!

AMELIA: *(a MAGDALENA)* Llevas desabrochados los cordones de un zapato.

MAGDALENA: ¡Qué más da!

AMELIA: Te los vas a pisar y te vas a caer.

MAGDALENA: ¡Una menos!

MARTIRIO: ¿Y Adela?

MAGDALENA: ¡Ah! Se ha puesto el traje verde que se hizo para estrenar el día de su cumpleaños, se ha ido al corral, y ha comenzado a voces «¡Gallinas! ¡Gallinas, miradme!» ¡Me he tenido que reír!

AMELIA: ¡Si la hubiera visto madre!

MAGDALENA: ¡Pobrecilla! Es la más joven de nosotras y tiene ilusión. Daría algo por verla feliz. *(Pausa. ANGUSTIAS cruza la escena con unas toallas en la mano.)*

ANGUSTIAS: ¿Qué hora es?

MAGDALENA: Ya deben ser las doce.

ANGUSTIAS: ¿Tanto?

AMELIA: Estarán al caer. *(Sale ANGUSTIAS.)*

MAGDALENA: *(con intención)* ¿Sabéis ya la cosa? *(señalando a ANGUSTIAS)*

AMELIA: No.

MAGDALENA: ¡Vamos!

MARTIRIO: No sé a qué cosa te refieres…

MAGDALENA: Mejor que yo lo sabéis las dos. Siempre cabeza con cabeza como dos ovejitas, pero sin desahogarse con nadie. ¡Lo de Pepe el Romano!

MARTIRIO: ¡Ah!

MAGDALENA: *(remedándola)* ¡Ah! Ya se comenta por el pueblo. Pepe el Romano viene a casarse con Angustias. Anoche estuvo rodando la casa y creo que pronto va a mandar un emisario.

MARTIRIO: Yo me alegro. Es buen mozo.

AMELIA: Yo también. Angustias tiene buenas condiciones.

MAGDALENA: Ninguna de las dos os alegráis.

MARTIRIO: ¡Magdalena! ¡Mujer!

MAGDALENA: Si viniera por el tipo de Angustias, por Angustias como mujer, yo me alegraría; pero viene por el dinero. Aunque Angustias es nuestra hermana, aquí estamos en familia y reconocemos que está vieja, enfermiza, y que siempre ha sido la que ha tenido menos méritos de todas nosotras. Porque si con veinte años parecía un palo vestido, ¡qué será ahora que tiene cuarenta!

MARTIRIO: No hables así. La suerte viene a quien menos la aguarda.

AMELIA: ¡Después de todo dice la verdad! ¡Angustias tiene todo el dinero de su padre, es la única rica de la casa y por eso ahora que nuestro padre ha muerto y ya se harán particiones viene por ella!

MAGDALENA: Pepe el Romano tiene veinticinco años y es el mejor tipo de todos estos contornos. Lo natural sería que te pretendiera a ti, Amelia, o a nuestra Adela, que tiene veinte años, pero no que venga a buscar lo más oscuro de esta casa, a una mujer que, como su padre, habla con las narices.

MARTIRIO: ¡Puede que a él le guste!

MAGDALENA: ¡Nunca he podido resistir tu hipocresía!

MARTIRIO: ¡Dios me valga! (*Entra* ADELA.)

MAGDALENA: ¿Te han visto ya las gallinas?

ADELA: ¿Y qué queríais que hiciera?

AMELIA: ¡Si te ve nuestra madre te arrastra del pelo!

ADELA: Tenía mucha ilusión con el vestido. Pensaba ponérmelo el día que vamos a comer sandías a la noria. No hubiera habido otro igual.

MARTIRIO: Es un vestido precioso.

ADELA: Y que me está muy bien. Es lo mejor que ha cortado Magdalena.

MAGDALENA: ¿Y las gallinas qué te han dicho?

ADELA: Regalarme unas cuantas pulgas que me han acribillado las piernas. (*ríen*)

MARTIRIO: Lo que puedes hacer es teñirlo de negro.

MAGDALENA: Lo mejor que puedes hacer es regalárselo a Angustias para la boda con Pepe el Romano.

ADELA: (*con emoción contenida*) Pero Pepe el Romano...

AMELIA: ¿No lo has oído decir?

ADELA: No.

MAGDALENA: ¡Pues ya lo sabes!

ADELA: ¡Pero si no puede ser!

MAGDALENA: ¡El dinero lo puede todo!

ADELA: ¿Por eso ha salido detrás del duelo y estuvo mirando el portón? *(pausa)* Y ese hombre es capaz de...

MAGDALENA: Es capaz de todo. *(pausa)*

MARTIRIO: ¿Qué piensas, Adela?

ADELA: Pienso que este luto me ha cogido en la peor época de mi vida para pasarlo.

MAGDALENA: Ya te acostumbrarás.

ADELA: *(rompiendo a llorar con ira)* No me acostumbraré. Yo no puedo estar encerrada. No quiero que se me pongan las carnes como a vosotras; no quiero perder mi blancura en estas habitaciones; mañana me pondré mi vestido verde y me echaré a pasear a la calle. ¡Yo quiero salir! *(Entra la CRIADA.)*

MAGDALENA: *(autoritaria)* ¡Adela!

CRIADA: ¡La pobre! Cuánto ha sentido a su padre... *(Sale.)*

MARTIRIO: ¡Calla!

AMELIA: Lo que sea de una será de todas. *(ADELA se calma.)*

MAGDALENA: Ha estado a punto de oírte la criada. *(Aparece la CRIADA.)*

CRIADA: Pepe el Romano viene por lo alto de la calle. *(AMELIA, MARTIRIO y MAGDALENA corren presurosas.)*

MAGDALENA: ¡Vamos a verlo! *(Salen rápidas.)*

CRIADA: *(a ADELA)* ¿Tú no vas?

ADELA: No me importa.

CRIADA: Como dará la vuelta a la esquina, desde la ventana de tu cuarto se verá mejor. *(Sale.)*

(ADELA queda en escena dudando; después de un instante se va también rápida hasta su habitación. Salen BERNARDA y LA PONCIA.)

BERNARDA: ¡Malditas particiones!

LA PONCIA: ¡Cuánto dinero le queda a Angustias!

BERNARDA: Sí.

LA PONCIA: Y a las otras, bastante menos.

BERNARDA: Ya me lo has dicho tres veces y no te he querido replicar. Bastante menos, mucho menos. No me lo recuerdes más.

(*Sale* ANGUSTIAS *muy compuesta de cara.*)

BERNARDA: ¡Angustias!

ANGUSTIAS: Madre.

BERNARDA: ¿Pero has tenido valor de echarte polvos en la cara? ¿Has tenido valor de lavarte la cara el día de la muerte de tu padre?

ANGUSTIAS: No era mi padre. El mío murió hace tiempo. ¿Es que ya no lo recuerda usted?

BERNARDA: Más debes a este hombre, padre de tus hermanas, que al tuyo. Gracias a este hombre tienes colmada tu fortuna.

ANGUSTIAS: ¡Eso lo teníamos que ver!

BERNARDA: Aunque fuera por decencia. ¡Por respeto!

ANGUSTIAS: Madre, déjeme usted salir.

BERNARDA: ¿Salir? Después de que te hayas quitado esos polvos de la cara. ¡Suavona! ¡Yeyo! ¡Espejo de tus tías! (*Le quita violentamente con un pañuelo los polvos.*) ¡Ahora, vete!

LA PONCIA: ¡Bernarda, no seas tan inquisitiva!

BERNARDA: Aunque mi madre esté loca, yo estoy en mis cinco sentidos y sé perfectamente lo que hago. (*Entran todas.*)

MAGDALENA: ¿Qué pasa?

BERNARDA: No pasa nada.

MAGDALENA: (*a* ANGUSTIAS) Si es que discuten por las particiones, tú que eres la más rica te puedes quedar con todo.

ANGUSTIAS: Guárdate la lengua en la madriguera.

BERNARDA: (*golpeando en el suelo*) No os hagáis ilusiones de que vais a poder conmigo. ¡Hasta que salga de esta casa con los pies delante mandaré en lo mío y en lo vuestro!

(*Se oyen unas voces y entra en escena* MARÍA JOSEFA, *la madre de* BERNARDA, *viejísima, ataviada con flores en la cabeza y en el pecho.*)

MARÍA JOSEFA: Bernarda, ¿dónde está mi mantilla? Nada de lo que tengo quiero que sea para vosotras. Ni mis anillos ni mi traje negro de «moaré». Porque ninguna de vosotras se va a casar. ¡Ninguna! Bernarda, dame mi gargantilla de perlas.

BERNARDA: (*a la* CRIADA) ¿Por qué la habéis dejado entrar?

CRIADA: (*temblando*) ¡Se me escapó!

MARÍA JOSEFA: Me escapé porque me quiero casar, porque quiero casarme

con un varón hermoso de la orilla del mar, ya que aquí los
hombres huyen de las mujeres.

BERNARDA: ¡Calle usted, madre!

MARÍA JOSEFA: No, no me callo. No quiero ver a estas mujeres solteras
rabiando por la boda, haciéndose polvo el corazón, y yo me quiero ir a
mi pueblo. Bernarda, yo quiero un varón para casarme y para tener
alegría.

BERNARDA: ¡Encerradla!

MARÍA JOSEFA: ¡Déjame salir, Bernarda! *(La CRIADA coge a MARÍA
JOSEFA.)*

BERNARDA: ¡Ayudadla vosotras! *(Todas arrastran a la vieja.)*

MARÍA JOSEFA: ¡Quiero irme de aquí! ¡Bernarda! ¡A casarme a la orilla
del mar, a la orilla del mar!

Telón rápido

Ampliemos nuestra comprensión

Taller de composición

Ensayo de comparación y contraste. Trabajando en equipo, elaboren una lista de los diversos temas que se presentan en el primer acto de *La casa de Bernarda Alba*. Por ejemplo: «Las costumbres asociadas con el luto que debe guardar una familia después de la muerte de un padre o una madre». El (La) maestro(a) les pedirá que compartan su lista con el resto de la clase. Anoten las ideas nuevas que surjan en los otros grupos. Luego, en forma individual, escoge por lo menos tres de esos temas para escribir un ensayo de comparación y contraste en que relaciones situaciones de tu familia, de tu pueblo o de la sociedad actual en general con lo planteado en la obra de García Lorca. Usa citas de la obra y ejemplos concretos de tu experiencia para sustentar tus ideas.

Revisión de un(a) compañero(a). Cuando hayas terminado de escribir el borrador de tu composición, intercámbiala con la de un(a) compañero(a) para que cada uno revise la del otro y le conteste las siguientes preguntas:

- ¿Es interesante la introducción del ensayo? ¿De qué otra forma podría empezar?

- ¿Usa citas del libro y ejemplos de su realidad para apoyar sus aseveraciones? ¿Son las citas apropiadas? Si no, anótale una alternativa más apropiada.

- ¿Incluye el (la) autor(a) un párrafo de conclusión? ¿Es este párrafo efectivo? ¿Puedes sugerirle algunas ideas para cerrar su ensayo?

2

Alistémonos para leer

Escritura en el diario Toma cinco minutos para escribir en tu diario las ideas que más te han impresionado de la tragedia. Coméntalas y proyecta lo que crees que va a suceder en el segundo acto. Al terminar comparte tus anotaciones con un(a) compañero(a).

Leamos activamente

Lectura silenciosa. Lee silenciosamente el segundo acto.

Familiaricémonos con un personaje. Trabajando con el mismo grupo con el que iniciaste el análisis de un personaje en el primer acto, continúen desarrollando sus diagramas. Recuerden que cada estudiante debe hacer sus propias anotaciones.

Diagrama «mente abierta». Divídanse en parejas y discutan las inquietudes, los deseos y las preocupaciones de Adela y la Poncia en este segundo acto. Cada uno de ustedes utilizará un diagrama «mente abierta» como el que aparece a continuación para representar lo que está pensando o sintiendo uno de estos dos personajes. Utilicen dibujos, símbolos, palabras y citas del libro.

Lectura dramatizada. Algunos estudiantes seleccionados por el (la) maestro(a), harán la lectura dramatizada del segundo acto.

Acto segundo

Habitación blanca del interior de la casa de Bernarda. Las puertas de la izquierda dan a los dormitorios. Las hijas de Bernarda están sentadas en sillas bajas cosiendo. MAGDALENA *borda. Con ellas está* LA PONCIA.

ANGUSTIAS: Ya he cortado la tercera sábana.

MARTIRIO: Le corresponde a Amelia.

MAGDALENA: Angustias. ¿Pongo también las iniciales de Pepe?

ANGUSTIAS: *(seca)* No.

MAGDALENA: *(a voces)* Adela, ¿no vienes?

AMELIA: Estará echada en la cama.

LA PONCIA: Ésta tiene algo. La encuentro sin sosiego, temblona, asustada, como si tuviese una lagartija entre los pechos.

MARTIRIO: No tiene ni más ni menos que lo que tenemos todas.

MAGDALENA: Todas, menos Angustias.

ANGUSTIAS: Yo me encuentro bien, y al que le duela, que reviente.

MAGDALENA: Desde luego hay que reconocer que lo mejor que has tenido siempre es el talle y la delicadeza.

ANGUSTIAS: Afortunadamente, pronto voy a salir de este infierno.

MAGDALENA: ¡A lo mejor no sales!

MARTIRIO: Dejar esa conversación.

ANGUSTIAS: Y, además, ¡más vale onza en el arca que ojos negros en la cara!

MAGDALENA: Por un oído me entra y por otro me sale.

AMELIA: *(a* LA PONCIA*)* Abre la puerta del patio a ver si nos entra un poco de fresco. *(La* CRIADA *lo hace.)*

MARTIRIO: Esta noche pasada no me podía quedar dormida por el calor.

AMELIA: Yo tampoco.

MAGDALENA: Yo me levanté a refrescarme. Había un nublo negro de tormenta y hasta cayeron algunas gotas.

LA PONCIA: Era la una de la madrugada y subía fuego de la tierra. También me levanté yo. Todavía estaba Angustias con Pepe en la ventana.

MAGDALENA: *(con ironía)* ¿Tan tarde? ¿A qué hora se fue?

ANGUSTIAS: Magdalena, ¿a qué preguntas, si lo viste?

AMELIA: Se iría a eso de la una y media.

ANGUSTIAS: ¿Sí? ¿Tú por qué lo sabes?

"Mexican Woman, Elisa," Tina Modotti, 1924
platinum/palladium print, 8-7/8″ x 6-3/4″
The Museum of Modern Art, New York. Gift of Edward Weston.
Photograph © 1995 The Museum of Modern Art, New York.

AMELIA: Lo sentí toser y oí los pasos de su jaca.

LA PONCIA: Pero si yo lo sentí marchar a eso de las cuatro.

ANGUSTIAS: No sería él.

LA PONCIA: Estoy segura.

MARTIRIO: A mí también me pareció.

MAGDALENA: ¡Qué cosa más rara! *(pausa)*

LA PONCIA: Oye, Angustias, ¿qué fue lo que te dijo la primera vez que se acercó a tu ventana?

ANGUSTIAS: Nada. ¡Qué me iba a decir! Cosas de conversación.

MARTIRIO: Verdaderamente es raro que dos personas que no se conocen se vean de pronto en una reja y ya novios.

ANGUSTIAS: Pues a mí no me chocó.

AMELIA: A mí me daría no sé qué.

ANGUSTIAS: No, porque cuando un hombre se acerca a una reja ya sabe por los que van y vienen, llevan y traen, que se le va a decir que sí.

MARTIRIO: Bueno; pero él te lo tendría que decir.

ANGUSTIAS: ¡Claro!

AMELIA: *(curiosa)* ¿Y cómo te lo dijo?

ANGUSTIAS: Pues nada: «Ya sabes que ando detrás de ti, necesito una mujer buena, modosa, y esa eres tú si me das la conformidad.»

AMELIA: ¡A mí me da vergüenza de estas cosas!

ANGUSTIAS: Y a mí, pero hay que pasarlas.

LA PONCIA: ¿Y habló más?

ANGUSTIAS: Sí, siempre habló él.

MARTIRIO: ¿Y tú?

ANGUSTIAS: Yo no hubiera podido. Casi se me salió el corazón por la boca. Era la primera vez que estaba sola de noche con un hombre.

MAGDALENA: Y un hombre tan guapo.

ANGUSTIAS: No tiene mal tipo.

LA PONCIA: Esas cosas pasan entre personas ya un poco instruidas que hablan y dicen y mueven la mano... La primera vez que mi marido Evaristo el Colín vino a mi ventana... Ja, ja, ja.

AMELIA: ¿Qué pasó?

LA PONCIA: Era muy oscuro. Lo vi acercarse y al llegar me dijo: «Buenas noches.» «Buenas noches», le dije yo, y nos quedamos callados más de media hora. Me corría el sudor por todo el cuerpo. Entonces Evaristo se acercó, se acercó que se quería meter por los hierros, y dijo con voz muy baja: «¡Ven que te tiente!» *(Ríen todas.)*

(AMELIA se levanta corriendo y espía por una puerta.)

AMELIA: ¡Ay!, creí que llegaba nuestra madre.

MAGDALENA: ¡Buenas nos hubiera puesto! *(Siguen riendo.)*

AMELIA: Chissss... ¡Que nos van a oír!

LA PONCIA: Luego se portó bien. En vez de darle por otra cosa le dio por criar colorines hasta que se murió. A vosotras que sois solteras, os conviene saber de todos modos que el hombre, a los quince días de boda, deja la cama por la mesa y luego la mesa por la tabernilla, y la que no se conforma se pudre llorando en un rincón.

AMELIA: Tú te conformaste.

LA PONCIA: ¡Yo pude con él!

MARTIRIO: ¿Es verdad que le pegaste algunas veces?

LA PONCIA: Sí, y por poco si le dejo tuerto.

MAGDALENA: ¡Así debían ser todas las mujeres!

LA PONCIA: Yo tengo la escuela de tu madre. Un día me dijo no sé qué cosa y le maté todos los colorines con la mano de almirez. *(Ríen.)*

MAGDALENA: Adela, niña, no te pierdas esto.

AMELIA: Adela. *(pausa)*

MAGDALENA: Voy a ver. *(Entra.)*

LA PONCIA: Esa niña está mala.

MARTIRIO: Claro, no duerme apenas.

LA PONCIA: ¿Pues qué hace?

MARTIRIO: ¡Yo qué sé lo que hace!

LA PONCIA: Mejor lo sabrás tú que yo, que duermes pared por medio.

ANGUSTIAS: La envidia la come.

AMELIA: No exageres.

ANGUSTIAS: Se lo noto en los ojos. Se le está poniendo mirar de loca.

MARTIRIO: No habléis de locos. Aquí es el único sitio donde no se puede pronunciar esta palabra. *(Sale MAGDALENA con ADELA.)*

MAGDALENA: Pues ¿no estabas dormida?

ADELA: Tengo mal cuerpo.

MARTIRIO: *(con intención)* ¿Es que no has dormido bien esta noche?

ADELA: Sí.

MARTIRIO: ¿Entonces?

ADELA: *(fuerte)* ¡Déjame ya! ¡Durmiendo o velando, no tienes por qué meterte en lo mío! ¡Yo hago con mi cuerpo lo que me parece!

MARTIRIO: ¡Sólo es interés por ti!

ADELA: Interés o inquisición. ¿No estabais cosiendo? Pues seguir. ¡Quisiera ser invisible, pasar por las habitaciones sin que me preguntarais dónde voy!

CRIADA: *(Entra.)* Bernarda os llama. Está el hombre de los encajes. *(Salen.)*

(Al salir, MARTIRIO mira fijante a ADELA.)

ADELA: ¡No me mires más! Si quieres te daré mis ojos, que son frescos, y mis espaldas para que te compongas la joroba que tienes, pero vuelve la cabeza cuando yo paso. *(Se va MARTIRIO.)*

LA PONCIA: ¡Que es tu hermana y además la que más te quiere!

ADELA: Me sigue a todos lados. A veces se asoma a mi cuarto para ver si duermo. No me deja respirar. Y siempre: «¡Qué lástima de cara!», «¡Qué lástima de cuerpo que no vaya a ser para nadie!» ¡Y eso no! Mi cuerpo será de quien yo quiera.

LA PONCIA: *(con intención y en voz baja)* De Pepe el Romano. ¿No es eso?

ADELA: *(sobrecogida)* ¿Qué dices?

LA PONCIA: Lo que digo, Adela.

ADELA: ¡Calla!

LA PONCIA: *(alto)* ¿Crees que no me he fijado?

ADELA: ¡Baja la voz!

LA PONCIA: ¡Mata esos pensamientos!

ADELA: ¿Qué sabes tú?

LA PONCIA: Las viejas vemos a través de las paredes. ¿Dónde vas de noche cuando te levantas?

ADELA: ¡Ciega debías estar!

LA PONCIA: Con la cabeza y las manos llenas de ojos cuando se trata de lo que se trata. Por mucho que pienso no sé lo que te propones. ¿Por qué te pusiste casi desnuda con la luz encendida y la ventana abierta al pasar Pepe el segundo día que vino a hablar con tu hermana?

ADELA: ¡Eso no es verdad!

LA PONCIA: No seas como los niños chicos. ¡Deja en paz a tu hermana, y si Pepe el Romano te gusta, te aguantas! (*ADELA llora.*) Además, ¿quién dice que no te puedes casar con él? Tu hermana Angustias es una enferma. Esa no resiste el primer parto. Es estrecha de cintura, vieja, y con mi conocimiento te digo que se morirá. Entonces Pepe hará lo que hacen todos los viudos de esta tierra: se casará con la más joven, la más hermosa, y esa serás tú. Alimenta esa esperanza, olvídalo, lo que quieras, pero no vayas contra la ley de Dios.

ADELA: ¡Calla!

LA PONCIA: ¡No callo!

ADELA: Métete en tus cosas, ¡oledora!, ¡pérfida!

LA PONCIA: Sombra tuya he de ser.

ADELA: En vez de limpiar la casa y acostarte para rezar a tus muertos, buscas como una vieja marrana asuntos de hombres y mujeres para babosear en ellos.

LA PONCIA: ¡Velo! Para que las gentes no escupan al pasar por esta puerta.

ADELA: ¡Qué cariño tan grande te ha entrado de pronto por mi hermana!

LA PONCIA: No os tengo ley a ninguna, pero quiero vivir en casa decente. ¡No quiero mancharme de vieja!

ADELA: Es inútil tu consejo. Ya es tarde. No por encima de ti, que eres una criada; por encima de mi madre saltaría para apagarme este fuego que tengo levantado por piernas y boca. ¿Qué puedes decir de mí? ¿Que me encierro en mi cuarto y no abro la puerta? ¿Que no duermo? ¡Soy más lista que tú! Mira a ver si puedes agarrar la liebre con tus manos.

LA PONCIA: No me desafíes, Adela, no me desafíes. Porque yo puedo dar voces, encender luces y hacer que toquen las campanas.

ADELA: Trae cuatro mil bengalas amarillas y ponlas en las bardas del corral. Nadie podrá evitar que suceda lo que tiene que suceder.

LA PONCIA: ¡Tanto te gusta ese hombre!

ADELA: ¡Tanto! Mirando sus ojos me parece que bebo su sangre lentamente.

LA PONCIA: Yo no te puedo oír.

ADELA: ¡Pues me oirás! Te he tenido miedo. ¡Pero ya soy más fuerte que tú!

(*Entra ANGUSTIAS.*)

ANGUSTIAS: ¡Siempre discutiendo!

LA PONCIA: Claro. Se empeña que con el calor que hace vaya a traerle no
                sé qué de la tienda.

ANGUSTIAS: ¿Me compraste el bote de esencia?

LA PONCIA: El más caro. Y los polvos. En la mesa de tu cuarto los he puesto.

(Sale ANGUSTIAS.)

ADELA: ¡Y chitón!

LA PONCIA: ¡Lo veremos! *(Entran MARTIRIO, AMELIA y MAGDALENA.)*

MAGDALENA: *(a ADELA)* ¿Has visto los encajes?

AMELIA: Los de Angustias para sus sábanas de novia son preciosos.

ADELA: *(a MARTIRIO, que trae unos encajes)* ¿Y éstos?

MARTIRIO: Son para mí. Para una camisa.

ADELA: *(con sarcasmo)* Se necesita buen humor.

MARTIRIO: *(con intención)* Para verlo yo. No necesito lucirme ante nadie.

LA PONCIA: Nadie la ve a una en camisa.

MARTIRIO: *(con intención y mirando a ADELA)* ¡A veces! Pero me encanta
                la ropa interior. Si fuera rica la tendría de holanda. Es uno de los
                pocos gustos que me quedan.

LA PONCIA: Estos encajes son preciosos para las gorras de niños, para
                mantehuelos de cristianar. Yo nunca pude usarlos en los míos. A ver
                si ahora Angustias los usa en los suyos. Como le dé por tener crías,
                vais a estar cosiendo mañana y tarde.

MAGDALENA: Yo no pienso dar una puntada.

AMELIA: Y mucho menos criar niños ajenos. Mira tú cómo están las
                vecinas del callejón, sacrificadas por cuatro monigotes.

LA PONCIA: Esas están mejores que vosotras. ¡Siquiera allí se ríe y se oyen
                porrazos!

MARTIRIO: Pues vete a servir con ellas.

LA PONCIA: No. Ya me ha tocado en suerte este convento. *(Se oyen unos
                campanillos lejanos como a través de varios muros.)*

MAGDALENA: Son los hombres que vuelven al trabajo.

LA PONCIA: Hace un minuto dieron las tres.

MARTIRIO: ¡Con este sol!

ADELA: *(sentándose)* ¡Ay, quién pudiera salir también a los campos!

MAGDALENA: *(sentándose)* ¡Cada clase tiene que hacer lo suyo!

MARTIRIO: *(sentándose)* ¡Así es!

AMELIA: *(sentándose)* ¡Ay!

LA PONCIA: No hay alegría como la de los campos en esta época. Ayer de
mañana llegaron los segadores. Cuarenta o cincuenta buenos mozos.

MAGDALENA: ¿De dónde son este año?

LA PONCIA: De muy lejos. Vinieron de los montes. ¡Alegres! ¡Como árboles
quemados! ¡Dando voces y arrojando piedras! Anoche llegó al
pueblo una mujer vestida de lentejuelas y que bailaba con un
acordeón, y quince de ellos la contrataron para llevársela al olivar.
Yo los vi de lejos. El que la contrataba era un muchacho de ojos
verdes, apretado como una gavilla de trigo.

AMELIA: ¿Es eso cierto?

ADELA: ¡Pero es posible!

LA PONCIA: Hace años vino otra de estas y yo misma di dinero a mi hijo
mayor para que fuera. Los hombres necesitan estas cosas.

ADELA: Se les perdona todo.

AMELIA: Nacer mujer es el mayor castigo.

MAGDALENA: Y ni nuestros ojos siquiera nos pertenecen. *(Se oye un cantar
lejano que se va acercando.)*

LA PONCIA: Son ellos. Traen unos cantos preciosos.

AMELIA: Ahora salen a segar.

CORO: Ya salen los segadores
en busca de las espigas;
se llevan los corazones
de las muchachas que miran.

*(Se oyen panderos y carrañacas. Pausa. Todas oyen en un silencio
traspasado por el sol.)*

AMELIA: ¡Y no les importa el calor!

MARTIRIO: Siegan entre llamaradas.

ADELA: Me gustaría segar para ir y venir. Así se olvida lo que nos muerde.

MARTIRIO: ¿Qué tienes tú que olvidar?

ADELA: Cada una sabe sus cosas.

MARTIRIO: *(profunda)* ¡Cada una!

LA PONCIA: ¡Callar! ¡Callar!

CORO: *(muy lejano)*
Abrir puertas y ventanas,

las que vivís en el pueblo,
el segador pide rosas
para adornar su sombrero.

LA PONCIA: ¡Qué canto!

MARTIRIO: *(con nostalgia)*

Abrir puertas y ventanas
las que vivís el pueblo...

ADELA: *(con pasión)*

...el segador pide rosas
para adornar el sombrero.

(Se va alejando el cantar.)

LA PONCIA: Ahora dan vuelta a la esquina.

ADELA: Vamos a verlos por la ventana de mi cuarto.

LA PONCIA: Tened cuidado con no entreabrirla mucho, porque son capaces
de dar un empujón para ver quién mira.

*(Se van las tres, MARTIRIO queda sentada en la silla baja con la cabeza
entre las manos.)*

AMELIA: *(acercándose)* ¿Qué te pasa?

MARTIRIO: Me sienta mal el calor.

AMELIA: ¿No es más que eso?

MARTIRIO: Estoy deseando que llegue noviembre, los días de lluvias, la
escarcha, todo lo que no sea este verano interminable.

AMELIA: Ya pasará y volverá otra vez.

MARTIRIO: ¡Claro! *(pausa)* ¿A qué hora te dormiste anoche?

AMELIA: No sé. Yo duermo como un tronco. ¿Por qué?

MARTIRIO: Por nada, pero me pareció oír gente en el corral.

AMELIA: ¿Sí?

MARTIRIO: Muy tarde.

AMELIA: ¿Y no tuviste miedo?

MARTIRIO: No. Ya lo he oído otras noches.

AMELIA: Debiéramos tener cuidado. ¿No serían los gañanes?

MARTIRIO: Los gañanes llegan a las seis.

AMELIA: Quizá una mulilla sin desbravar.

MARTIRIO: *(entre dientes y llena de segunda intención)* Eso, ¡eso!, una
mulilla sin desbravar.

AMELIA: ¡Hay que prevenir!

MARTIRIO: No. No. No digas nada, puede ser un barrunto mío.

AMELIA: Quizás. *(Pausa. AMELIA inicia el mutis.)*

MARTIRIO: Amelia.

AMELIA: *(en la puerta)* ¿Qué? *(pausa)*

MARTIRIO: Nada. *(pausa)*

AMELIA: ¿Por qué me llamaste? *(pausa)*

MARTIRIO: Se me escapó. Fue sin darme cuenta. *(pausa)*

AMELIA: Acuéstate un poco.

ANGUSTIAS: *(Entrando furiosa en escena, de modo que haya un gran contraste con los silencios anteriores.)* ¿Dónde está el retrato de Pepe que tenía yo debajo de mi almohada? ¿Quién de vosotras lo tiene?

MARTIRIO: Ninguna.

AMELIA: Ni que Pepe fuera un San Bartolomé de plata.

ANGUSTIAS: ¿Dónde está el retrato? *(Entran LA PONCIA, MAGDALENA y ADELA.)*

ADELA: ¿Qué retrato?

ANGUSTIAS: Una de vosotras me lo ha escondido.

MAGDALENA: ¿Tienes la desvergüenza de decir esto?

ANGUSTIAS: Estaba en mi cuarto y ya no está.

MARTIRIO: ¿Y no se habrá escapado a medianoche al corral? A Pepe le gusta andar con la luna.

ANGUSTIAS: ¡No me gastes bromas! Cuando venga se lo contaré.

LA PONCIA: ¡Eso no, porque aparecerá! *(mirando a ADELA)*

ANGUSTIAS: ¡Me gustaría saber cuál de vosotras lo tiene!

ADELA: *(mirando a MARTIRIO)* ¡Alguna! ¡Todas menos yo!

MARTIRIO: *(con intención)* ¡Desde luego!

BERNARDA: *(entrando)* ¡Qué escándalo es este en mi casa y en el silencio del peso del calor! Estarán las vecinas con el oído pegado a los tabiques.

ANGUSTIAS: Me han quitado el retrato de mi novio.

BERNARDA: *(fiera)* ¿Quién? ¿Quién?

ANGUSTIAS: ¡Éstas!

BERNARDA: ¿Cuál de vosotras? *(silencio)* ¡Contestarme! *(Silencio. A PONCIA.)* Registra los cuartos, mira por las camas. ¡Esto tiene no ataros más cortas! ¡Pero me vais a soñar! *(a ANGUSTIAS)* ¿Estás segura?

ANGUSTIAS: Sí.

BERNARDA: ¿Lo has buscado bien?

ANGUSTIAS: Sí, madre. *(Todas están de pie en medio de un embarazoso silencio.)*

BERNARDA: Me hacéis al final de mi vida beber el veneno más amargo que una madre puede resistir. *(a PONCIA)* ¿No lo encuentras?

LA PONCIA: *(saliendo)* Aquí está.

BERNARDA: ¿Dónde lo has encontrado?

LA PONCIA: Estaba...

BERNARDA: Dilo sin temor.

LA PONCIA: *(extrañada)* Entre las sábanas de la cama de Martirio.

BERNARDA: *(a MARTIRIO)* ¿Es verdad?

MARTIRIO: ¡Es verdad!

BERNARDA: *(avanzando y golpeándola)* Mala puñalada te den. ¡Mosca muerta! ¡Sembradura de vidrios!

MARTIRIO: *(fiera)* ¡No me pegue usted, madre!

BERNARDA: ¡Todo lo que quiera!

MARTIRIO: ¡Si yo la dejo! ¿Lo oye? ¡Retírese usted!

LA PONCIA: No faltes a tu madre.

ANGUSTIAS: *(cogiendo a BERNARDA)* Déjala. ¡Por favor!

BERNARDA: Ni lágrimas te quedan en esos ojos.

MARTIRIO: No voy a llorar para darle gusto.

BERNARDA: ¿Por qué has cogido el retrato?

MARTIRIO: ¿Es que yo no puedo gastar una broma a mi hermana? ¿Para qué lo iba a querer?

ADELA: *(saltando llena de celos)* No ha sido broma, que tú nunca has gustado jamás de juegos. Ha sido otra cosa que te reventaba en el pecho por querer salir. Dilo ya claramente.

MARTIRIO: ¡Calla y no me hagas hablar, que si hablo se van a juntar las paredes unas con otras de vergüenza!

ADELA: ¡La mala lengua no tiene fin para inventar!

BERNARDA: ¡Adela!

MAGDALENA: Estáis locas.

AMELIA: Y nos apedreáis con malos pensamientos.

MARTIRIO: Otras hacen cosas más malas.

ADELA: Hasta que se pongan en cueros de una vez y se las lleve el río.

"Lady in Gray," Francisco de Goya

BERNARDA: ¡Perversa!

ANGUSTIAS: Yo no tengo la culpa de que Pepe el Romano se haya fijado en mí.

ADELA: ¡Por tus dineros!

ANGUSTIAS: ¡Madre!

BERNARDA: ¡Silencio!

MARTIRIO: Por tus marjales y tus arboledas.

MAGDALENA: ¡Eso es lo justo!

BERNARDA: ¡Silencio digo! Yo veía la tormenta venir, pero no creía que estallara tan pronto. ¡Ay, qué pedrisco de odio habéis echado sobre mi corazón! Pero todavía no soy anciana y tengo cinco cadenas para vosotras y esta casa levantada por mi padre para que ni las hierbas se enteren de mi desolación. ¡Fuera de aquí! *(Salen. BERNARDA se sienta desolada. LA PONCIA está de pie arrimada a los muros. BERNARDA reacciona, da un golpe en el suelo y dice:)* ¡Tendré que sentarles la mano! Bernarda: acuérdate que ésta es tu obligación.

LA PONCIA: ¿Puedo hablar?

BERNARDA: Habla. Siento que hayas oído. Nunca está bien una extraña en el centro de la familia.

LA PONCIA: Lo visto, visto está.

BERNARDA: Angustias tiene que casarse en seguida.

LA PONCIA: Claro, hay que retirarla de aquí.

BERNARDA: No a ella. ¡A él!

LA PONCIA: Claro. A él hay que alejarlo de aquí. Piensas bien.

BERNARDA: No pienso. Hay cosas que no se pueden ni se deben pensar. Yo ordeno.

LA PONCIA: ¿Y tú crees que él querrá marcharse?

BERNARDA: *(levantándose)* ¿Qué imagina tu cabeza?

LA PONCIA: Él, ¡claro!, se casará con Angustias.

BERNARDA: Habla, te conozco demasiado para saber que ya me tienes preparada la cuchilla.

LA PONCIA: Nunca pensé que se llamara asesinato al aviso.

BERNARDA: ¿Me tienes que prevenir algo?

LA PONCIA: Yo no acuso, Bernarda. Yo sólo te digo: abre los ojos y verás.

BERNARDA: ¿Y verás qué?

LA PONCIA: Siempre has sido lista. Has visto lo malo de las gentes a cien leguas; muchas veces creí que adivinabas los pensamientos. Pero los hijos son los hijos. Ahora estás ciega.

BERNARDA: ¿Te refieres a Martirio?

LA PONCIA: Bueno, a Martirio... *(con curiosidad)* ¿Por qué habrá escondido el retrato?

BERNARDA: *(queriendo ocultar a su hija)* Después de todo, ella dice que ha sido una broma. ¿Qué otra cosa puede ser?

LA PONCIA: ¿Tú lo crees así? *(con sorna)*

BERNARDA: *(enérgica)* No lo creo. ¡Es así!

LA PONCIA: Basta. Se trata de lo tuyo. Pero si fuera la vecina de enfrente, ¿qué sería?

BERNARDA: Ya empiezas a sacar la punta del cuchillo.

LA PONCIA: *(siempre con crueldad)* Bernarda: aquí pasa una cosa muy grande. Yo no te quiero echar la culpa, pero tú no has dejado a tus hijas libres. Martirio es enamoradiza, digas lo que tú quieras. ¿Por qué no la dejaste casar con Enrique Humanas? ¿Por qué el mismo día que iba a venir a la ventana le mandaste recado que no viniera?

BERNARDA: ¡Y lo haría mil veces! ¡Mi sangre no se junta con la de los Humanas mientras yo viva! Su padre fue gañán.

LA PONCIA: ¡Y así te va a ti con esos humos!

BERNARDA: Los tengo porque puedo tenerlos. Y tú no los tienes porque sabes muy bien cuál es tu origen.

LA PONCIA: *(con odio)* No me lo recuerdes. Estoy ya vieja. Siempre agradecí tu protección.

BERNARDA: *(crecida)* ¡No lo parece!

LA PONCIA: *(con odio envuelto en suavidad)* A Martirio se le olvidará esto.

BERNARDA: Y si no lo olvida peor para ella. No creo que esta sea la «cosa muy grande» que aquí pasa. Aquí no pasa nada. ¡Eso quisieras tú! Y si pasa algún día, estate segura que no traspasará las paredes.

LA PONCIA: Eso no lo sé yo. En el pueblo hay gentes que leen también de lejos los pensamientos escondidos.

BERNARDA: ¡Cómo gozarías de vernos a mí y a mis hijas camino del lupanar!

LA PONCIA: ¡Nadie puede conocer su fin!

BERNARDA: ¡Yo sí sé mi fin! ¡Y el de mis hijas! El lupanar se queda para alguna mujer ya difunta.

LA PONCIA: ¡Bernarda, respeta la memoria de mi madre!

BERNARDA: ¡No me persigas tú con tus malos pensamientos! *(pausa)*

LA PONCIA: Mejor será que no me meta en nada.

BERNARDA: Eso es lo que debías hacer. Obrar y callar a todo. Es la obligación de los que viven a sueldo.

LA PONCIA: Pero no se puede. ¿A ti no te parece que Pepe estaría mejor casado con Martirio o..., ¡sí!, con Adela?

BERNARDA: No me parece.

LA PONCIA: Adela. ¡Esa es la verdadera novia del Romano!

BERNARDA: Las cosas no son nunca a gusto nuestro.

LA PONCIA: Pero les cuesta mucho trabajo desviarse de la verdadera inclinación. A mí me parece mal que Pepe esté con Angustias, y a las gentes, y hasta al aire. ¡Quién sabe si saldrán con la suya!

BERNARDA: ¡Ya estamos otra vez!... Te deslizas para llenarme de malos sueños. Y no quiero entenderte, porque si llegara al alcance de todo lo que dices te tendría que arañar.

LA PONCIA: ¡No llegará la sangre al río!

BERNARDA: Afortunadamente mis hijas me respetan y jamás torcieron mi voluntad.

LA PONCIA: ¡Eso sí! Pero en cuanto las dejes sueltas se te subirán al tejado.

BERNARDA: ¡Ya las bajaré tirándoles cantos!

LA PONCIA: ¡Desde luego eres la más valiente!

BERNARDA: ¡Siempre gasté sabrosa pimienta!

LA PONCIA: ¡Pero lo que son las cosas! A su edad. ¡Hay que ver el entusiasmo de Angustias con su novio! ¡Y él también parece muy picado! Ayer me contó mi hijo mayor que a las cuatro y media de la madrugada, que pasó por la calle con la yunta, estaban hablando todavía.

BERNARDA: ¡A las cuatro y media!

ANGUSTIAS: *(saliendo)* ¡Mentira!

LA PONCIA: Eso me contaron.

BERNARDA: *(a ANGUSTIAS)* ¡Habla!

ANGUSTIAS: Pepe lleva más de una semana marchándose a la una. Que Dios me mate si miento.

MARTIRIO: *(saliendo)* Yo también lo sentí marcharse a las cuatro.

BERNARDA: Pero ¿lo viste con tus ojos?

MARTIRIO: No quise asomarme. ¿No habláis ahora por la ventana del callejón?

ANGUSTIAS: Yo hablo por la ventana de mi dormitorio. *(Aparece ADELA en la puerta.)*

MARTIRIO: Entonces...

BERNARDA: ¿Qué es lo que pasa aquí?

LA PONCIA: ¡Cuida de enterarte! Pero, desde luego, Pepe estaba a las cuatro de la madrugada en una reja de tu casa.

BERNARDA: ¿Lo sabes seguro?

LA PONCIA: Seguro no se sabe nada en esta vida.

ADELA: Madre, no oiga usted a quien nos quiere perder a todas.

BERNARDA: ¡Yo sabré enterarme! Si las gentes del pueblo quieren levantar falsos testimonios, se encontrarán con mi pedernal. No se hable de este asunto. Hay a veces una ola de fango que levantan los demás para perdernos.

MARTIRIO: A mí no me gusta mentir.

LA PONCIA: Y algo habrá.

BERNARDA: No habrá nada. Nací para tener los ojos abiertos. Ahora vigilaré sin cerrarlos ya hasta que me muera.

ANGUSTIAS: Yo tengo derecho de enterarme.

BERNARDA: Tú no tienes derecho más que a obedecer. Nadie me traiga ni me lleve. *(a LA PONCIA)* Y tú te metes en los asuntos de tu casa. ¡Aquí no se vuelve a dar un paso sin que yo lo sienta!

CRIADA: *(entrando)* En lo alto de la calle hay un gran gentío y todos los vecinos están en sus puertas.

BERNARDA: *(a LA PONCIA)* ¡Corre a enterarte de lo que pasa! *(Las MUJERES corren para salir.)* ¿Dónde vais? Siempre os supe mujeres ventaneras y rompedoras de su luto. ¡Vosotras, al patio! *(Salen y sale BERNARDA. Se oyen rumores lejanos. Entran MARTIRIO y ADELA, que se quedan escuchando y sin atreverse a dar un paso más de la puerta de salida.)*

MARTIRIO: Agradece a la casualidad que no desaté mi lengua.

ADELA: También hubiera hablado yo.

MARTIRIO: ¿Y qué ibas a decir? ¡Querer no es hacer!

ADELA: Hace la que puede y la que se adelanta. Tú querías, pero no has podido.

MARTIRIO: No seguirás mucho tiempo.

ADELA: ¡Lo tendré todo!

MARTIRIO: Yo romperé tus abrazos.

ADELA: *(suplicante)* ¡Martirio, déjame!

MARTIRIO: ¡De ninguna!

ADELA: ¡Él me quiere para su casa!

MARTIRIO: ¡He visto cómo te abrazaba!

ADELA: Yo no quería. He sido como arrastrada por una maroma.

MARTIRIO: ¡Primero muerta! *(Se asoman MAGDALENA y ANGUSTIAS. Se siente crecer el tumulto.)*

LA PONCIA: *(entrando con BERNARDA)* ¡Bernarda!

BERNARDA: ¿Qué ocurre?

LA PONCIA: La hija de la Librada, la soltera, tuvo un hijo no se sabe con quién.

ADELA: ¿Un hijo?

LA PONCIA: Y para ocultar su vergüenza lo mató y lo metió debajo de unas piedras, pero unos perros con más corazón que muchas criaturas lo sacaron, y como llevados por la mano de Dios lo han puesto en el tranco de su puerta. Ahora la quieren matar. La traen arrastrando por la calle abajo, y por las trochas y los terrenos del olivar vienen los hombres corriendo, dando unas voces que estremecen los campos.

BERNARDA: Sí, que vengan todos con varas de olivo y mangos de azadones, que vengan todos para matarla.

ADELA: No, no. Para matarla, no.

MARTIRIO: Sí, y vamos a salir también nosotras.

BERNARDA: Y que pague la que pisotea la decencia. *(Fuera se oye un grito de mujer y un gran rumor.)*

ADELA: ¡Que la dejen escapar! ¡No salgáis vosotras!

MARTIRIO: *(mirando a ADELA)* ¡Que pague lo que debe!

BERNARDA: *(Bajo el arco.)* ¡Acabad con ella antes que lleguen los guardias! ¡Carbón ardiendo en el sitio de su pecado!

ADELA: *(cogiéndose el vientre)* ¡No! ¡No!

BERNARDA: ¡Matadla! ¡Matadla!

Telón

Ampliemos nuestra comprensión

Apuntes literarios

El soliloquio.   Un soliloquio es un discurso pronunciado por un personaje cuando está solo en el escenario. El soliloquio permite al público enterarse de lo que está pensando o sintiendo el personaje.

Escritura de un soliloquio.   Escoge al personaje que más te ha impactado hasta el momento y escribe un monólogo interior en que expreses lo que el personaje está sintiendo y pensando. El (La) maestro(a) pedirá a algunos estudiantes que dramaticen sus soliloquios.

Grupo de discusión.   El segundo acto termina con un episodio muy dramático y conmovedor. En sus grupos recuenten dicho episodio y luego discutan las siguientes preguntas:

- ¿Por qué se considera que un embarazo es responsabilidad exclusiva de la mujer?

- ¿Cómo se justifica que las mismas mujeres tengan interés en que se linche a la madre soltera antes que llegue la policía en lugar de tratar de ayudarla?

- Comenten la actitud de los hombres frente a este terrible evento. Si tú hubieras sido parte de esta multitud, ¿cómo crees que hubieras reaccionado?

- ¿Crees que es posible que un pueblo actual reaccione de manera similar frente a un embarazo fuera del matrimonio?

Taller de composición

Ensayo de opinión.   Imagínate que estás viviendo en la época de Bernarda Alba. Vas a escribir un ensayo de opinión para la página editorial del periódico local en el cual manifiestas tus ideas acerca de las costumbres relacionadas con el cortejo amoroso entre los jóvenes de la época. Di si estás de acuerdo con las prácticas imperantes, justificando tus opiniones. En caso de que no estés de acuerdo, plantea una alternativa razonable dentro del contexto en que se desarrolla la obra.

"Girl Attacked by a Strange Bird," Rufino Tamayo, 1947
Oil on canvas, 70" x 50-1/8"
The Museum of Modern Art, New York. Gift of Mr. and Mrs. Charles Zadok.
Photograph © 1996 The Museum of Modern Art, New York

3

Alistémonos para leer

Piensa, anota y comparte. Piensa en las siguientes preguntas por unos segundos.

¿Qué crees que va a pasar en el último acto? ¿Cómo crees que se va a resolver la situación?

Tendrás dos minutos para anotar tus predicciones. Luego comparte tus anotaciones con un(a) compañero(a).

Leamos activamente

Lectura silenciosa. Lee silenciosamente el último acto.

Familiaricémonos con un personaje. Después de terminar la lectura del tercer acto, siéntate con tus compañeros de grupo. Discutan su personaje y completen el diagrama que iniciaron al comienzo de la obra.

Lectura dramatizada. El (La) maestro(a) seleccionará a algunos estudiantes para que hagan la lectura dramatizada del último acto.

Acto tercero

Cuatro paredes blancas ligeramente azuladas del patio interior de la casa de Bernarda. Es de noche. El decorado ha de ser de una perfecta simplicidad. Las puertas iluminadas por la luz de los interiores dan un tenue fulgor a la escena.

En el centro, una mesa con un quinqué, donde están comiendo BERNARDA *y sus hijas.* LA PONCIA *las sirve.* PRUDENCIA *está sentada aparte. Al levantarse el telón hay un gran silencio, interrumpido por el ruido de platos y cubiertos.*

PRUDENCIA: Ya me voy. Os he hecho una visita larga. *(Se levanta.)*

BERNARDA: Espérate, mujer. No nos vemos nunca.

PRUDENCIA: ¿Han dado el último toque para el rosario?

LA PONCIA: Todavía no. *(PRUDENCIA se sienta.)*

BERNARDA: ¿Y tu marido cómo sigue?

PRUDENCIA: Igual.

BERNARDA: Tampoco lo vemos.

PRUDENCIA: Ya sabes sus costumbres. Desde que se peleó con sus hermanos por la herencia no ha salido por la puerta de la calle. Pone una escalera y salta las tapias y el corral.

BERNARDA: Es un verdadero hombre. ¿Y con tu hija?

PRUDENCIA: No la ha perdonado.

BERNARDA: Hace bien.

PRUDENCIA: No sé qué te diga. Yo sufro por esto.

BERNARDA: Una hija que desobedece deja de ser hija para convertirse en una enemiga.

PRUDENCIA: Yo dejo que el agua corra. No me queda más consuelo que refugiarme en la iglesia, pero como me estoy quedando sin vista tendré que dejar de venir para que no jueguen con una los chiquillos. *(Se oye un gran golpe en los muros.)* ¿Qué es eso?

BERNARDA: El caballo garañón, que está encerrado y da coces contra el muro. *(a voces)* ¡Trabadlo y que salga al corral! *(en voz baja)* Debe tener calor.

PRUDENCIA: ¿Vais a echarle las potras nuevas?

BERNARDA: Al amanecer.

"The Needlewoman," Diego Velásquez

PRUDENCIA: Has sabido acrecentar tu ganado.

BERNARDA: A fuerza de dinero y sinsabores.

LA PONCIA: *(interrumpiendo)* Pero tiene la mejor manada de estos contornos. Es una lástima que esté bajo de precio.

BERNARDA: ¿Quieres un poco de queso y miel?

PRUDENCIA: Estoy desganada. *(Se oye otra vez el golpe.)*

LA PONCIA: ¡Por Dios!

PRUDENCIA: Me ha retemblado dentro del pecho.

BERNARDA: *(levantándose furiosa)* ¿Hay que decir las cosas dos veces? ¡Echadlo que se revuelque en los montones de paja! *(pausa, y como hablando con los gañanes)* Pues encerrad las potras en la cuadra, pero dejadlo libre, no sea que nos eche abajo las paredes. *(Se dirige a la mesa y se sienta otra vez.)* ¡Ay, qué vida!

PRUDENCIA: Bregando como un hombre.

BERNARDA: Así es. *(ADELA se levanta de la mesa.)* ¿Dónde vas?

ADELA: A beber agua.

BERNARDA: *(en voz alta)* Trae un jarro de agua fresca. *(a ADELA)* Puedes sentarte. *(ADELA se sienta.)*

PRUDENCIA: Y Angustias, ¿cuándo se casa?

BERNARDA: Vienen a pedirla dentro de tres días.

PRUDENCIA: ¡Estarás contenta!

ANGUSTIAS: ¡Claro!

AMELIA: *(a MAGDALENA)* Ya has derramado la sal.

MAGDALENA: Peor suerte que tienes no vas a tener.

AMELIA: Siempre trae mala sombra.

BERNARDA: ¡Vamos!

PRUDENCIA: *(a ANGUSTIAS)* ¿Te ha regalado ya el anillo?

ANGUSTIAS: Mírelo usted. *(Se lo alarga.)*

PRUDENCIA: Es precioso. Tres perlas. En mi tiempo las perlas significaban lágrimas.

ANGUSTIAS: Pero ya las cosas han cambiado.

ADELA: Yo creo que no. Las cosas significan siempre lo mismo. Los anillos de pedida deben ser de diamantes.

PRUDENCIA: Es más propio.

BERNARDA: Con perlas o sin ellas, las cosas son como uno se las propone.

MARTIRIO: O como Dios dispone.

PRUDENCIA: Los muebles me han dicho que son preciosos.

BERNARDA: Dieciséis mil reales he gastado.

LA PONCIA: *(interviniendo)* Lo mejor es el armario de luna.

PRUDENCIA: Nunca vi un mueble de estos.

BERNARDA: Nosotras tuvimos arca.

PRUDENCIA: Lo preciso es que todo sea para bien.

ADELA: Nunca se sabe.

BERNARDA: No hay motivo para que no lo sea. *(Se oyen lejanísimas unas campanas.)*

PRUDENCIA: El último toque. *(a ANGUSTIAS)* Ya vendré a que me enseñes la ropa.

ANGUSTIAS: Cuando usted quiera.

PRUDENCIA: Buenas noches nos dé Dios.

BERNARDA: Adiós, Prudencia.

LAS CINCO A LA VEZ: Vaya usted con Dios. *(Pausa. Sale PRUDENCIA.)*

BERNARDA: Ya hemos comido. *(Se levantan.)*

ADELA: Voy a llegarme hasta el portón para estirar las piernas y tomar un poco de fresco. *(MAGDALENA se sienta en una silla baja retrepada contra la pared.)*

AMELIA: Yo voy contigo.

MARTIRIO: Y yo.

ADELA: *(con odio contenido)* No me voy a perder.

AMELIA: La noche quiere compañía. *(Salen.)*

(BERNARDA se sienta y ANGUSTIAS está arreglando la mesa.)

BERNARDA: Ya te he dicho que quiero que hables con tu hermana Martirio. Lo que pasó del retrato fue una broma y lo debes olvidar.

ANGUSTIAS: Usted sabe que ella no me quiere.

BERNARDA: Cada uno sabe lo que piensa por dentro. Yo no me meto en los corazones, pero quiero buena fachada y armonía familiar. ¿Lo entiendes?

ANGUSTIAS: Sí.

BERNARDA: Pues ya está.

MAGDALENA: *(casi dormida)* Además, ¡si te vas a ir antes de nada! *(Se duerme.)*

ANGUSTIAS: Tarde me parece.

BERNARDA: ¿A qué hora terminaste anoche de hablar?

ANGUSTIAS: A las doce y media.

BERNARDA: ¿Qué cuenta Pepe?

ANGUSTIAS: Yo lo encuentro distraído. Me habla siempre como pensando en otra cosa. Si le pregunto qué le pasa, me contesta: «Los hombres tenemos nuestras preocupaciones.»

BERNARDA: No le debes preguntar. Y cuando te cases, menos. Habla si él habla y míralo cuando te mire. Así no tendrás disgustos.

ANGUSTIAS: Yo creo, madre, que él me oculta muchas cosas.

BERNARDA: No procures descubrirlas, no le preguntes y, desde luego, que no te vea llorar jamás.

ANGUSTIAS: Debía estar contenta y no lo estoy.

BERNARDA: Eso es lo mismo.

ANGUSTIAS: Muchas veces miro a Pepe con mucha fijeza y se me borra a través de los hierros, como si lo tapara una nube de polvo de las que levantan los rebaños.

BERNARDA: Eso son cosas de debilidad.

ANGUSTIAS: ¡Ojalá!

BERNARDA: ¿Viene esta noche?

ANGUSTIAS: No. Fue con su madre a la capital.

BERNARDA: Así nos acostaremos antes. ¡Magdalena!

ANGUSTIAS: Está dormida. *(Entran ADELA, MARTIRIO y AMELIA.)*

AMELIA: ¡Qué noche más oscura!

ADELA: No se ve a dos pasos de distancia.

MARTIRIO: Una buena noche para ladrones, para el que necesita escondrijo.

ADELA: El caballo garañón estaba en el centro del corral ¡blanco! Doble de grande, llenando todo lo oscuro.

AMELIA: Es verdad. Daba miedo. Parecía una aparición.

ADELA: Tiene el cielo unas estrellas como puños.

MARTIRIO: Ésta se puso a mirarlas de modo que se iba a tronchar el cuello.

ADELA: ¿Es que no te gustan a ti?

MARTIRIO: A mí las cosas de tejas arriba no me importan nada. Con lo que pasa dentro de las habitaciones tengo bastante.

ADELA: Así te va a ti.

BERNARDA: A ella le va en lo suyo como a ti en lo tuyo.

ANGUSTIAS: Buenas noches.

ADELA: ¿Ya te acuestas?

ANGUSTIAS: Sí. Esta noche no viene Pepe. *(Sale.)*

ADELA: Madre, ¿por qué cuando se corre una estrella o luce un relámpago
se dice:

«Santa Bárbara bendita,

que en el cielo estás escrita

con papel y agua bendita?»

BERNARDA: Los antiguos sabían muchas cosas que hemos olvidado.

AMELIA: Yo cierro los ojos para no verlas.

ADELA: Yo, no. A mí me gusta ver correr lleno de lumbre lo que está
quieto y quieto años enteros.

MARTIRIO: Pero estas cosas nada tienen que ver con nosotros.

BERNARDA: Y es mejor no pensar en ellas.

ADELA: ¡Qué noche más hermosa! Me gustaría quedarme hasta muy tarde
para disfrutar el fresco del campo.

BERNARDA: Pero hay que acostarse. ¡Magadalena!

AMELIA: Está en el primer sueño.

BERNARDA: ¡Magdalena!

MAGDALENA: *(disgustada)* ¡Déjame en paz!

BERNARDA: ¡A la cama!

MAGDALENA: *(levantándose malhumorada)* ¡No la dejáis a una tranquila!
(Se va refunfuñando.)

AMELIA: Buenas noches. *(Se va.)*

BERNARDA: Andar vosotras también.

MARTIRIO: ¿Cómo es que esta noche no viene el novio de Angustias?

BERNARDA: Fue de viaje.

MARTIRIO: *(mirando a ADELA)* ¡Ah!

ADELA: Hasta mañana. *(Sale.)*

(MARTIRIO bebe agua y sale lentamente, mirando hacia la puerta del corral.)

LA PONCIA: *(saliendo)* ¿Estás todavía aquí?

BERNARDA: Disfrutando este silencio y sin lograr ver por parte alguna «la
cosa tan grande» que aquí pasa, según tú.

LA PONCIA: Bernarda, dejemos esa conversación.

BERNARDA: En esta casa no hay ni un sí ni un no. Mi vigilancia lo puede todo.

LA PONCIA: No pasa nada por fuera. Eso es verdad. Tus hijas están y viven como metidas en alacenas. Pero ni tú ni nadie puede vigilar por el interior de los pechos.

BERNARDA: Mis hijas tienen la respiración tranquila.

LA PONCIA: Esto te importa a ti, que eres su madre. A mí, con servir tu casa tengo bastante.

BERNARDA: Ahora te has vuelto callada.

LA PONCIA: Me estoy en mi sitio, y en paz.

BERNARDA: Lo que pasa es que no tienes nada que decir. Si en esta casa hubiera hierbas ya te encargarías de traer a pastar las ovejas del vecindario.

LA PONCIA: Yo tapo más de lo que te figuras.

BERNARDA: ¿Sigue tu hijo viendo a Pepe a las cuatro de la mañana? ¿Siguen diciendo todavía la mala letanía de esta casa?

LA PONCIA: No dicen nada.

BERNARDA: Porque no pueden. Porque no hay carne donde morder. A la vigilancia de mis ojos se debe esto.

LA PONCIA: Bernarda, yo no quiero hablar porque temo tus intenciones. Pero no estés segura.

BERNARDA: ¡Segurísima!

LA PONCIA: A lo mejor, de pronto, cae un rayo. A lo mejor, de pronto, un golpe te para el corazón.

BERNARDA: Aquí no pasa nada. Yo estoy alerta contra tus suposiciones.

LA PONCIA: Pues mejor para ti.

BERNARDA: ¡No faltaba más!

CRIADA: *(entrando)* Ya terminé de fregar los platos. ¿Manda usted algo, Bernarda?

BERNARDA: *(levantándose)* Nada. Voy a descansar.

LA PONCIA: ¿A qué hora quieres que te llame?

BERNARDA: A ninguna. Esta noche voy a dormir bien. *(Se va.)*

LA PONCIA: Cuando una no puede con el mar lo más fácil es volver las espaldas para no verlo.

CRIADA: Es tan orgullosa que ella misma se pone una venda en los ojos.

"Woman Reaching for the Moon," Rufino Tamayo

LA PONCIA: Yo no puedo hacer nada. Quise atajar las cosas, pero ya me asustan demasiado. ¿Tú ves este silencio? Pues hay una tormenta en cada cuarto. El día que estallen nos barrerán a todos. Yo he dicho lo que tenía que decir.

CRIADA: Bernarda cree que nadie puede con ella y no sabe la fuerza que tiene un hombre entre mujeres solas.

LA PONCIA: No es toda la culpa de Pepe el Romano. Es verdad que el año pasado anduvo detrás de Adela y estaba loca por él, pero ella debió estarse en su sitio y no provocarlo. Un hombre es un hombre.

CRIADA: Hay quien cree que habló muchas veces con Adela.

LA PONCIA: Es verdad. *(en voz baja)* Y otras cosas.

CRIADA: No sé lo que va a pasar aquí.

LA PONCIA: A mí me gustaría cruzar el mar y dejar esta casa de guerra.

CRIADA: Bernarda está aligerando la boda y es posible que nada pase.

LA PONCIA: Las cosas se han puesto ya demasiado maduras. Adela está decidida a lo que sea y las demás vigilan sin descanso.

CRIADA: ¿Y Martirio también?

LA PONCIA: Esa es la peor. Es un pozo de veneno. Ve que el Romano no es para ella y hundiría el mundo si estuviera en su mano.

CRIADA: ¡Es que son malas!

LA PONCIA: Son mujeres sin hombre, nada más. En estas cuestiones se olvida hasta la sangre. ¡Chisss! *(Escucha.)*

CRIADA: ¿Qué pasa?

LA PONCIA: *(Se levanta.)* Están ladrando los perros.

CRIADA: Debe haber pasado alguien por el portón. *(Sale ADELA en enaguas blancas y corpiño.)*

LA PONCIA: ¿No te habías acostado?

ADELA: Voy a beber agua. *(Bebe en un vaso de la mesa.)*

LA PONCIA: Yo te suponía dormida.

ADELA: Me despertó la sed. Y vosotras, ¿no descansáis?

CRIADA: Ahora. *(Sale ADELA.)*

LA PONCIA: Vámonos.

CRIADA: Ganado tenemos el sueño. Bernarda no me deja descansar en todo el día.

LA PONCIA: Llévate la luz.

CRIADA: Los perros están como locos.

LA PONCIA: No nos van a dejar dormir. *(Salen.)*

(La escena queda casi a oscuras. Sale MARÍA JOSEFA con una oveja en los brazos.)

MARÍA JOSEFA:

Ovejita, niño mío,
vámonos a la orilla del mar.
La hormiguita estará en su puerta,
yo te daré la teta y el pan.

Bernarda,
cara de leoparda.
Magdalena,
cara de hiena.
¡Ovejita!
Meee, meeee.
Vamos a los ramos del portal de Belén.

Ni tú ni yo queremos dormir;
la puerta sola se abrirá
y en la playa nos meteremos
en una choza de coral.

Bernarda,
cara de leoparda.
Magdalena,
cara de hiena.
¡Ovejita!
Meee, meeee.
Vamos a los ramos del portal de Belén. *(Se van cantando.)*

(Entra ADELA. Mira a un lado y otro con sigilo y desaparece por la puerta del corral. Sale MARTIRIO por otra puerta y queda en angustioso acecho en el centro de la escena. También va en enaguas. Se cubre con un pequeño mantón negro de talle. Sale por enfrente de ella MARÍA JOSEFA.)

MARTIRIO: Abuela, ¿dónde va usted?

MARÍA JOSEFA: ¿Vas a abrirme la puerta? ¿Quién eres tú?

MARTIRIO: ¿Cómo está aquí?

MARÍA JOSEFA: Me escapé. ¿Tú quién eres?

MARTIRIO: Vaya a acostarse.

MARÍA JOSEFA: Tú eres Martirio, ya te veo. Martirio, cara de Martirio. ¿Y cuándo vas a tener un niño? Yo he tenido este.

MARTIRIO: ¿Dónde cogió esa oveja?

MARÍA JOSEFA: Ya sé que es una oveja. Pero ¿por qué una oveja no va a ser un niño? Mejor es tener una oveja que no tener nada. Bernarda, cara de leoparda. Magdalena, cara de hiena.

MARTIRIO: No dé voces.

MARÍA JOSEFA: Es verdad. Está todo muy oscuro. Como tengo el pelo blanco crees que no puedo tener crías, y sí, crías y crías y crías. Este niño tendrá el pelo blanco y tendrá otro niño y éste otro, y todos con el pelo de nieve, seremos como las olas, una y otra y otra. Luego nos sentaremos todos y todos tendremos el cabello blanco y seremos espuma. ¿Por qué aquí no hay espumas? Aquí no hay más que mantos de luto.

MARTIRIO: Calle, calle.

MARÍA JOSEFA: Cuando mi vecina tenía un niño yo le llevaba chocolate y luego ella me lo traía a mí y así siempre, siempre, siempre. Tú tendrás el pelo blanco, pero no vendrán las vecinas. Yo tengo que marcharme, pero tengo miedo que los perros me muerdan. ¿Me acompañarás tú a salir al campo? Yo quiero campo. Yo quiero casas, pero casas abiertas y las vecinas acostadas en sus camas con sus niños chiquitos y los hombres fuera sentados en sus sillas. Pepe el Romano es un gigante. Todas lo queréis. Pero él os va a devorar porque vosotras sois granos de trigo. No granos de trigo. ¡Ranas sin lengua!

MARTIRIO: Vamos. Váyase a la cama. *(La empuja.)*

MARÍA JOSEFA: Sí, pero luego tú me abrirás, ¿verdad?

MARTIRIO: De seguro.

MARÍA JOSEFA: *(llorando)*

Ovejita, niño mío,

vámonos a la orilla del mar.

La hormiguita está en su puerta,

yo te daré la teta y el pan.

(MARTIRIO cierra la puerta por donde ha salido MARÍA JOSEFA y se dirige a la puerta del corral. Allí vacila, pero avanza dos pasos más.)

MARTIRIO: *(en voz baja)* Adela. *(Pausa. Avance hasta la misma puerta. En voz alta.)* ¡Adela! *(Aparece ADELA. Viene un poco despeinada.)*

ADELA: ¿Por qué me buscas?

MARTIRIO: ¡Deja a ese hombre!

ADELA: ¿Quién eres tú para decírmelo?

MARTIRIO: No es ese el sitio de una mujer honrada.

ADELA: ¡Con qué ganas te has quedado de ocuparlo!

MARTIRIO: *(en voz alta)* Ha llegado el momento de que yo hable. Esto no puede seguir así.

ADELA: Esto no es más que el comienzo. He tenido fuerza para adelantarme. El brío y el mérito que tú no tienes. He visto la muerte debajo de estos techos y he salido a buscar lo que era mío, lo que me pertenecía.

MARTIRIO: Ese hombre sin alma vino por otra. Tú te has atravesado.

ADELA: Vino por el dinero, pero sus ojos los puso siempre en mí.

MARTIRIO: Yo no permitiré que lo arrebates. Él se casará con Angustias.

ADELA: Sabes mejor que yo que no la quiere.

MARTIRIO: Lo sé.

ADELA: Sabes, porque lo has visto, que me quiere a mí.

MARTIRIO: *(despechada)* Sí.

ADELA: *(acercándose)* Me quiere a mí. Me quiere a mí.

MARTIRIO: Clávame un cuchillo si es tu gusto, pero no me lo digas más.

ADELA: Por eso procuras que no vaya con él. No te importa que abrace a la que no quiere; a mí, tampoco. Ya puede estar cien años con Angustias, pero que me abrace a mí se te hace terrible, porque tú lo quieres también, lo quieres.

MARTIRIO: *(dramática)* ¡Sí! Déjame decirlo con la cabeza fuera de los embozos. ¡Sí! Déjame que el pecho se me rompa como una granada de amargura. ¡Le quiero!

ADELA: *(en un arranque y abrazándola)* Martirio, Martirio, yo no tengo la culpa.

MARTIRIO: ¡No me abraces! No quieras ablandar mis ojos. Mi sangre ya no es la tuya. Aunque quisiera verte como hermana, no te miro ya más que como mujer. *(La rechaza.)*

ADELA: Aquí no hay ningún remedio. La que tenga que ahogarse que se ahogue. Pepe el Romano es mío. Él me lleva a los juncos de la orilla.

MARTIRIO: ¡No será!

ADELA: Ya no aguanto el horror de estos techos después de haber probado el sabor de su boca. Seré lo que él quiera que sea. Todo el pueblo contra mí, quemándome con sus dedos de lumbre, perseguida por los que dicen que son decentes, y me pondré la corona de espinas que tienen las que son queridas de algún hombre casado.

MARTIRIO: ¡Calla!

ADELA: Sí, sí. *(en voz baja)* Vamos a dormir, vamos a dejar que se case con Angustias, ya no me importa, pero yo me iré a una casita sola donde él me verá cuando quiera, cuando le venga en gana.

MARTIRIO: Eso no pasará mientras yo tenga una gota de sangre en el cuerpo.

ADELA: No a ti, que eres débil; a un caballo encabritado soy capaz de poner de rodillas con la fuerza de mi dedo meñique.

MARTIRIO: No levantes esa voz que me irrita. Tengo el corazón lleno de una fuerza tan mala, que, sin quererlo yo, a mí misma me ahoga.

ADELA: Nos enseñan a querer a las hermanas. Dios me ha debido dejar sola en medio de la oscuridad, porque te veo como si no te hubiera visto nunca. *(Se oye un silbido y ADELA corre a la puerta, pero MARTIRIO se le pone delante.)*

MARTIRIO: ¿Dónde vas?

ADELA: ¡Quítate de la puerta!

MARTIRIO: ¡Pasa si puedes!

ADELA: ¡Aparta! *(lucha)*

MARTIRIO: *(a voces)* ¡Madre, madre! *(Aparece BERNARDA. Sale en enaguas, con un mantón negro.)*

BERNARDA: Quietas, quietas. ¡Qué pobreza la mía, no poder tener un rayo entre los dedos!

MARTIRIO: *(señalando a ADELA)* ¡Estaba con él! ¡Mira esas enaguas llenas de paja de trigo!

BERNARDA: ¡Esa es la cama de las mal nacidas! *(Se dirige furiosa hacia ADELA.)*

ADELA: *(haciéndole frente)* ¡Aquí se acabaron las voces de presidio! *(ADELA arrebata un bastón a su madre y lo parte en dos.)* Esto hago yo con la vara de la dominadora. No dé usted un paso más. En mí no manda nadie más que Pepe.

MAGDALENA: *(saliendo.)* ¡Adela! *(Salen La Poncia y Angustias.)*

ADELA: Yo soy su mujer. *(a Angustias)* Entérate tú y ve al corral a decírselo. Él dominará toda esta casa. Ahí fuera está, respirando como si fuera un león.

ANGUSTIAS: ¡Dios mío!

BERNARDA: ¡La escopeta! ¿Dónde está la escopeta? *(Sale corriendo.)*

(Sale detrás Martirio. Aparece Amelia por el fondo, que mira aterrada con la cabeza sobre la pared.)

ADELA: ¡Nadie podrá conmigo! *(Va a salir.)*

ANGUSTIAS: *(sujetándola)* ¡De aquí no sales tú con tu cuerpo en triunfo. ¡Ladrona! ¡Deshonra de nuestra casa!

MAGDALENA: ¡Déjala que se vaya donde no la veamos nunca más! *(Suena un disparo.)*

BERNARDA: *(entrando)* Atrévete a buscarlo ahora.

MARTIRIO: *(entrando)* Se acabó Pepe el Romano.

ADELA: ¡Pepe! ¡Dios mío! ¡Pepe! *(Sale corriendo.)*

LA PONCIA: ¿Pero lo habéis matado?

MARTIRIO: No. Salió corriendo en su jaca.

BERNARDA: No fue culpa mía. Una mujer no sabe apuntar.

MAGDALENA: ¿Por qué lo has dicho entonces?

MARTIRIO: ¡Por ella! Hubiera volcado un río de sangre sobre su cabeza.

LA PONCIA: ¡Maldita!

MAGDALENA: ¡Endemoniada!

BERNARDA: Aunque es mejor así. *(Suena un golpe.)* ¡Adela, Adela!

LA PONCIA: *(en la puerta)* ¡Abre!

BERNARDA: Abre. No creas que los muros defienden de la vergüenza.

CRIADA: *(entrando)* ¡Se han levantado los vecinos!

BERNARDA: *(en voz baja como un rugido)* ¡Abre, porque echaré abajo la puerta! *(Pausa. Todo queda en silencio.)* ¡Adela! *(Se retira de la puerta.)* ¡Trae un martillo! *(La Poncia da un empujón y entra. Al entrar da un grito y sale.)* ¿Qué?

LA PONCIA: *(Se lleva las manos al cuello.)* ¡Nunca tengamos ese fin!

(Las Hermanas se echan hacia atrás. La Criada se santigua. Bernarda da un grito y avanza.)

LA PONCIA: ¡No entres!

BERNARDA: No. ¡Yo no! Pepe, tú irás corriendo vivo por lo oscuro de las alamedas, pero otro día caerás. ¡Descolgarla! ¡Mi hija ha muerto virgen! Llevadla a su cuarto y vestirla como una doncella. ¡Nadie diga nada! Ella ha muerto virgen. Avisad que al amanecer den dos clamores las campanas.

MARTIRIO: Dichosa ella mil veces que lo pudo tener.

BERNARDA: Y no quiero llantos. La muerte hay que mirarla cara a cara. ¡Silencio! *(a la otra* HIJA*)* ¡Las lágrimas cuando estés sola! Nos hundiremos todas en un mar de luto. Ella, la hija menor de Bernarda Alba, ha muerto virgen. ¿Me habéis oído? ¡Silencio, silencio he dicho! ¡Silencio!

Telón

"For a Single Moment," Jacobo Borges

Ampliemos nuestra comprensión

Trayectoria del personaje. Utilizando las anotaciones que hiciste en el diagrama de familiarización con un personaje, vas a trazar una línea que presente la trayectoria de este personaje. ¿Cómo es al comienzo de la historia, qué eventos importantes le suceden y cómo lo afectan estos hechos? En la parte superior de la línea anotas los hechos concretos. Puedes usar dibujos para representar esos eventos. En la parte de abajo, indicarás cómo estos hechos afectaron anímicamente al personaje.

Por ejemplo, si estás haciendo la trayectoria de Magdalena, un hecho importante que le sucede al comienzo de la obra es la muerte de su padre. Colocarías este suceso al comienzo de la trayectoria y en la parte de arriba. Debajo de la línea podrías anotar: Sufre intensamente. Ella era la única que quería a su padre.

Estás en el banquillo. Para esta actividad vas a ponerte en el lugar del personaje que has venido estudiando en tu equipo a través de toda la obra. Con tus compañeros elabora dos preguntas que tu personaje le haría a cada uno de los otros siete personajes que estudiaron en los otros grupos. Estos son: Bernarda, la Poncia, Angustias, Martirio, Magdalena, Adela, Amelia y María Josefa.

Los cuatro estudiantes que representan al personaje pasarán al frente del salón. Representantes de los otros grupos les harán las preguntas que prepararon. Ustedes deben turnarse para ofrecer respuestas, aunque es posible que, cuando un(a) estudiante haya terminado, otros miembros del grupo **agreguen** información, es decir añadan algo, pero sin contradecir lo expresado por el (la) compañero(a).

Carta de recomendación. Imagínate que un productor teatral de tu ciudad ha decidido poner en escena *La casa de Bernarda Alba* y ha abierto un concurso para seleccionar al director de la obra y a las actrices que representen los diversos papeles. Si eres una chica, selecciona el papel que tú crees que mejor desempeñarías y escribe una carta en la que expliques y trates de convencer al productor de que tú eres la persona indicada para representar a ese personaje. Analiza el personaje y sus requisitos dramáticos y justifica tu petición. Si eres un chico, escribe una carta tratando de convencer al productor de que tú serías el (la) director(a) indicado(a) para dirigir la obra. Deben ser convincentes y dar razones específicas.

Afiche publicitario. Con tus compañeros de grupo, deberás diseñar un cartelón publicitario anunciando el estreno de la obra.

«Danseuse espagnol», Joan Miró

Conclusión de la unidad

Síntesis y conexión de conceptos

Mi obra favorita.   Escoge la obra que más te ha gustado de este libro. Escribe una pequeña reseña en que incluyas un párrafo de síntesis y las razones por las cuales ésta es la obra que más te ha impresionado.

Carta de un personaje a otro.   Selecciona dos personajes de dos obras diferentes incluidas en este libro. Escribe una carta desde el punto de vista de uno de ellos. Piensa qué podrían decirse estos personajes. Por ejemplo, Martirio, de *La casa de Bernarda Alba*, le escribe a Rigoberta Menchú; Zezé, de «Mi planta de naranja-lima», le escribe a los hermanitos de «Los gallinazos sin plumas».

Si yo pudiera.   Si tú pudieras entrar en una de las obras que has leído en este libro, ¿cuál escogerías? Explica en qué forma actuarías y da razones para justificar tus acciones o decisiones.

Una experiencia mía.   Todos nosotros tenemos vivencias que podrían ser agregadas a algunas de las unidades del libro. Algunas de ellas las vivimos como participantes activos, otras como meros expectadores, otras como oyentes de testigos presenciales o que escucharon la historia. ¿Cuál es la tuya? Prepara una presentación oral para la clase en la cual indiques en qué unidad encaja tu historia y por qué, y relates el tema de tu experiencia. Tu presentación deberá tomar entre tres y seis minutos. Mientras la narres no te olvides de mirar a tus compañeros y trátala como cualquier otra conversación entre amigos en la cual es importante mantener la atención y el entusiasmo de tus oyentes.

Canción. Anota en tu cuaderno lo que significa para ti el título de este texto: *Sendas literarias.* Luego escucha la canción de Joan Manuel Serrat basada en el poema de Antonio Machado que aparece a continuación. Relaciona lo que dice el poeta con lo que escribiste en tu cuaderno.

Caminante...

Caminante, son tus huellas
el camino y nada más;
caminante, no hay camino,
se hace camino al andar.
Al andar se hace camino,
y al volver la vista atrás
se ve la senda que nunca
se ha de volver a pisar.
Caminante, no hay camino,
sino estelas en la mar.

De *Proverbios y cantares*

Apéndices

Estrategias

Términos literarios

Glosario

Índice

Estrategias

Organizadores gráficos

Los organizadores gráficos son muy útiles porque te permiten definir los puntos importantes que incluyen los textos. Vienen a ser como una radiografía a través de la cual se aprecian las ideas básicas y su organización dentro de un texto. Puedes utilizar estos organizadores en todos tus cursos académicos.

1. Cuadro de comparación y contraste

	Elemento 1	Elemento 2
Atributo 1		
Atributo 2		
Atributo 3		

Su uso es apropiado cuando lo que quieres es encontrar semejanzas o diferencias entre dos o más:

- objetos
- personas
- hechos
- ideas
- sustancias, etc.

Preguntas básicas que debes hacerte antes de desarrollarlo

- ¿Qué cosas se van a comparar?
- ¿En qué se parecen?
- ¿En qué se diferencian?

Las ventajas intelectuales que te presenta la utilización de cuadros de comparación y contraste son muchas. Por un lado, te permiten analizar dos realidades diversas de manera organizada, subdividiéndolas en categorías relevantes. Por otro lado, te sirven para preparar presentaciones orales o escritas en cualquiera de las asignaturas que estés estudiando. Una última ventaja es que te ayudan a tomar notas de las lecturas que hagas para que no se te escapen detalles de importancia en el texto.

Por ejemplo, si estás comparando dos personajes en tu clase de ciencias sociales tales como los pintores Pedro Brueghel y Leonardo da Vinci, podrías elaborar el cuadro siguiente:

	Brueghel	**da Vinci**
Época en que vivieron		
Características de sus pinturas		
Obras principales		
Evaluación personal		

2. Diagrama de Venn

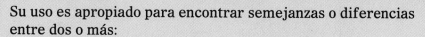

Su uso es apropiado para encontrar semejanzas o diferencias entre dos o más:

- objetos
- personas
- hechos
- situaciones
- ideas o conceptos, etc.

Preguntas básicas

- ¿Qué cosas se comparan?
- ¿Cómo es cada uno de los dos elementos?
- ¿En qué puntos coinciden?

Éste es otro organizador que puede utilizarse para establecer comparaciones. Con este diagrama la clara ventaja es que no sólo se buscan las diferencias, sino también las similitudes. La desventaja es que se listan las características de manera menos sistemática que en el cuadro de comparación y contraste. La meta es que puedas, eventualmente, comparar de manera efectiva dos realidades sin recurrir a la utilización de cuadros organizadores. Si utilizas un diagrama de Venn para comparar a Brueghel con Leonardo da Vinci, por ejemplo, podrías incluir muchas más características, pero éstas serían un poco desorganizadas. Harías algo similar al siguiente diagrama:

Brueghel

Flamenco

pintor

paisajista

vivió en el siglo xvi

pinta ambientes campesinos

pintores

ambos vivieron en el siglo xvi

da Vinci

Florentino

pintor

escultor

inventor

vivió en los siglos xv y xvi

3. Cuadro de secuencia

```
┌─────────────────────────────────────────────┐
│                                             │
└─────────────────────────────────────────────┘
                      │
                      ▼
┌─────────────────────────────────────────────┐
│                                             │
└─────────────────────────────────────────────┘
                      │
                      ▼
┌─────────────────────────────────────────────┐
│                                             │
└─────────────────────────────────────────────┘
                      │
                      ▼
┌─────────────────────────────────────────────┐
│                                             │
└─────────────────────────────────────────────┘
```

Su uso es apropiado para:

- etapas de algo (etapas para alcanzar el grado de general del ejército)
- etapas de un proceso linear (cómo solicitar ingreso a una universidad)
- secuencia de hechos (orden en que sucedieron los acontecimientos que llevaron a la Segunda Guerra Mundial)
- metas, acciones y resultados de una figura histórica (ascenso y caída de Napoleón).

Preguntas básicas

- ¿Cuál es el hecho inicial o el punto de partida?
- ¿Cuáles son los pasos o etapas?
- ¿En qué forma se encadenan los unos a los otros?
- ¿Cuál es el hecho final?

En tu clase de ciencias, por ejemplo, podrías utilizar este organizador para señalar los momentos esenciales de la metamorfosis de una mariposa.

4. Árbol de conexiones

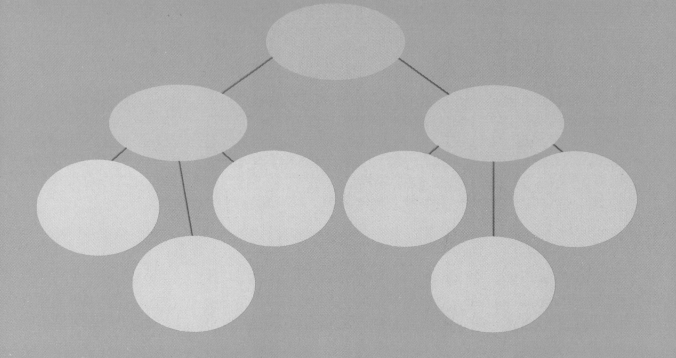

Su uso es apropiado para:

- información causal (causas del analfabetismo)
- una jerarquía (tipos de alimentos)
- procedimientos o sistemas con ramificaciones (el sistema circulatorio).

Preguntas básicas

- ¿Cuál es la categoría principal o subordinante?
- ¿Cuáles son las categorías subordinadas?
- ¿En qué forma se relacionan?
- ¿Cuántos niveles hay?

Si en tu clase de gobierno se está hablando de La Organización de las Naciones Unidas y del tipo de países que la conforman, podrías diseñar un árbol de conexiones para señalar las dos clases principales de países y sus indicadores socio-económicos más importantes. Ejemplo:

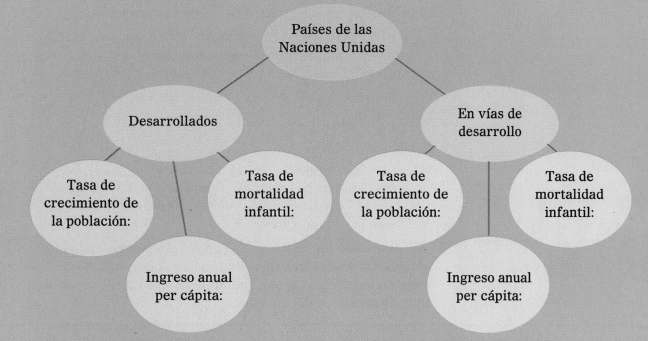

Estrategia de lectura

Enseñanza recíproca

La enseñanza recíproca sirve para desarrollar la lectura interactiva y crítica de un texto. Aun cuando podrías practicar esta estrategia solo(a), es mucho más efectiva si trabajas con un(a) compañero(a). Es muy importante que prestes atención a lo que llamamos «buenas» preguntas.

En caso de trabajar solo(a), sigue este procedimiento.

- Lee media página del texto.
- Sintetiza el fragmento.
- Aclara las ideas.
- Formula preguntas.
- Sigue la lectura y repite el proceso.

Si estás trabajando con un(a) compañero(a), sigue este procedimiento. Los dos trabajan colaborativamente con un solo texto.

1. El (La) estudiante **A** lee el primer párrafo, se detiene y le hace una o dos «buenas» preguntas al (a la) estudiante **B.**

2. **B** responde o explica por qué no puede responder. En este caso, **A** y **B** discuten las posibles respuestas.

3. El texto cambia de manos. **B** lee en voz alta el segundo párrafo, se detiene y hace una o dos «buenas» preguntas a **A.**

4. **A** responde o explica por qué no puede responder.

Tipos de preguntas:

1. **De respuesta explícita.** Éstas son preguntas cuya respuesta es obvia. Ejemplo: ¿Cómo se llama el dentista del cuento «Un día de estos» de García Márquez que leíste en la segunda unidad?

2. **De respuesta implícita.** Para poder responder a estas preguntas, debes inferir, sacar conclusiones, hacer suposiciones lógicas, etc. Ejemplo: ¿Crees que el dentista quería vengarse del alcalde?

3. **Preguntas personales.** Son preguntas relacionadas con la historia, pero que no son contestadas en el texto. Ejemplo: ¿Cómo habría actuado yo si estuviera en la posición del dentista?

4. **Preguntas al autor.** Éstas son las preguntas que el lector le haría al escritor acerca de temas relacionados con la obra o temas más generales. Ejemplo: Señor García Márquez, ¿no cree que debería haber explicado más cuál era el clima político del pueblo donde ocurre la historia?

El primer tipo de preguntas no constituyen «buenas» preguntas, ya que meramente repiten lo que dice el texto. Cualquiera de los otros tres tipos, aunque no produzcan respuestas concretas e incluso si generan más interrogantes, son recomendables, es decir «buenas» preguntas.

Términos literarios

A lo largo de este libro se han explicado diversos términos literarios y sólo mencionado otros, cuyos significados se dan a continuación.

ambiente el lugar geográfico o el tiempo transcurrido en una obra narrativa

anécdota relación breve de algún hecho o rasgo particular y curioso

argumento asunto o materia de una obra literaria

cadencia distribución agradable de sonidos y acentos en los escritos en prosa o verso

ciencia-ficción un género literario que se basa en los progresos alcanzados por la ciencia y crea situaciones fantásticas

conflicto un problema externo o interno en una obra literaria

declamación la acción de recitar, la representación de obras escénicas

desenlace solución o resultado de una obra literaria

ensayo escrito en prosa examinando algo sin intención de agotarlo

entrevista una serie de preguntas que se le hacen a un personaje con el fin de conocer y publicar sus opiniones

escena lo que se representa, cada una de las partes en que se divide el acto de la obra dramática

figuras literarias alteraciones, con intenciones ornamentales, al uso corriente de palabras o frases

fragmento parte pequeña de un libro o escrito

gesto movimiento del rostro o de las manos para expresar algo

imagen figura, representación de una cosa

interlocutor cualquiera de los participantes en un diálogo o conversación

ironía figura que consiste en dar por verdadera y seria una afirmación evidentemente falsa

memorias   recuerdos o relatos de algo pasado

metáfora   la identificación de dos objetos diferentes que guardan alguna semejanza entre sí

mímica   arte de imitar o representar mediante gestos o ademanes

monólogo interior   escrito que refleja el fluir de los pensamientos que pasan por la mente de un personaje en una obra literaria

personaje   cada uno de los seres humanos, sobre-naturales o simbólicos, que toman parte en la acción de una obra literaria

poesía lírica   la expresión de los sentimientos más íntimos del poeta

poner en escena   disponer para la representación teatral

protagonista   personaje principal de una obra literaria

punto de vista   la perspectiva desde que se narra una obra literaria

regionalismos   expresiones particulares de ciertas áreas o regiones

rima   la repetición de los mismos sonidos al final de dos o más versos, después de la última vocal acentuada

ritmo   combinación y sucesión armoniosa de voces y cláusulas en un escrito

símil   una comparación en que se emplea las palabras **como, cual** o **semejante a**

soliloquio   un discurso pronunciado por un personaje cuando está solo en el escenario

teatro   una obra que se escribe para ser representada en un escenario a través del diálogo de los distintos personajes que intervienen en ella

tema   el asunto o materia de un escrito

tesis   proposición, planteamiento

testimonio   un género literario nuevo que está producido en colaboración entre un narrador y un redactor y que presenta un problema social crítico

titulares periodísticos   nombres o encabezamientos puestos a las noticias e informaciones que aparecen en el periódico

tono   la impresión general o el sentimiento que un poema produce en los lectores

trilogía   conjunto de tres obras dramáticas con cierta conexión o enlace entre ellas

Glosario

Se recogen aquí algunas palabras y expresiones, aparecidas en los textos, que puedan presentar dificultades de comprensión, sea por ser de otros idiomas, tener poco uso o tener empleos particulares (regionales, profesionales, personales o de clase social).

Los vocablos con numeraciones son los usados en distintos cuentos o poemas con significados diferentes.

A

a la mala   por la fuerza

acantilado   (1) costa cortada verticalmente, (2) fondo del mar con escalones

afueras del pueblo   alrededores de una población

agarrar la liebre con tus manos   darte cuenta de lo que pasa

en agraz   algo todavía inmaduro, no concluido

aguamanil   lavatorio

ahijadero   época de parición del ganado

ahuitada   triste, abatida

al garete   sin rumbo, desorientado

alacena   armario construido dentro de una pared

alameda   avenida, calle ancha con árboles

álamo   un tipo de árbol

alba   (1) amanecer, (2) blanca, pura, (3) un apellido

albaricoque   fruto conocido también como chabacano, damasco

albatrós   ave marítima palmípeda

alberchigo   durazno, melocotón

alcanzai   alcanzas

alcázar   parte de la cubierta de un buque que va del palo mayor a la popa o parte trasera

alcoba   recámara, dormitorio

alelado   atontado

álgida   muy fría

almidonada   planchada con almidón para darle una consistencia más tiesa

almira   (por) admira

almirez   mortero para machacar

alquitrán sustancia resinosa de olor fuerte

alunada de mal genio

amargosas de sabor desagradable

amatista piedra preciosa de color violeta

amigaba me hacía amiga de

áncora ancla

anda en pelotas anda desnudo

anda sobre rieles marcha bien, está en buenas condiciones

andenes las aceras que bordean los rieles en las estaciones de trenes

anea planta cuyas hojas se utilizan para tejer asientos de sillas

angarillas armazón compuesta por dos varas y un tabladillo al medio para transportar cosas

ansina así

antípoda lo completamente opuesto, lo contrario

aparcero persona que cultiva las tierras de otro para repartirse las cosechas con el dueño de esas tierras

arboladura conjunto de palos de un barco

arboleda sitio lleno de árboles

arcones grandes cajas de madera

armar boches provocar líos, originar peleas

arremangar levantar, recoger hacia arriba

arriesgar el pellejo ponerse en situación peligrosa

arzadú un tipo de planta

aserrín polvo de madera

asina así

aspavientos demostraciones excesivas de algún sentimiento

astrolabio antiguo instrumento para observar la altura de los astros

atole bebida hecha de maíz

Ay pelo que dolo' de cabeza me 'ta dando. Ay pero qué dolor de cabeza me estás dando.

azumbre medida de capacidad equivalente aproximadamente a dos litros

azuza incita

B

Baco dios griego del vino

badana tira de piel curtida usada por los barberos para afilar la navaja de afeitar

bagatela de poca valía

Baja Policía servicio municipal de aseo urbano en el Perú

barda   cubierta de espinos y otras cosas puesta sobre las tapias

barrilete   cometa o papalote de forma hexagonal

barrunto   presentimiento, suposición

basement   (anglicismo) sótano

bastidor   armazón

bastimento   provisión

bellaco   tonto

bengala   fuego artificial que arde con luces de colores

berrear   gritar

bicho   animal

bifurca   divide en dos partes

bizqueaba   tenía los ojos torcidos

blanquillos   huevos

boche   pendencia, pelea

botas enterizas   botas hechas con una sola pieza de cuero

botavara   palo horizontal en el mástil de un barco de vela

botija   vasija de barro

botucos   jefecillos tribales

bramante   hilo de cáñamo

bregando   trabajando

buches   bocanadas de algún líquido

bufanda   prenda de vestir que se pone en el cuello

buró   mesa de noche

C

cabro   (en Chile) muchacho

cachas   cada una de las chapas que cubren los mangos de cuchillos, navajas o pistolas

calabó   madera africana

calarlo   averiguarle las intenciones

caldereta   vasijas para hervir líquidos y otras cosas

camisa de bramante   camisa de hilo de cáñamo

cámaras   habitaciones

cancel   biombo, mampara

canillita   vendedor callejero de diarios y revistas

cañamazo   tela de cáñamo

cardumen   agrupación de peces

carlinga   madera que refuerza la quilla de un barco

carpa   tienda de campaña, toldo

carrañacas   instrumento de madera para acompañamiento musical

casuarina   un tipo de árbol leñoso

chachalaca   ave gallinácea

chanceándose   bromeándose

chanza   la oportunidad

chapotear   golpear el agua con los pies o las manos para que salpique

chapurrea   apenas sabe, habla un poco

charola   bandeja

chequearan   examinaran

chicha   bebida alcohólica hecha especialmente de maíz

chicha de jora   chicha de maíz germinado

chicha norteña   tipo de chicha hecho en la costa norte del Perú

chichería   establecimiento donde se hace o vende chicha

chiles   ajíes

chile serrano   un tipo de ají

chiquero   corral donde se crían cerdos

choclo   elote, mazorca de maíz todavía sin madurar

chucao   pájaro parecido al zorzal

clandestino   secreto, oculto

cobertor   colcha, manta

cocorocó   gran jefe de tribus africanas

colina   cerro pequeño

colindaba   estaba al lado de

comal   (del azteca) disco de barro donde se cuecen las tortillas y tuestan granos

compaña   compañía

con pollinas   con flequillos

convoyes   trenes

copihue   planta trepadora

corralón   terreno cercado

coscorrón   golpe dado en la cabeza con los nudillos de la mano

crotón   planta de adorno

cuadernas   costillas de las naves

cuatro reales   cincuenta centavos en México y el sur de los Estados Unidos, cuarenta centavos en otros países latinoamericanos

cubo   un recipiente, vasija

D

Darajali   según algunos autores, un lugar de Andalucía

de balde   sin motivo

de puntillas   en puntas de pies

(los) decialgo   (diez y algo) los números de diez a veinte: once, doce, etc.

decir ni pío   no decir nada

dédalos   laberintos

dejarlas al sereno   dejarlas a la intemperie durante la noche

le den un hachazo   le despidan del trabajo

derrumbadero   despeñadero

desaforadamente   apresuradamente

desbaratar   deshacer

descalabrarse   romperse la cabeza

descuella   sobresale, se distingue

desensillamos   bajamos de los caballos las sillas de montar o monturas

deslavada   descolorida

desmadre   desbarajuste, caos

desperdigando   esparciendo

despotricar   hablar airadamente

dieron el tenure   lo nombraron profesor vitalicio

diligencia   afán puesto en conseguir algo

dio un gallo   soltó al cantar una nota en falso

doble de esas campanas   toque de difuntos, tañido por funerales

dulzarrona   dulce y empalagosa

durmientes   los maderos de las vías férreas donde se asientan los rieles

E

edad de merecer   edad de casarse

embozo   parte de la capa o ropa usada para cubrirse la cara

emparrado   armazón de madera cubierta de parras u otras plantas trepadoras

empréstemelo   préstemelo

enaguas   falda interior de las mujeres

enchilada   tortilla de maíz aderezada con chile, queso, etc.

encina   un árbol de madera dura

enigmática   misteriosa

enjarrar   cubrir las paredes con una mezcla de lodo y paja

enmoñado con pollinas   peinado con moño y flequillos

enterizas   hechas de una sola pieza

entronque   empalme, unión de carreteras o ferrocarriles

escabullirse   escaparse

(sin) escalas   sin paradas

escaldadas   quemadas

escarcha   rocío helado de la noche

escariotas   tremendas, terribles

escuálidos   flacos

esparto   planta usada para hacer sogas y esteras

está a la merced   depende de las decisiones ajenas

estar muy alunada   estar de mal genio

estaba frito   no tenía escapatoria

estai   estás

estambre   hebra larga de lana

estandarte   bandera

estoperoles   clavos de barcos

estrago   daño, destrucción

estrujo   aprieto

et lux perpetua luceat eis   (latín) y la luz nos ilumine perpetuamente

etás   estás

F

falteó   empeoró

faya   un tipo de tejido de seda

feijao   (portugués) frijol negro muy consumido en el Brasil

feriar   trocar, permutar

Fernando Poo   (hoy Bioko) isla africana perteneciente a Guinea Ecuatorial

finca   predio, propiedad agrícola

finca su orgullo   basa su orgullo

formarle el estómago   acostumbrar a un bebé a comer todo tipo de alimentos

fresa   instrumento para perforar y pulir dientes

frivolidades   cosas insustanciales, sin importancia

fumigar   rociar con gases para desinfectar

furtivamente   hecho a escondidas

G

gabán   abrigo, sobretodo

gallinazo   buitre americano, zopilote

ganzúas   ganchos de hierro utilizados para abrir cerrojos

gañán   muchacho que trabaja en labores agrícolas

garañón   caballo utilizado como semental o reproductor

(al) garete   sin rumbo, extraviado

gargantilla   adorno que se lleva en el cuello

garúa   llovizna

gaveta   cajón de escritorio

gavilla   atado de algún cereal

gaznate   garganta

genioso   colérico, de mal genio

gis   tiza

gofio   harina de maíz tostado

gongos   tambores, batistines

gori-gori   voz onomatopéyica imitando los cantos en latín de los funerales

graznando   (1) metiéndose a hablar lo que no debe, (2) grito bronco del gallinazo y otras aves

grupa   anca del caballo

guagua   (del quechua **wawa**) (1) nene, niño de teta, (2) ómnibus, autobús

guardagujas   empleado de los ferrocarriles encargado de mover los rieles móviles

guárdate la lengua en la madriguera   cállate

guateque   baile bullanguero, jolgorio

guerrera   cierta chaqueta usada por los militares

güiro   un instrumento musical hecho de la planta del mismo nombre

gutan etas tontelías   gustan estas tonterías

H

hacer un buche   tomar una bocanada de algún líquido

hogaza   pan grande

hora celeste   amanecer

huizache   un arbusto espinoso, llamado también aromo, espinillo y otros nombres

I

inefable   indescriptible

inmortal   la planta llamada también siempreviva

inquisitiva   averiguadora

itinerarios   rutas, trayectorias

J

jaca   caballo de poca estatura

jora   maíz germinado para fabricar chicha

juanete   abultamiento en el hueso del dedo grueso del pie

junjunes   instrumento musical africano

K

kepis   gorra con visera usada por los militares de algunos países

L

lacrimosa   llorosa, triste

lagañosos   legañosos

lanzaba un salivazo   escupía

latifundio   gran propiedad agraria

laucha   ratón

laundromat   (inglés) establecimiento con máquinas de lavar y secar ropa

laví y planchí   lavé y planché

le maté todos los colorines con la mano del almirez   le hice empalidecer amenazándolo con el majador del mortero

lentejuelas   laminillas redondas de metal usadas para bordar

lidia   lucha, pelea

litas   listas

living   sala de estar

lupanar   burdel

LL

llena de salvado   llena de afrecho, llena de cascarilla del trigo

lleví   lleves

M

macerado   remojado

madroño   un tipo de arbusto

Malasia   archipiélago situado entre Asia y Oceanía

malecón   en algunos países de América Latina, paseo construido bordeando la costa

paseo construido bordeando la costa

mano del almirez   el majador o pieza para triturar las cosas que se ponen dentro del mortero

mantehuelos de cristianar   mantos de bautismo

mañas   malos hábitos

maraca   instrumento musical hecho de la higüera o calabazo

marianismo   culto a la virgen María

mariyandá   un baile de negros en Puerto Rico

marjales   terrenos de labranza algo extensos

masitas   pastelillos

Más vale onza en el arca que ojos negros en la cara.   Es mejor tener dinero que belleza.

matorrales de sargazos   malezas de algas marinas

me almira   me admira

meálos   mearlos (por hacerlos orinar)

medusas   animales primitivos marinos con cuerpos semejantes a los paraguas

mercado   comprado, hecho trueque

mercaste   compraste o trocaste

mitoteaban   festejaban

moaré   una tela lujosa

mocoso   niño

modosa   que tiene buenos modales

mohosa   oxidada

mollera   cráneo, parte superior de la cabeza

muladar   basural, basurero

muñeco de peluche   muñeco hecho de felpa

murciélago   el que viaja a escondidas sin pagar el boleto

musarañas   sabandijas

N

nalgada   golpe dado en o con las nalgas

ni al tranco de la calle   ni a la puerta de la casa

ni tantito   ni poquito

ni una peseta   ni veinte centavos

ninfas   deidades griegas de las aguas y los bosques

noctámbulo   persona que se pasea o divierte durante la noche

nodriza   mujer al cuidado de una criatura

noria   aparato para extraer agua subterránea y el pozo excavado con ese fin

no tiren al monte   no se dejen llevar por sus malos hábitos

noyó   licor hecho con aguardiente, azúcar y almendras amargas

O

oficiante   el que celebra la misa

oledora   que se mete a averiguar la vida ajena

onza   antigua moneda española

oquedad   hueco

oráculo   lo que le reservaba su destino

orza   (1) quilla de una embarcación, (2) vasija de barro

P

pa' acostalos   para acostarlos

pajizo   de paja o color de paja

pámpanos   brotes de las plantas, capullos de rosas

pana   tela de algodón parecida al terciopelo

pandero   instrumento de percusión constituido por una piel sujeta a un aro

papaces   padres (por papá y mamá)

papiamentosas   de papiamento, lengua hablada en Curazao y Aruba

parada   desfile

parameras   campos sembrados con la gramínea llamada paraná o yerba de bruja, muy usada como forraje de animales

paramos la jeta   abrimos la boca

parroquiano   cliente habitual de un negocio

pasillo   corredor de un edificio

pastel de choclo   pastel de maíz

Pater Noster   (latín) Padre Nuestro

patraña   embuste, mentira

patualesas   de patois, lengua de las Antillas francesas

pavada   necedad, tontería

pedernal   un cuarzo que da chispas restregado con el eslabón y que antiguamente se usaba para prender fuego

peldaños   gradas, escaleras

peluche   felpa, terciopelo

pendientes   aretes

pensai   piensas

pepenaste   recogiste, agarraste

(se) percata   se da cuenta, está consciente

pérfida   traidora, desleal

pericotes   ratones

permaneció en vela   no durmió

pernos   piezas que sirven para afirmar las tuercas

persogamos   atamos los animales

pescozones   golpes dados con la mano en el cuello y partes de la cabeza

pescuezo   cuello

peseta   veinte centavos

pichí   orina, pipí

(en) piltrafas   hecha jirones

pinabete   árbol conífero

piolín   cordel delgado, generalmente de cáñamo

pipa   (1) tonel, barril, (2) utensilio para fumar

pipa de barro   tonel o barril de barro

piropo   lisonja

pléyade   muchos

Poca guerra te dan.   No te crean problemas.

poleo   planta parecida a la hierbabuena

polola   la enamorada

pollinas   flequillos

ponía pa' tras   devolvía

portón   puerta grande

pos   pues

progenitoras   ascendientes femeninas: madres, abuelas, etc.

prosaico   común, vulgar

pu'   pues

pucha   interjección de sorpresa, enfado o contrariedad

puntillas   encaje fino

puñito a puñito   poco a poco

Q

quedado con la miel en los labios   quedado con ganas de tener más

querí   quieres

R

reborujo   desorden, lío

recámaras   alcobas, dormitorios

recovecos   rincones

reculábamos   retrocedíamos

redije   simpatiquísima

refajo   enaguas, falda interior de las mujeres

(de) refilón   de pasada, sin prestarle mucha atención al asunto

relinda   muy linda

remal   muy mal

rémora   un pez marino que suele adherirse a los objetos flotantes

requiem aeternam dona eis Domine   (latín) dadnos descanso eterno Señor

resimpática   muy simpática

retacha   rebota

rezonga   regaña, amonesta

ribeteado   guarnecido, adornado

ristra de medallas   conjunto de medallas alineadas

rocallosas   duras como roca

ropones talares   vestimenta suelta que llega a los talones

ruda   una planta medicinal

rústica   tosca

S

sábalo   una variedad de pez

safari   expedición de caza

salamandra   un tipo de batracio (la rana y el sapo son batracios)

salierai   salieras

salitre   el nitrato de potasio

salvado   afrecho, cascarilla del trigo

Sandokán   un personaje de novelas de aventuras

sarcasmo   burla

sargazos   algas marinas

sarmentosa   llena de nudosidades

se arremangó las mangas   se alzó las mangas

se descolgó con una gorda   dijo una grosería

se falteó   empeoró

se lo dio para calarlo   le dio para ver qué pasaba

se ponían a sabrosear y platicar   se ponían a comer y conversar

sedentario   fijado en un lugar

senectud   vejez

(al) sereno   a la intemperie de noche

sietemesino   una criatura nacida antes de los nueve meses

sigiloso   discreto, cauteloso

sin dar alcance a lo que hacía   sin medir las consecuencias

solería   casa

soles   monedas peruanas (El sol es la unidad monetaria del Perú.)

suavona   una forma de decirle a una persona que es tranquila, apacible

sueño de los justos   reposando tranquilamente

super-liberated   super liberada, completamente desprejuiciada

super-pendeja   muy tonta

T

talares   ropa que llega a los talones

talismán   objeto con propiedades mágicas

tantito   poquito

tapiado   cercado, vallado

tatema   fuego, calor

tecolotes   (azteca) búhos

tejado pajizo   tejado de paja

teleras   cierto tipo de panes

temblete   un árbol conocido también por álamo temblón

Temuco   ciudad chilena

tení   tienes

tenido menos méritos   era la menos agraciada, la más fea

tepemezquites   un árbol mexicano relacionado con el mezquite

tepetate   (del azteca) una piedra amarillenta porosa

terregal   gran cantidad de tierra

tientos de la silla   correas de la silla de montar

tinaja   vasija grande de barro

tocante a   acerca de, en relación a

Tomboctú   ciudad de la República de Malí en África

tontelías   tonterías

torcaza   variedad de paloma silvestre con collar blanco

torzón   retorcimiento estomacal

traje de paño   vestido de lana tupida

tranco   paso largo

trasquila   época de cortarle la lana al ganado

trastavillado   tropezado

travesaños   barras horizontales de las escaleras, casas y otras construcciones

trespeleques   de baja calidad

trinquete   palo en la parte delantera de los barcos

tripotando   manoseando

túnica   vestidura amplia y larga

tuvierai   tuvieras

U

umbroso   sombreado, con sombra

uncir los bueyes   atar los bueyes en el yugo para arar

untuosas   grasosas y pegajosas

urbanidad   cortesía, buenos modales

V

vagón   (del inglés *wagon*) carruaje o coche del tren

vai   vas

Vamos a meálos, litas, pa'acostalos.   Vamos a mearlos (hacerlos orinar), alistarlos, para acostarlos.

Vamos de la mano.   Vamos agarrados de la mano.

vegas   tierras bajas y fértiles

vela cangreja   en los antiguos barcos veleros la lona trapezoidal de la parte trasera o popa

(los) vido   los vio

¡vieja lagarta recocida!   vieja muy astuta

vociferó   gritó

W

wine cooler   (inglés) un refresco hecho con vino

Y

yeyo   según algunos autores, palabra usada por la familia de García Lorca con el significado de «mujer muy pintada, especialmente de blanco»

yuntas   parejas de bueyes u otros animales utilizados para arar

Z

zacate   pasto, hierba

zamarros   bribones, pícaros

zangolotea   la mueve constantemente de un lado para otro

zopilote   buitre americano, gallinazo

zozobra   angustia, inquietud

zurrarlos   darles una paliza

Índice

Los textos

El arte y las fotos

Cover   "Baile en Tehuantepec," Diego Rivera, 1935, charcoal and watercolor, 18-15/16" × 23-7/8", Los Angeles County Museum of Art, gift of Mr. and Mrs. Milton W. Lipper from the Milton W. Lipper Estate

p. xx   "Archeological Reminiscence of Millet's Angelus," Salvador Dalí (1933–35), oil on panel, 12-1/2" × 15-1/2", collection of The Salvador Dalí Museum, St. Petersburg, Florida, © 1995 Salvador Dalí Museum, Inc.

p. 3   "Las ovejas," Salvador Dalí (1942), watercolor conversion of print of painting by Schenck, 9" × 13-1/2", The Salvador Dalí Museum, St. Petersburg, Florida, © 1995 Salvador Dalí Museum, Inc.

p. 5   "The Beautiful Bird Revealing the Unknown to a Couple in Love," Joan Miró, courtesy of The Museum of Modern Art, New York (see page 5 for complete credit)

p. 13   "Country Idyll," Pedro Figari, courtesy of the Inter-American Bank, Washington, DC; photo by John Neubauer

p. 22   "Bogotá," Gonzalo Ariza, courtesy of The Museum of Modern Art, New York (see page 22 for complete credit)

p. 34   "Morro," Candido Portinari, courtesy of The Museum of Modern Art, New York (see page 34 for complete credit)

p. 37   "Haitian Landscape," Joseph Jean-Giles, collection of the Art Museum of The Americas, OAS, Washington, DC

p. 45   "Naturaleza muerta," Héctor Basaldua, collection of the Art Museum of The Americas, OAS, Washington, DC

p. 49   "Caminando con su paraguas azul," Víctor Lewis Ferrer, collection of the Art Museum of The Americas, OAS, Washington, DC

p. 51   "Andean Family," Héctor Poleo, collection of the Art Museum of The Americas, OAS, Washington, DC

p. 58   "Le Moulin de la Galette," Pablo Picasso, 1900, oil on canvas, 88.2 × 115.5 cm (34-3/4" × 45-1/2"), Solomon R. Guggenheim Museum, New York, Thannhauser Collection, gift, Justin K. Thannhauser, 1978, photograph by David Heald © The Solomon Guggenheim Museum Foundation, New York

p. 63   "Café Tupinamba," Carolina Durieux, Louisiana State University Museum of Art, Baton Rouge, gift of Charles P. Manship, Jr. in memory of his parents, Leona and Charles P. Manship, Sr.

p. 68   "San Antonio de Oriente," José Antonio Velásquez, collection of the Art Museum of The Americas, OAS, Washington, DC

p. 74   "Our Daily Bread," Ramón Frades, courtesy of the Instituto de Cultura de Puerto Rico

p. 76   D.E. Cox/Tony Stone Worldwide

p. 78   "Eye of the Light," Oswaldo Viteri, courtesy of the artist

p. 86   "Eco de un grito," David Alfaro Siqueiros, courtesy of The Museum of Modern Art, New York (see page 86 for complete credit)

p. 97   © Jean-Marie Simon 1994

p. 100 "Autorretrato," Daniel Serra-Badué, courtesy of the artist

p. 112 "Mar Pacífico," Amelia Peláez, collection of the Art Museum of The Americas, OAS, Washington, DC

p. 118 "Untitled (Hands resting on a tool)," Tina Modotti, courtesy of The Museum of Modern Art, New York (see page 118 for complete credit)

p. 120 "Paisaje simbólico," Diego Rivera (1949), oil on canvas, 47-1/2" × 60-1/8", courtesy of the San Francisco Museum of Modern Art, gift of friends of Diego Rivera

p. 130 "Sin título," Enrique Arnal, collection of the Art Museum of The Americas, OAS, Washington, DC

p. 138 "La familia presidencial," Fernando Botero, courtesy of The Museum of Modern Art, New York (see page 138 for complete credit)

p. 145 "El agrarista Zapata," Diego Rivera, courtesy of The Museum of Modern Art, New York (see page 145 for complete credit)

p. 147 "Etnografía," David Alfaro Siqueiros, courtesy of The Museum of Modern Art, New York (see page 147 for complete credit)

p. 151 "All Together," Rafael Coronel, collection of the Art Museum of The Americas, OAS, Washington, DC

p. 156 "Window of Make Believe," Alfredo Arreguín, courtesy of the artist

p. 160 "El velorio," Alejandro Obregón, collection of the Art Museum of The Americas, OAS, Washington, DC

p. 166 "Entierro de un hombre ilustre," Mario Urteaga, courtesy of The Museum of Modern Art, New York (see page 166 for complete credit)

p. 171 "Spheres Spatio Temporelles," Enrique Careaga, collection of the Art Museum of The Americas, OAS, Washington, DC

p. 172 "You Know I Am Aware," Arnaldo Roche Rabell (born Puerto Rico 1955–) oil on canvas, h. 83-3/4", w. 59-3/4", The Metropolitan Museum of Art, Edith C. Blum Fund, 1990, © 1990 by The Metropolitan Museum of Art

p. 180 Olmec Stone head, Tlatilco, courtesy of the Metropolitan Museum of Art, the Michael C. Rockefeller Memorial Collection, Bequest of Nelson A. Rockefeller, 1979

p. 182 "Lugar natal," Eduardo Kingman, courtesy of Inter-American Bank, Washington, DC; photo by John Neubauer

p. 196 "Inquietos luceros," Orlando Agudelo-Botero, courtesy of Engman International

p. 205 "Years of Fear," Roberto Matta, 1941, oil on canvas, 111.8 × 142.2 cm (44" × 66"), Solomon R. Guggenheim Museum, New York, photograph by David Heald © The Solomon R. Guggenheim Foundation, New York

p. 210 E.P. Jones Co.

p. 220 "La desintegración de la persistencia de memoria," Salvador Dalí (1952–54), oil on canvas, 10" × 13", collection of Mr. and Mrs. A. Reynolds Morse, on loan to The Salvador Dalí Museum, St. Petersburg, Florida, © 1995, Salvador Dalí Museum, Inc.

p. 226 "Lipchitz," Diego Rivera, courtesy of The Museum of Modern Art, New York (see page 226 for complete credit)

p. 230 "The Lindy Hop," Miguel Covarrubias, courtesy of the Philadelphia Museum of Art: purchased: The Harrison Fund

p. 233 "Serenade," Emilio Pettoruti, collection of the Art Museum of The Americas, OAS, Washington, DC

p. 236 "Autorretrato con collar de espinas y colibrí," Frida Kahlo, courtesy of the University of Texas, Austin, Iconography Department

p. 240 Black Star Photo Agency

p. 248 © Jean-Marie Simon 1994

p. 249 Suzanne Murphy/DDB Stock Photo

p. 254 "Card Game," Amelia Peláez, courtesy of The Museum of Modern Art, New York (see page 254 for complete credit)

p. 260 "Tía Juliana," Gustavo Lazarini, courtesy of The Museum of Modern Art, New York (see page 260 for complete credit)

p. 266 "Muchacha ayacuchana," José Sabogal, courtesy of The Museum of Modern Art, New York (see page 266 for complete credit)

p. 271 Jade pectoral, Olmec, © The British Museum

p. 272 "The Courtship," Nívea González, courtesy of the Adagio Galleries, Palm Springs, CA

p. 278 "Mother and Child from Tehuantepec, Oaxaca, Mexico," Tina Modotti, courtesy of The Museum of Modern Art, New York (see page 278 for complete credit)

p. 298 "Fiesta," Alfonso Ramírez Fajardo, courtesy of The Museum of Modern Art, New York (see page 298 for complete credit)

p. 306 "Crushed Fruits," Daniel Serra-Badué, courtesy of the artist

p. 314 "Señora Sabasa García," Francisco de Goya, Andrew W. Mellon Collection, © 1995 Board of Trustees, National Gallery of Art, Washington, c. 1806/1811, oil on canvas, .710 ¥ .580 (28" ¥ 22-7/8"); framed: .946 ¥ .813 ¥ .076 (37-1/4" ¥ 32" ¥ 3")

p. 320 "The Lane to Port Llegat with View of Cape Creus," Salvador Dalí (1922–23), oil on canvas, 22–3/4" ¥ 26–3/4", collection of The Salvador Dalí Museum, St. Petersburg, Florida, © 1995, Salvador Dalí Museum, Inc.

p. 328 "The Flower Carrier," Diego Rivera (1935), oil and tempera on masonite, 48" ¥ 47-3/4", courtesy of the San Francisco Museum of Modern Art, Albert M. Bender Collection, gift of Albert M. Bender

p. 340 "Mexican Woman, Elisa," Tina Modotti, courtesy of The Museum of Modern Art, New York (see page 340 for complete credit)

p. 350 "Lady in Gray," Francisco de Goya, Musée de Louvre

p. 357 "Girl Attacked by a Strange Bird," Rufino Tamayo, courtesy of The Museum of Modern Art, New York (see page 357 for complete credit)

p. 360 "The Needlewoman," Diego Velásquez, Andrew W. Mellon Collection, © 1995 Board of Trustees, National Gallery of Art, Washington, c. 1640/1650, oil on canvas, .740 ¥ .600 (29-1/8" ¥ 23-5/8"); framed: 1.029 ¥ .901 ¥ .127 (40-1/2" ¥ 35-1/2" ¥ 5")

p. 366 "Woman Reaching for the Moon," Rufino Tamayo (1946), oil on canvas, 91.5 ¥ 66 cm. © The Cleveland Museum of Art, gift of the Hanna Fund

p. 374 "For a Single Moment," Jacobo Borges (1983), oil on canvas, 53" ¥ 53", © Indianapolis Museum of Art and the James E. Roberts Fund

p. 376 "Danseuse espagnol," Joan Miró, Musée Picasso, Paris